인포그래픽으로 보는

빅데이터
모금 트렌드
2025

**디지털 모금의
성공을 결정하는
5가지 지표**

인포그래픽으로 보는
빅데이터 모금 트렌드 2025
디지털 모금의 성공을 결정하는 5가지 지표

초판 1쇄 발행일 2025년 4월 18일

기획 누구나데이터
저자 · 연구책임 하예성
연구위원 박상준
감수 김자유
편집 류강윤
표지 디자인 산책 (sanchaeg.kr)

발행처 (주)누구나데이터
출판등록 제2025-00017호 (2025년 2월 20일)
주소 서울시 성동구 왕십리로 115 헤이그라운드 서울숲점 4층 S423
이메일 books@nuguna.org
홈페이지 nuguna.org

ISBN 979-11-992275-0-7 13330

이 책은 저작권법에 의하여 보호를 받는 저작물이므로 무단 전재와 무단 복제를 금지합니다.
이 책의 전부 또는 일부를 사용하려면 저작권자인 누구나데이터의 동의가 필요합니다.

누구나데이터

고맙습니다.
250명 이상의 후원자님 덕분에
이 책이 세상에 나올 수 있었습니다.

가라연 강백호 강신규 강인구 공감인 곽보아 굿써니 권도혁 권우태 기러기정원사 재단법인 기후변화센터 길충민 김경민 김경호 김광민 김권 김나영 김다현 김단비 김대훈 김동규 김미영(1형당뇨) 김미현 김민정 김민준 김민창 김서정 김성민 김세영 김세원 김수빈 김슬지 김양섭 김영길 김영환 김유주 김윤정 김인희 김자유 김정섭 김정우(베타컨설팅) 김지수 김진선 김채원 김태현(렛츠) 김태희 김향지 김형석 나무 냥냥펀치 노재옥 노회찬재단 녹색연합 배선영 뉴스앤조이 뉴웨이즈 늘픔가치 법무법인 더함 사단법인 도구 도현욱 두잉굿재단 류강윤 류호준 리해솔 문다솔 박기영 박기훈 박상구 박상준 박새미 박성종 박소현 박승배 박신영 박영선 박용 박정웅 박정호 박진석 박하나 박현영 방방곡곡화이팅 방승빈 배승민 배양희 배진주 백성주 복음과상황 봄바람 김상아 부산시민운동지원센터 정수진 브이임팩트연구소 사단법인 빅이슈코리아 빔비비 사랑해 생명평화아시아 서명옥 서명현 서상민 서울환경연합 서태봉 세상의빛 송현성 신석원 신성규 신유진 신정은 아카데미의 친구들 백희림 안영삼 얼룩말 염희윤 오동운 오부흥 오세용 오혜정 외계공룡 울산시민연대 유보미 유지영 윤소영 윤지현 이가영 이계정 이다현 이루용 이명신 이명희 이민아 이병헌 이상순 이상호 이상화 이선문 이선아 이선지 이성은 이수경 이수빈 이수영 이용석 이윤주 이자원 이재욱 이정선 이종일 이종태 이주민지원공익센터 감사와 동행 이주영 이주희 이지희 이태헌 이학범 이현석 이혜란 이혜복 이혜은 이호림 익명 인권재단 사람 임대균 임미숙 임재민 임종일 잉쿱사회적협동조합 장사랑 장수YMCA 장시현 장혜선 전성신 전종민 정규상 정길후 정다빈 정다영 정민석 정연주 정재훈 정종민 정준혁 정지훈 정진영 정현경 조랑말 조윤주 조준희 조현길 조현익 조현정 조혜령 조화하다 주홍정 준준 지구시민연합 지구평평이 지독한시대정신을겪고있는송꼬꼬 진예원 차동원 차선주 참여연대 천성규 사단법인 청년의뜰 최미정 최민경 최새미 최선희 최소영 최유민 최인윤 최지원 최하나 최한울 큰형님(이승지) 파란도화지 펭도 (주)프리뷰스튜디오 하예성 김하나 하온유 하제로 하태화 (사)한국지역재단협의회 한국해비타트 사단법인 한국회복적정의협회 한베평화재단 (재)함께일하는재단 현상준 김주화 혜성 혜인 홀트 옥지희 홍경진 홍경화 홍선화 홍승현 홍해나 홍효성 황금비 황요한 희도리 희망브리지 희망조약돌 Almaz Ariel TCG www.npoerp.co.kr 그리고 익명의 후원자님들

특별 후원에 감사드립니다.

이종현 AVPN 한국대표부 총괄대표
이규철 휴먼소프트웨어 대표이사
서현선 SSIR 한국어판 편집장
임의균 스티비 대표
조아신 비영리활동가학교 엣지 총괄기획
김희정 커넥팅더닷츠(째깍악어) 대표
김찬휘 선거제도개혁연대 대표
모두의연구소

저자·연구진 소개

저자·연구책임 **하예성**
누구나데이터 펀드레이징 퍼포먼스 랩장

데이터를 활용해 모금 성과를 높이는 연구와 전략 인사이트를 제시하는 NGO Fundraising Specialist 로 활동하고 있습니다.
굿네이버스, 옥스팜, WWF, 세이브더칠드런 등 NGO 기관에서 실무부터 관리자까지 다양한 모금 업무를 경험했습니다. 비영리단체들이 데이터를 기반으로 인사이트를 서로 공유하며 사회 문제를 해결하고, 지속적인 변화를 만들어가는 건강한 모금 생태계를 만들고자 합니다.

연구위원 **박상준**
누구나데이터 성장기술팀장

비영리단체, 소셜기업 조직일수록 데이터에 기반한 효율적인 마케팅과 모금이 필요하다고 느껴 데이터 분석에 관심을 갖게 됐습니다.
크고 작은 비영리단체의 후원자 데이터를 관리하고 모금 성과 컨설팅을 진행했습니다. 공익단체들이 데이터 기반 모금을 손쉽게 도입하도록 돕는 누구나데이터의 모금 분석 솔루션을 만들고 있습니다.

감수 **김자유**

누구나데이터 대표

비영리단체에서 모금·홍보 실무를 하면서 불평등한 세상을 속도감 있게 바꾸는 방법을 고민하다가 기술을 활용한 공익 마케팅에 눈을 뜨고 데이터 분석가가 되었습니다. 누구나데이터를 설립하여 비영리 조직들의 성장을 돕는 일에 매진하고 있습니다.

기획 **누구나데이터**

2017년에 설립된 누구나데이터는 공익 활동가들의 영향력을 극대화하는 적정기술 솔루션을 만들고, 확산하고, 교육하는 일을 합니다.
웹사이트 제작부터 방문자 데이터 분석까지 제공하는 올인원 웹사이트 제작 도구 '캠페이너스', 팬을 찾아주는 기부자 데이터분석 솔루션 '팬파인더', 모금사례 교육 플랫폼 '캠페이너스TV' 등을 서비스하고 있습니다.

추천의 말

황성주
굿네이버스 GPC 글로벌모금지원본부장

모금의 미래는 데이터에 있습니다. 이 책은 기부자의
행동을 이해하고 전략을 세우는 필독서입니다.
데이터 기반 모금에 대한 통찰과 실용적인 해법을
담고 있어 모금 실무자에게는 실질적인 가이드가,
전략을 수립하는 리더에게는 방향성을 제시하는
나침반이 될 것입니다.

조종현
유니세프 한국위원회 후원본부장

질문이 날카로울수록 전략은 명확해집니다.
이 책은 후원을 설계하는 이들을 위한
데이터 기반 모금 전략의 로드맵입니다.

노연희
가톨릭대학교 사회복지학과 교수
아름다운재단 기부문화연구소장

좋은 일을 한다는 것만으로 더 이상 기부자에게 매력적이지 않은 상황에서 비영리 조직은 어떻게 모금할 수 있을까요? 빠르게 등장하고 사라지는 디지털 기술을 활용하여 효과적인 모금을 하기 위해 무엇을 해야 할까요? 이러한 질문을 던지고 있는 모금가와 모금 조직에게 이 책은 혁신적이지만 모금의 기본 원칙을 지킬 수 있는 전략에 대한 아이디어를 제공합니다.

박미희
사회복지공동모금회 사랑의열매
나눔문화연구소 팀장

기부자 및 잠재기부자의 살아있는 데이터에서 발견한 손에 잡히는 모금 트렌드! 거스를 수 없는 대세가 된 디지털 모금에서 무엇을 어떻게 해야할지 고민이 깊어지는 오늘, 이 책에서 우리 기관의 과거, 현재, 그리고 미래를 발견하세요.

황신애
한국모금가협회 상임이사

디지털 활동이 일상이 된 시대, 단지 광고나 모금 성과만으로 모금을 접근하면 안 된다는 것을 빅데이터 분석을 기초로 잘 설명해준 책입니다. 모금 단체가 자기만의 디지털 전략을 수립하기 전에 꼭 읽어보면 좋을 레퍼런스로 추천합니다.

감사의 말

처음 이 책을 준비하기 시작했을 때,
"나처럼 현장에서 디지털 모금을 하고 있는 분들이 조금이라도 덜 외로웠으면 좋겠다"는 바람이 컸습니다.

비영리 영역에서 모금은 단순히 예산을 확보하는 일이 아닙니다. 우리가 품은 가치와 사회 문제를 더 많은 사람에게 전하고 그 공감이 실제 변화로 이어지는 과정을 만드는 일입니다. 그렇기에 모금은 늘 조심스럽고도 치열한 일입니다.

디지털 환경으로 빠르게 변화하는 이 시대에, 우리는 기존의 방식만으로는 더 이상 충분하지 않다는 사실을 체감하고 있습니다. 단순히 온라인에 페이지를 만들고 광고를 집행한다고 해서 후원이 늘어나지 않으며, 숫자 하나하나에 담긴 맥락과 흐름을 읽지 못하면 좋은 콘텐츠도, 정성껏 만든 캠페인도 결국 빛을 발하지 못하게 됩니다.

이 책은 지난 6년간 누구나데이터가 수집하고 분석한 1억 명 이상 비영리 모금 데이터를 기반으로 만들어졌습니다. 숫자에 갇힌 책이 아닌, 그 숫자 속에 숨겨진 맥락과 흐름, 그리고 '현장에서 실제로 일어나는 이야기'를 풀어내고자 했습니다. 비영리단체가 디지털 모금을 준비하거나 전략을 점검할 때 직접 참고하고 활용할 수 있는 데이터와 인사이트가 담겨 있습니다.

그리고 이 모든 여정은 혼자 힘으로 이루어진 것이 아닙니다. 수많은 비영리단체 동료들의 응원과 더 나은 사회를 함께 만들고자 하는 다양한 분야 서포터들의 펀딩과 지지 덕분에 비로소 세상에 나올 수 있었습니다. 디지털 전환이 '선택'이 아니라 '생존'이 된 시대, 이 책이 여러분들의 모금 현장에 실질적인 나침반이 되기를 진심으로 바랍니다.

함께 데이터를 분석하고 연구를 이어온 누구나데이터의 소중한 동료 자유, 강윤, 상준, 성주, 그리고 자료 수집과 분석에 언제나 큰 도움을 준 우리 펀드레이징 퍼포먼스 랩의 한울, 하나, 온유 식구 여러분, 이러한 연구를 꾸준히 믿고 지지해주신 세이브더칠드런 정태영 총장님과, 언제나 제가 더 나은 선택을 할 수 있도록 옆에서 함께 응원해준 사랑하는 우리 가족에게 깊이 감사드립니다.

비영리 디지털 마케팅이라는 아직은 낯설지만 반드시 필요한 길을 묵묵히 걸어가고 있는 모든 실무자분들께, 이 책이 조금이나마 위로와 동력이 되길 바랍니다. 우리가 함께 '잘 모금하는 것'을 넘어 '잘 공감하고, 잘 연결되며, 함께 변화를 만들어가는' 더 따뜻한 세상을 함께 만들어가기를 진심으로 소망합니다. 감사합니다.

2025년 4월
저자 하예성

목차

이 책의 후원자님들 　　　　　　　　　　　　　　　　　　　　　　　　　　　3
저자·연구진 소개 　　　　　　　　　　　　　　　　　　　　　　　　　　　　4
추천의 말 　　　　　　　　　　　　　　　　　　　　　　　　　　　　　　　6
감사의 말 　　　　　　　　　　　　　　　　　　　　　　　　　　　　　　　8

1장. 빅데이터로 보는 비영리 디지털 마케팅 트렌드　　　　　　　　　　15

01. 누구나데이터가 디지털 모금 트렌드 분석에 활용한 빅데이터는 얼마나 될까? 　　16
02. '기부' 검색량은 증가하고 있을까? 　　　　　　　　　　　　　　　　　　18
03. 왜 '기부'를 검색했을까? 　　　　　　　　　　　　　　　　　　　　　　20
04. 대중들에게 가장 인지도가 높은 비영리단체는 어디일까? 　　　　　　　　　26
05. 지난 4년간 인지도를 가장 많이 끌어올린 비영리단체는 어디일까? 　　　　　28
06. 대중들에게 주목받고 있는 비영리 분야는? 　　　　　　　　　　　　　　　32
07. 2024년 연말, 디지털 광고를 진행한 비영리단체 수는? 　　　　　　　　　38
08. 직접 모금이 많았을까 잠재후원자 모금이 많았을까? 　　　　　　　　　　40
09. 정기후원 모금이 많았을까 일시후원 모금이 많았을까? 　　　　　　　　　42
10. 최근 모금 트렌드라 불리는 굿즈 캠페인은 얼마나 시도되고 있을까? 　　　　44
11. 국내복지 분야 111개 모금 캠페인이 많이 선택한 주제는 무엇이었을까? 　　46
12. 국제구호 분야 88개 모금 캠페인이 많이 선택한 주제는 무엇이었을까? 　　　48
13. 환경 분야 24개 모금 캠페인이 많이 선택한 주제는 무엇이었을까? 　　　　　50
14. 비영리단체들이 최근 4년간 집중한 소셜미디어는 무엇일까? 　　　　　　　52
15. 비영리단체들이 2024년에 집중한 소셜미디어는 무엇일까? 　　　　　　　56
16. 유튜브, 어떤 비영리단체가 잘하고 있을까? 　　　　　　　　　　　　　　64

17. 인스타그램, 어떤 비영리단체가 잘하고 있을까? ... 68
18. 카카오톡채널, 어떤 비영리단체가 잘하고 있을까? ... 72
19. 네이버블로그, 어떤 비영리단체가 잘하고 있을까? ... 74
20. 디지털 유입을 늘리면 후원도 늘어날까? ... 76
21. 100명의 정기후원자를 만들기 위해 필요한 유입수는? ... 78

2장. 디지털 모금의 성공을 결정하는 5가지 지표   81

22. 비영리단체의 디지털 모금 마케팅을 4가지 유형으로 분류한다면? ... 82
23. 디지털 모금 마케팅 4가지 유형에 국내 비영리단체 데이터를 넣어본다면? ... 86
24. 웹사이트 방문의 5가지 핵심 유입경로는? ... 88
25. 디지털 모금이 성공하기 위해 모니터링해야 할 5가지 필수 지표는? (디지털 모금 AID 모델) ... 92
26. 디지털 모금 AID 모델의 2024년 단계별 후원 이탈률은? ... 100
27. 인지 유입(Awareness) 단계의 유입경로별 이탈률은? ... 102
28. 관심 행동(Activation) 단계의 유입경로별 이탈률은? ... 104
29. 콘텐츠 완독(Interest) 단계의 유입경로별 이탈률은? ... 106
30. 후원 고려(Intent) 단계의 유입경로별 이탈률은? ... 108
31. 후원 완료(Donation) 단계의 유입경로별 정기·일시후원 비중은? ... 110
32. 빅데이터를 통해 발견한 디지털 모금 성과를 위한 4가지 실천 전략은? ... 112
33. 디지털 모금 전략을 수립하기 위한 필수 질문 6가지는? ... 114

3장. 디지털 모금이 시작되는 5가지 유입경로 트렌드 리포트 — 121

- 34. 배너광고, 여전히 효과적일까? — 122
- 35. 2024년 정기후원이 많았던 광고 채널은 무엇이었을까? — 124
- 36. 2024년 일시후원이 많았던 광고 채널은 무엇이었을까? — 128
- 37. 기타 배너광고 채널들은 얼만큼 효과가 있을까? — 132
- 38. 검색을 통한 모금, 어떻게 변화하고 있을까? — 134
- 39. 사람들이 많이 찾는 검색엔진은? — 136
- 40. 네이버 vs 구글, 검색 모금을 위해 무엇에 집중해야 할까? — 138
- 41. 네이버 검색 유입의 세 가지 유형과 각 모금 성과는? — 140
- 42. 비영리단체가 운영 중인 자사 디지털 마케팅 채널, 모금 성과는? — 142
- 43. 어떤 자사 디지털 마케팅 채널이 모금에 효과적일까? — 144
- 44. 데이터 측정 품질을 알 수 있는 다이렉트 유입, 어떻게 해석할까? — 146
- 45. Push vs Pull 마케팅, 디지털 모금의 흐름은? — 148

4장. 1억 명의 방문자 데이터에서 뽑아낸 디지털 모금 인사이트 — 151

- 46. 모바일 vs 데스크톱, 어디서 후원이 많을까? — 152
- 47. 정기후원이 많은 달은 언제일까? — 154
- 48. 일시후원이 많은 달은 언제일까? — 156
- 49. 무슨 요일, 몇 시에 후원이 활발할까? — 158
- 50. 신규 방문자와 재방문자의 후원량 차이는? — 162
- 51. 신규 방문자와 재방문자의 후원 전환율 차이는? — 164
- 52. 신규 방문자와 재방문자의 접속기기별 정기후원 트렌드는? — 166
- 53. 신규 방문자와 재방문자의 접속기기별 일시후원 트렌드는? — 168
- 54. 300개 모금 캠페인의 후원성과 분포와 추세는? — 170
- 55. 모금 캠페인의 성과를 측정하는 표준 지표는? — 174

인포그래픽 차트 찾아보기	**179**
연구 데이터의 출처	**183**

14

1장.
빅데이터로 보는
비영리 디지털 마케팅
트렌드

1장에서는 지난 6년간 축적된 방대한 빅데이터를 바탕으로
비영리단체들의 검색량 변화, 소셜미디어 활동, 캠페인 유형, 모금 성과 등을
분야별, 채널별, 단체별로 다각도에서 분석한 트렌드를 담고 있습니다.

각 항목은 빅데이터 기반의 인사이트를 시각화한 인포그래픽 중심으로 구성되어
비영리 디지털 마케팅의 변화 흐름을 한눈에 파악할 수 있도록 정리했습니다.
디지털 환경의 흐름 속에서 우리 단체가 어디에 위치해 있는지
어떤 전략이 필요한지 생각해 볼 수 있는 출발점이 되어줄 것입니다.

01.
누구나데이터가
디지털 모금 트렌드 분석에 활용한
빅데이터는 얼마나 될까?

▸ **1억 6,135만 3,875**
　유입수

▸ **79만 8,755**
　후원수

2019년부터 2024년까지 약 1억 6,000만 건의 비영리단체 웹유입 데이터와 약 80만 명의 후원자 데이터를 분석하여 디지털 모금 리포트를 작성했습니다.

데이터 분석 결과, 매년 측정 가능하고 활용할 수 있는 비영리 데이터 규모가 증가하고 있음을 볼 수 있습니다. 그러나 2023년부터 2024년 사이 유입 수는 크게 증가한 반면, 후원자 수는 정체하거나 소폭 감소하는 경향이 나타났습니다.

이는 단순히 디지털 채널을 운영하는 것만으로는 기부가 자연스럽게 증가하지 않음을 시사합니다. 앞으로는 디지털 마케팅을 얼마나 효과적으로 운영하느냐가 후원자 증가의 핵심 요인이 될 것입니다. 지금이야말로 우리가 주목해야 할 주요 지표를 정교하게 분석해야 할 중요한 시점입니다.

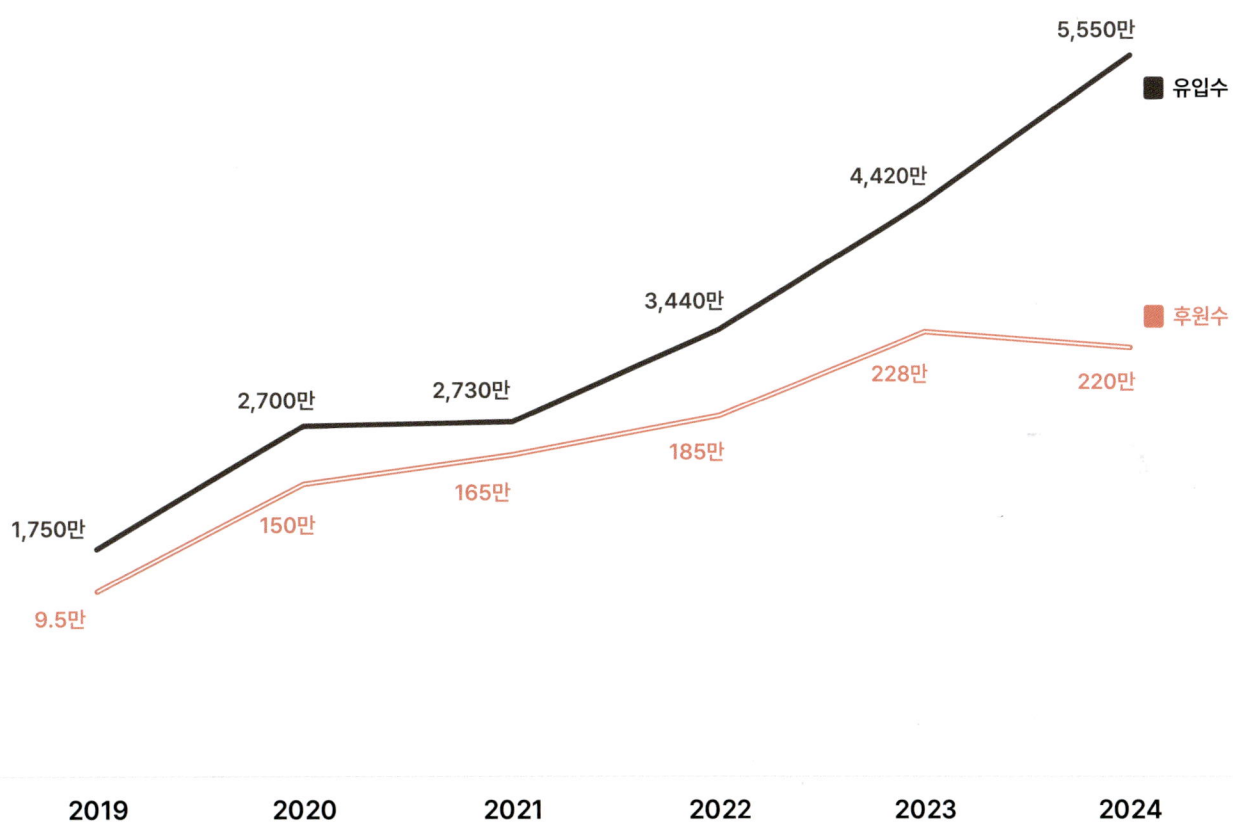

02.
'기부' 검색량은 증가하고 있을까?

▸ **검색량 12% 감소**

Naver 와 Google 에서 "기부"에 대한 검색량 분석은 명확한 패턴을 보여줍니다.

기부에 대한 사람들의 관심이 코로나19 이전에 비해 증가하여 유지하는 흐름을 볼 수 있습니다. 그러나 연도마다 검색량은 재난과 사회문제에 따라 다릅니다.

기부 검색량은 사람들의 기부에 대한 관심도를 나타내는 간접적인 지표 역할을 한다는 것을 시사합니다.

2024년에는 두 플랫폼 모두 전년도에 비해 검색량이 12% 감소한 부분을 볼 수 있습니다.

감소된 가장 큰 이유로는 검색엔진별 사용자 성향과 상관없이 2024년에는 큰 사회적 재난재해 이슈 부재로 기부 검색량이 감소되는 현상을 볼 수 있습니다.

03.
왜 '기부'를 검색했을까?

▸ 기부에 관심이
　있을 때

월별 기부 검색량 패턴을 보면 연도별로 재난이나 사회적 이슈에 따라 다르게 나타남을 볼 수 있습니다.

하지만 매년 12월에는 매년 동일하게 사람들이 기부에 대한 관심이 높아지는 것을 검색량 증가로 확인할 수 있습니다.

네이버와 구글의 패턴이 비슷하면서도 다른 이유는 해당 검색엔진을 사용하는 사용자 특성이 다름을 시사합니다.

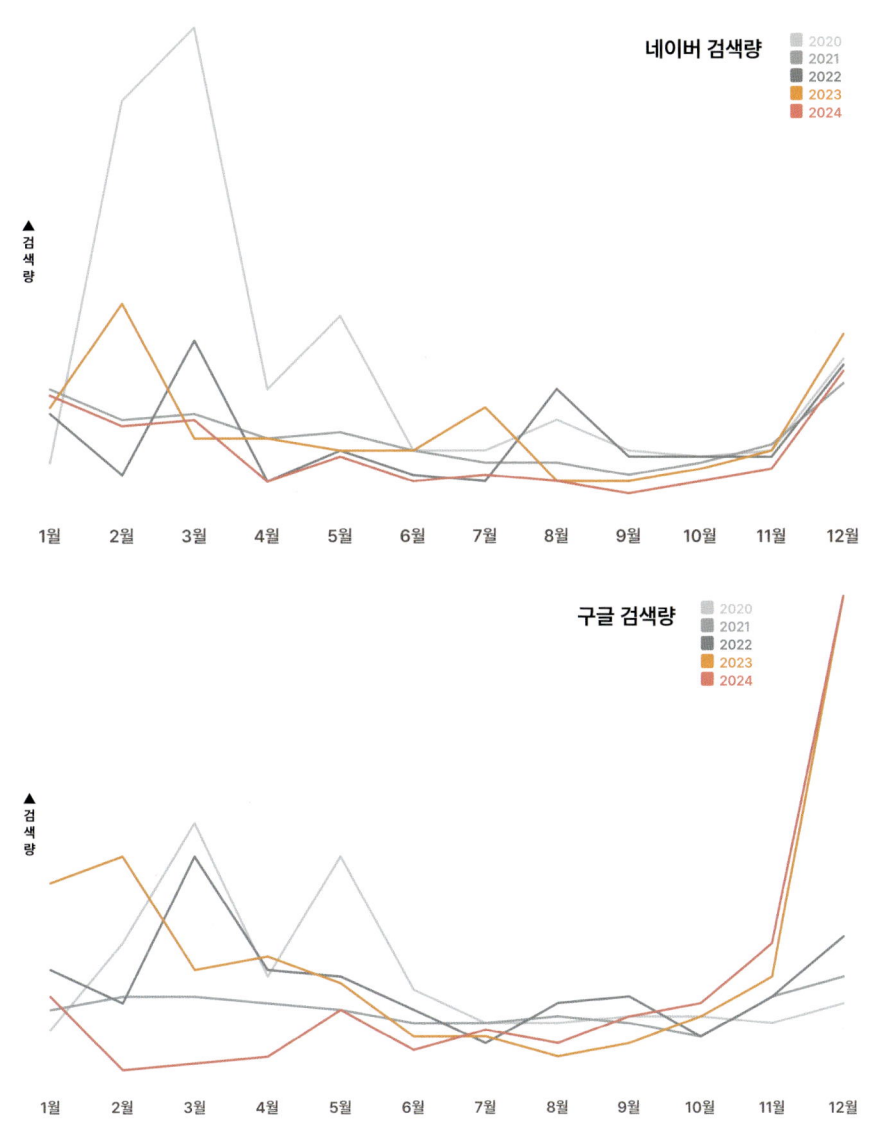

연도별 네이버 '기부' 검색량 패턴 분석 차트 04

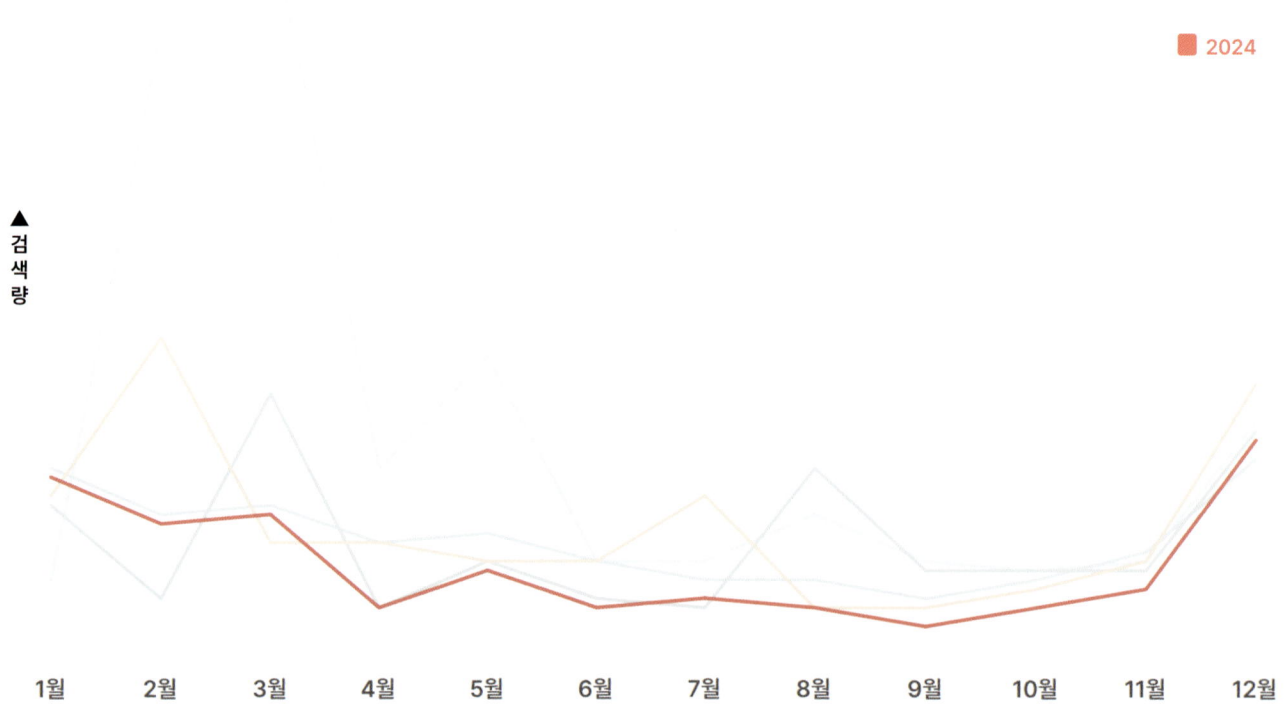

2021년과 2024년은 기부 검색량이 크게 변화없는 동일한 패턴을 보이고 있습니다.
이는 기부와 관련한 재난 재해 이슈가 없음을 검색량을 통해 알 수 있습니다.
전체 검색량이 낮으면 일시 모금 규모에 큰 영향을 주기도 합니다.

데이터 출처 네이버 데이터랩

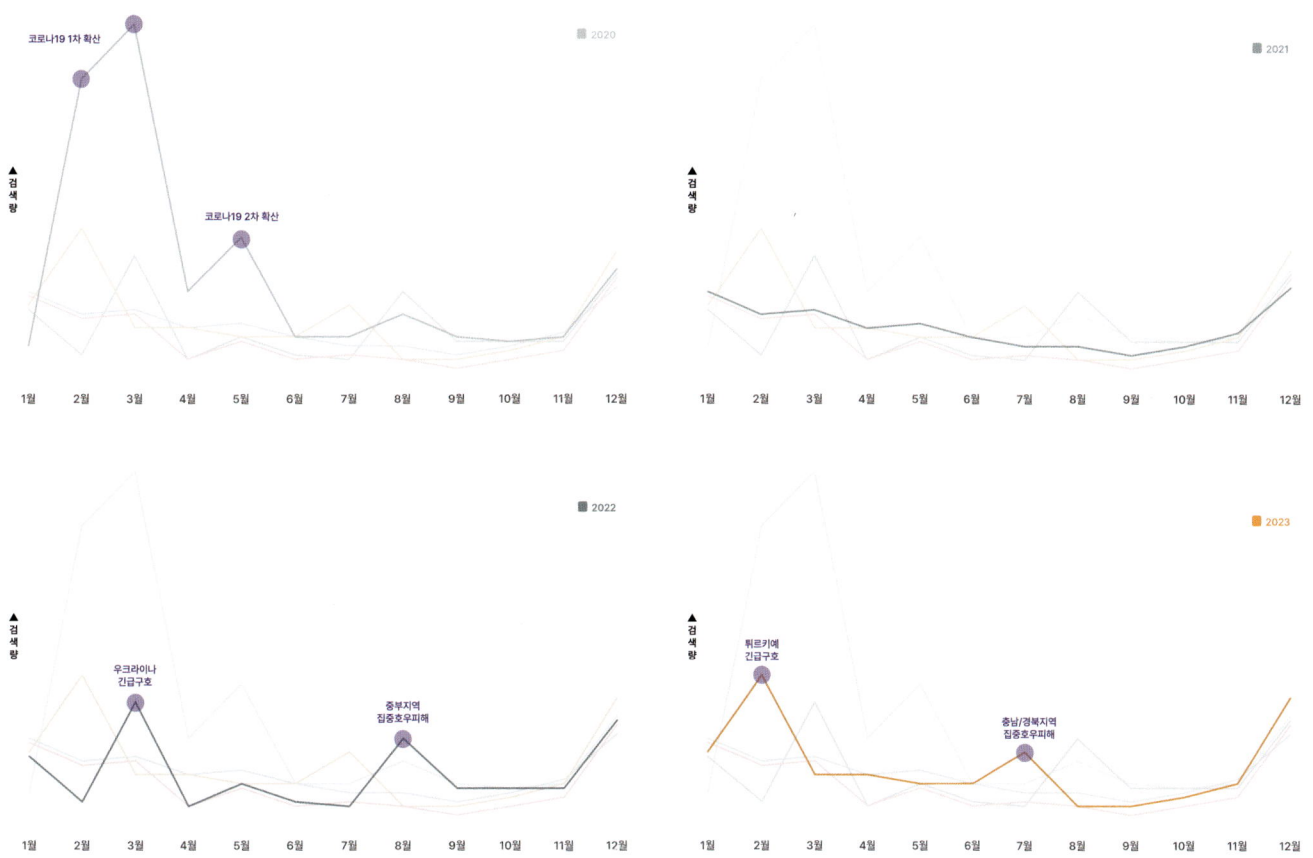

데이터 출처 네이버 데이터랩

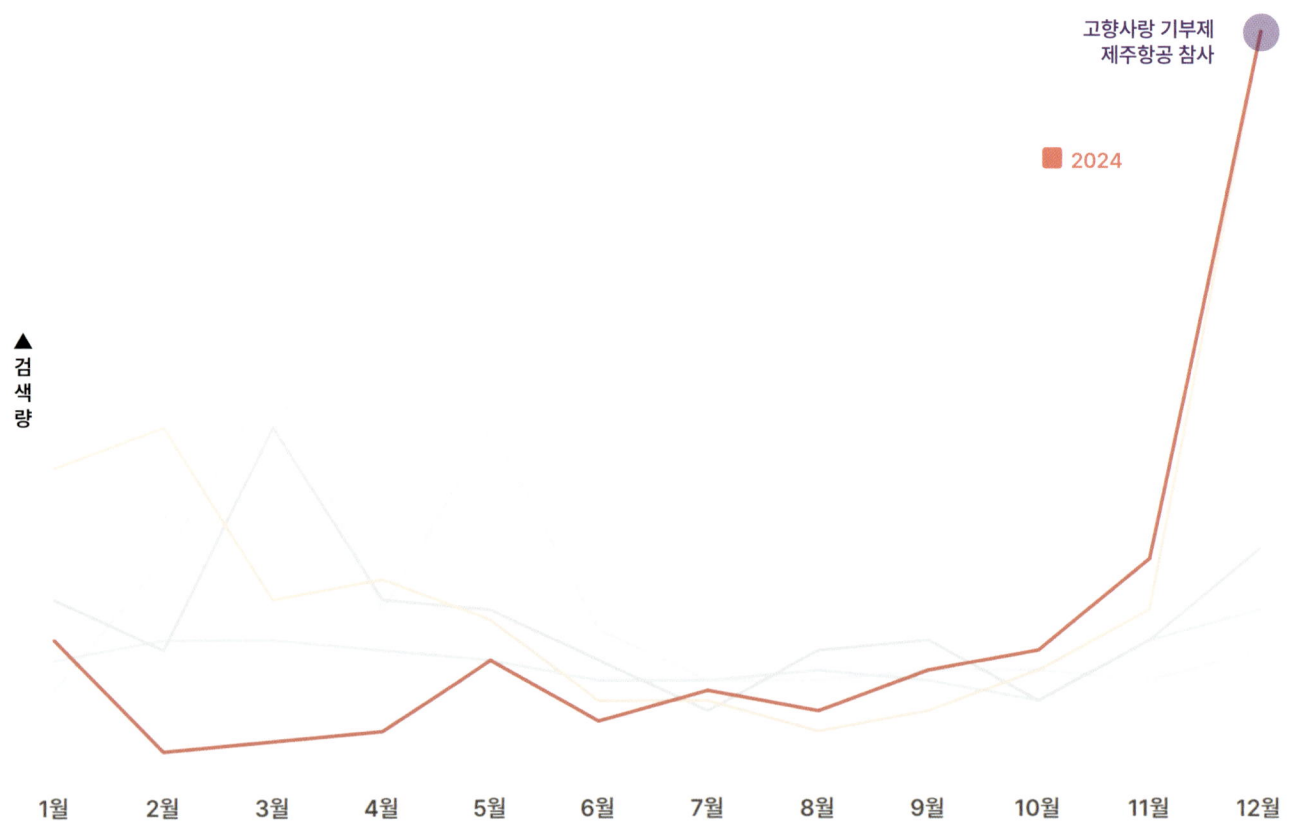

구글도 네이버와 주요한 재난 시기에 따라 검색량이 상승하거나 감소하는 패턴은 동일하게 나타납니다.

네이버와 다른 특징은 고향사랑기부제, 제주항공 참사 등 뉴스를 통한 사회적 이슈에 대해 2023년부터 검색량이 크게 상승하는 것을 볼 수 있습니다. 구글 검색량이 이전보다 늘어난 부분도 있지만 구글을 통해 검색하는 사용자의 목적이 다름을 볼 수 있습니다. 구글은 정보성 검색이 많은 반면, 네이버는 기부와 연결되는 검색이 많이 나타납니다.

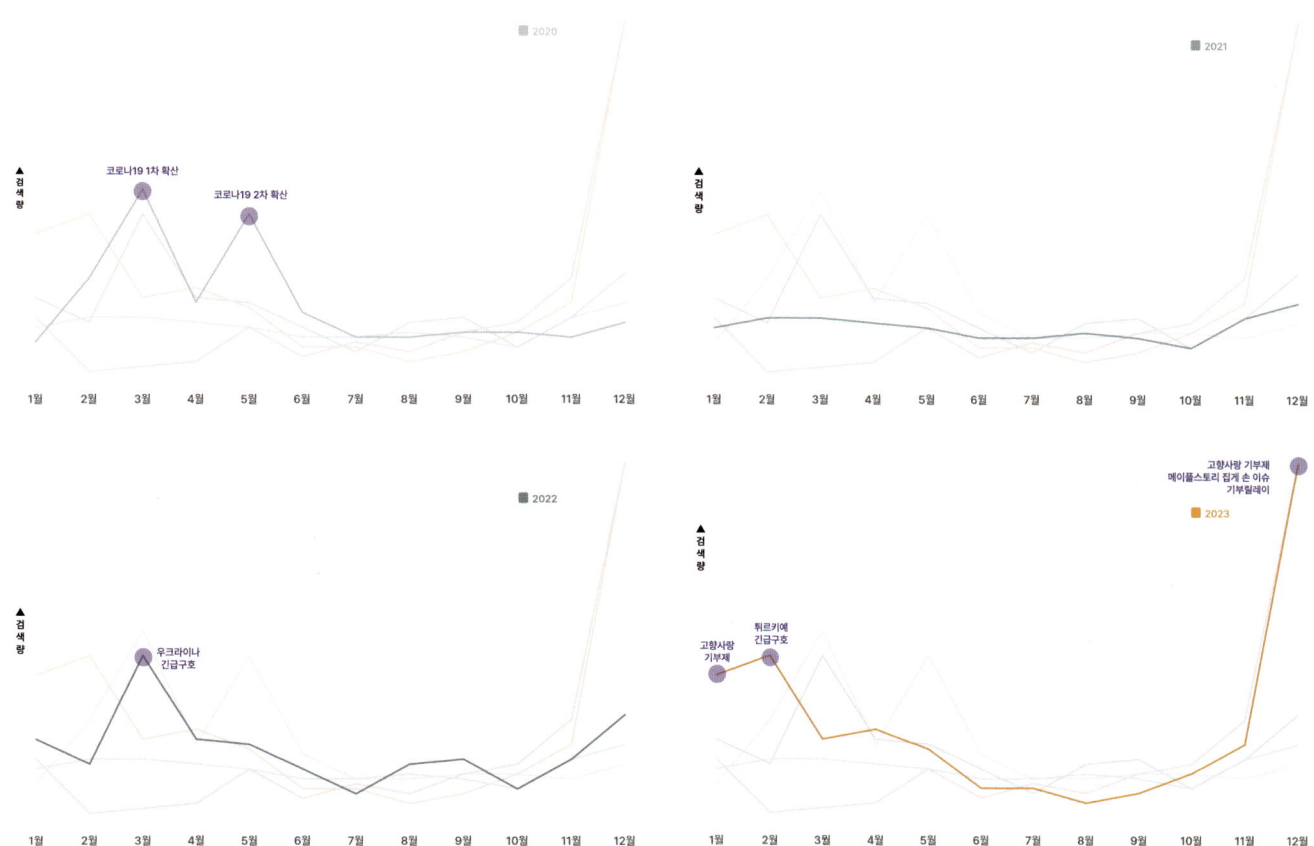

데이터 출처 구글 트렌드

04.
대중들에게 가장 인지도가 높은 비영리단체는 어디일까?

▸ 42개 단체 중 2024년 가장 많이 검색된 단체는
  대한적십자사, 초록우산, 굿네이버스, 유니세프, 월드비전 순으로 나타났습니다.

우양재단 월드쉐어 하트하트재단 아름다운재단 컨선월드와이드
WWF 유엔난민기구 국제앰네스티 푸르메재단 바보의나눔 국경없는의사회
녹색연합 **월드비전** 그린피스 **세이브더칠드런** 대한사회복지회
참여연대 노무현재단
유니세프 대한적십자사 플랜 **굿네이버스**
밀알복지재단 사랑의열매 기아대책 컴패션 **초록우산**
사회연대은행 동물권행동카라
해비타트 동물자유연대 지파운데이션 사랑의달팽이
동물권단체케어 옥스팜 메이크어위시
서울환경연합 국제구조위원회 함께하는사랑밭 환경운동연합 월드투게더 열매나눔재단

데이터 출처 네이버 데이터랩(이상치 보정)

2024년 검색량 기반 단체 인지도 분석 차트 06

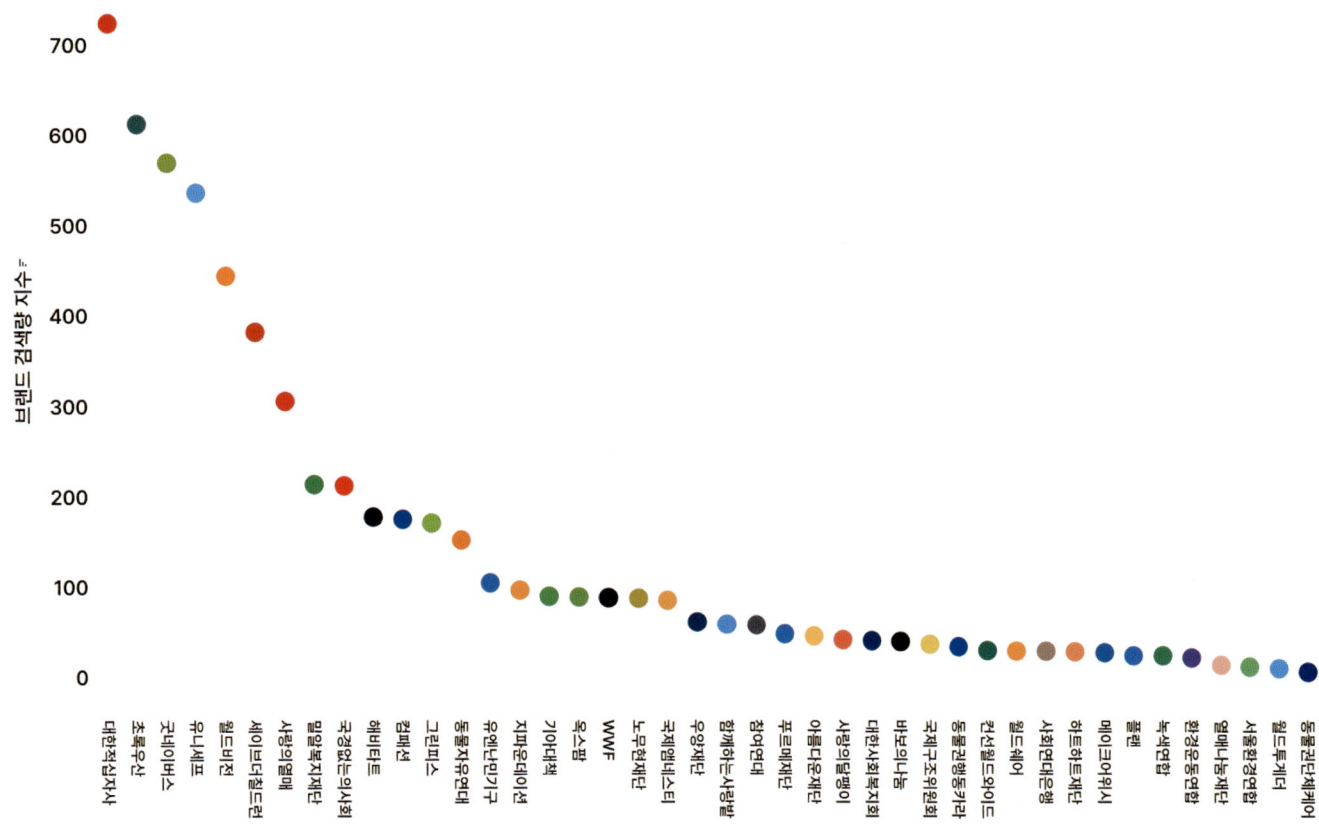

검색량은 우리 단체를 얼마나 많은 사람들이 찾고 있는지를 보여주는 중요한 지표입니다.
특히 규모가 작은 단체들도 이를 잘 활용하면 인지도를 확인하는 데 도움이 될 수 있습니다.

보통 브랜드 인지도 조사는 한정된 사람들을 대상으로 진행되기 때문에 조사 범위가 제한적이며, 비용이 많이 듭니다. 하지만 검색량을 활용하면 별도의 비용 없이 더 많은 데이터를 기반으로 우리단체의 브랜드 인지도를 간접적으로 알 수 있습니다.

검색량을 통해 사람들의 관심 변화를 살펴보고, 더 많은 후원자와 연결될 수 있는 전략을 세워보는 것도 좋은 방법입니다.

데이터 출처 네이버 데이터랩(이상치 보정)

05.
지난 4년간 인지도를 가장 많이 끌어올린 비영리단체는 어디일까?

▶ **해비타트,
국제구조위원회,
밀알복지재단,
옥스팜,
우양재단**

42개 단체 중 지난 4년 동안 인지도를 가장 많이 끌어올린 비영리단체는 해비타트, 국제구조위원회, 밀알복지재단, 옥스팜, 우양재단 순으로 나타났습니다.

이 단체들은 2021년 대비 2024년 검색량이 가장 많이 증가한 단체로, 대규모 이벤트, 챌린지, 방송 모금, 디지털 홍보 등 기존과 다른 다양한 마케팅과 홍보 전략을 통해 인지도를 높인 것으로 나타났습니다.

이번 분석에서는 특정 이벤트나 일시적인 이슈(리스크 포함)로 인해 급격히 증가한 이상치 검색량을 제외하고, 지난 4년간의 검색량 추이를 동일한 기준으로 분석하여 단체의 긍정적인 브랜드 인지도를 분석하고자 했습니다.

비영리단체 브랜드 인지도 변화 분석 차트 07

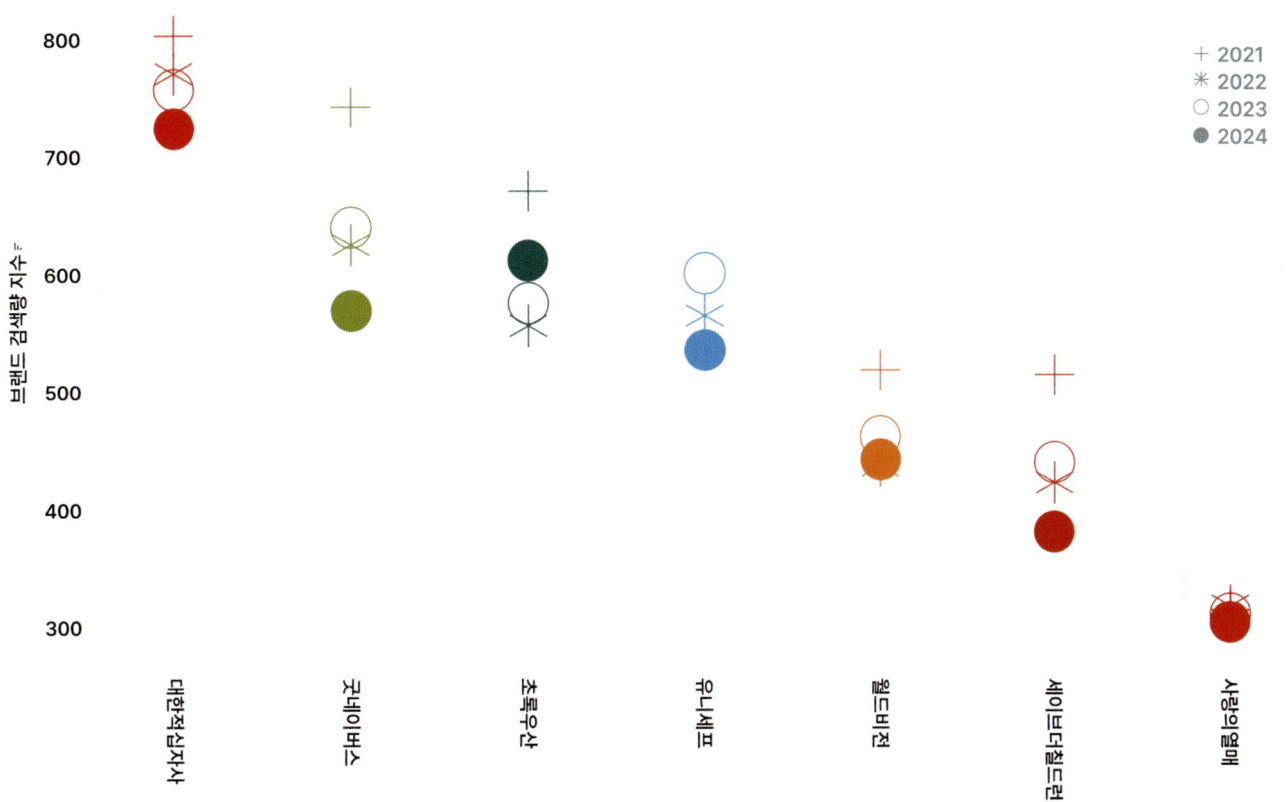

검색량이 많은 대형 단체들의 경우 코로나19 이후 검색량이 전반적으로 감소하는 추세를 보였습니다.
검색량 감소는 단체 홈페이지를 찾는 오가닉 검색 유입이 줄어들었다는 의미로, 긍정적인 신호는 아닙니다.

하지만 이 중에서도 지속적으로 감소하는 단체와 하락 후 다시 상승하는 단체로 나뉘는 흐름을 볼 수 있습니다. 대형 단체들의 경우 검색량의 증감은 디지털 모금의 효율과 밀접한 영향을 미치는 핵심 지표로 사용됩니다.

*브랜드 검색량 지수 각 단체별 동일한 비교를 위해 연도별 검색량의 크기를 나타내는 상대 지표를 누구나데이터 펀드레이징 퍼포먼스 랩에서 산출함. 검색수와 같지 않고, 지수가 높을수록 검색량이 많음을 나타냄

데이터 출처 네이버 데이터랩(이상치 보정)

비영리단체 브랜드 인지도 변화 분석 _{차트 07}

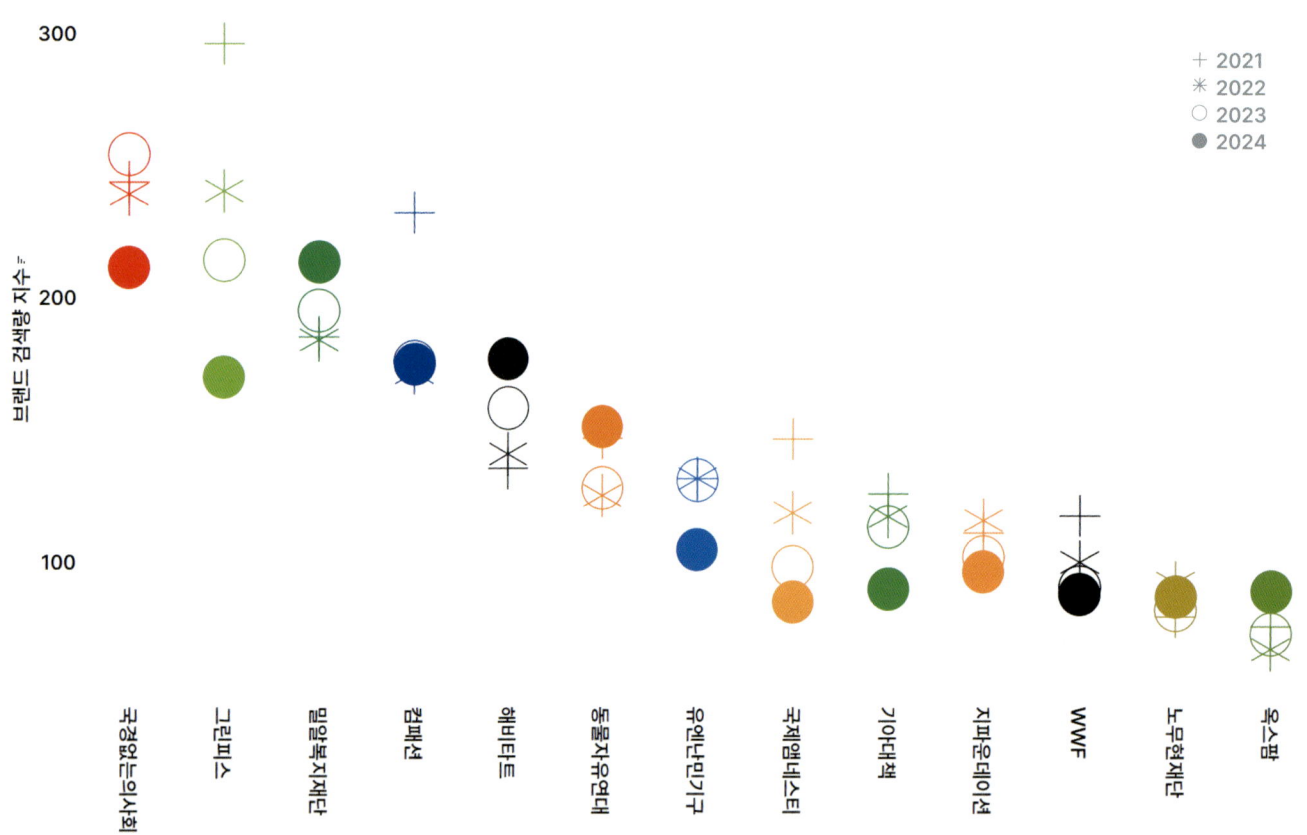

검색량의 변화에 따라 단체들은 세 가지 유형으로 구분됩니다. — 계속해서 상승하는 단체, 계속해서 하락하는 단체, 일정 기간 하락 후 다시 상승하거나 유지되는 단체

이 지표를 활용하면 우리 단체와 유사한 분야 또는 비슷한 인지도를 가진 단체들의 홍보 및 마케팅 전략을 참고할 수 있습니다. 상승세를 보이는 단체들의 성공적인 홍보 방식을 분석해, 효과적인 디지털 마케팅 전략을 세우는 데 도움이 될 수 있습니다.

데이터 출처 네이버 데이터랩(이상치 보정)

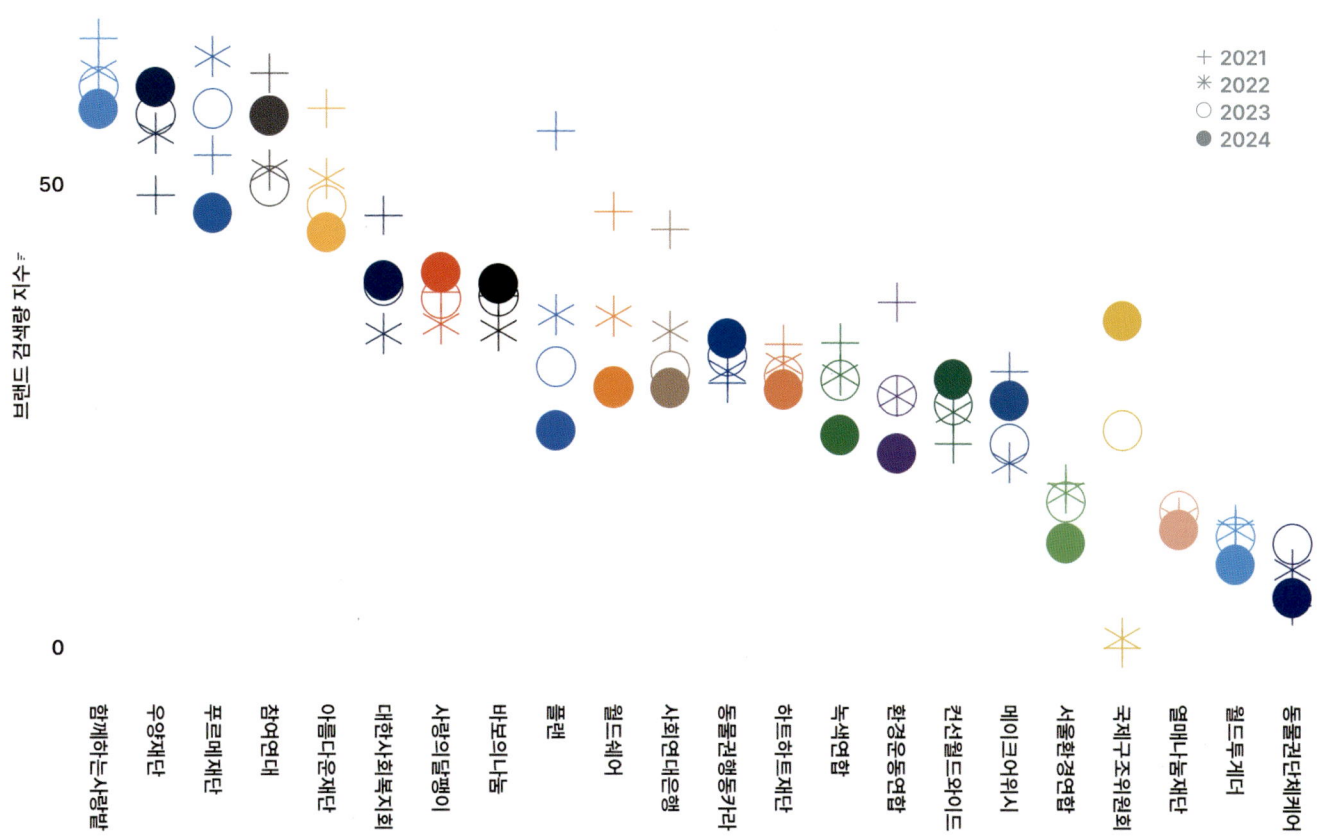

검색량이 상대적으로 작은 위 단체들의 경우에도 증가, 감소, 유지 등 다양한 결과를 볼 수 있습니다.
증가한 단체들의 공통적인 특징은 디지털 마케팅을 본격적으로 시작한 단체들,
또는 DRTV 등 미디어 매체를 통한 모금을 진행한 단체들이 증가하는 추이를 보였습니다.

한 가지 중요한 것은 디지털 광고를 한다고 무조건 검색량이 늘어나는 것이 아니라는 점입니다.
디지털 광고 또는 마케팅을 하면서 우리 단체만의 효과적인 홍보전략이 대중들에게 반응이 있는지
검색량을 함께 보조지표로 삼아 평가하는 것을 추천합니다.

데이터 출처 네이버 데이터랩(이상치 보정)

06.
대중들에게 주목받고 있는 비영리 분야는?

▶ **동물권 분야**

이번 분석에서는 총 42개 비영리단체를 여섯 개 분야로 나누어 검색량 트렌드를 조사했습니다.

▶ 국내복지, 국제구호, 국내복지+국제구호, 환경, 인권·시민사회, 동물권

이중 대중들에게 가장 주목받고 있는 비영리 분야는 동물권 분야로 나타났습니다.

42개 비영리단체의 전체 검색량은 2021년 코로나19 기점으로 큰 폭으로 감소하는 추세를 보였으며, 2024년에는 2023년 대비 또 한 번 검색량이 감소하는 부분으로 나타났습니다.

이는 앞서 살펴본 네이버 기부 키워드 검색량과 비슷한 패턴을 보였습니다.

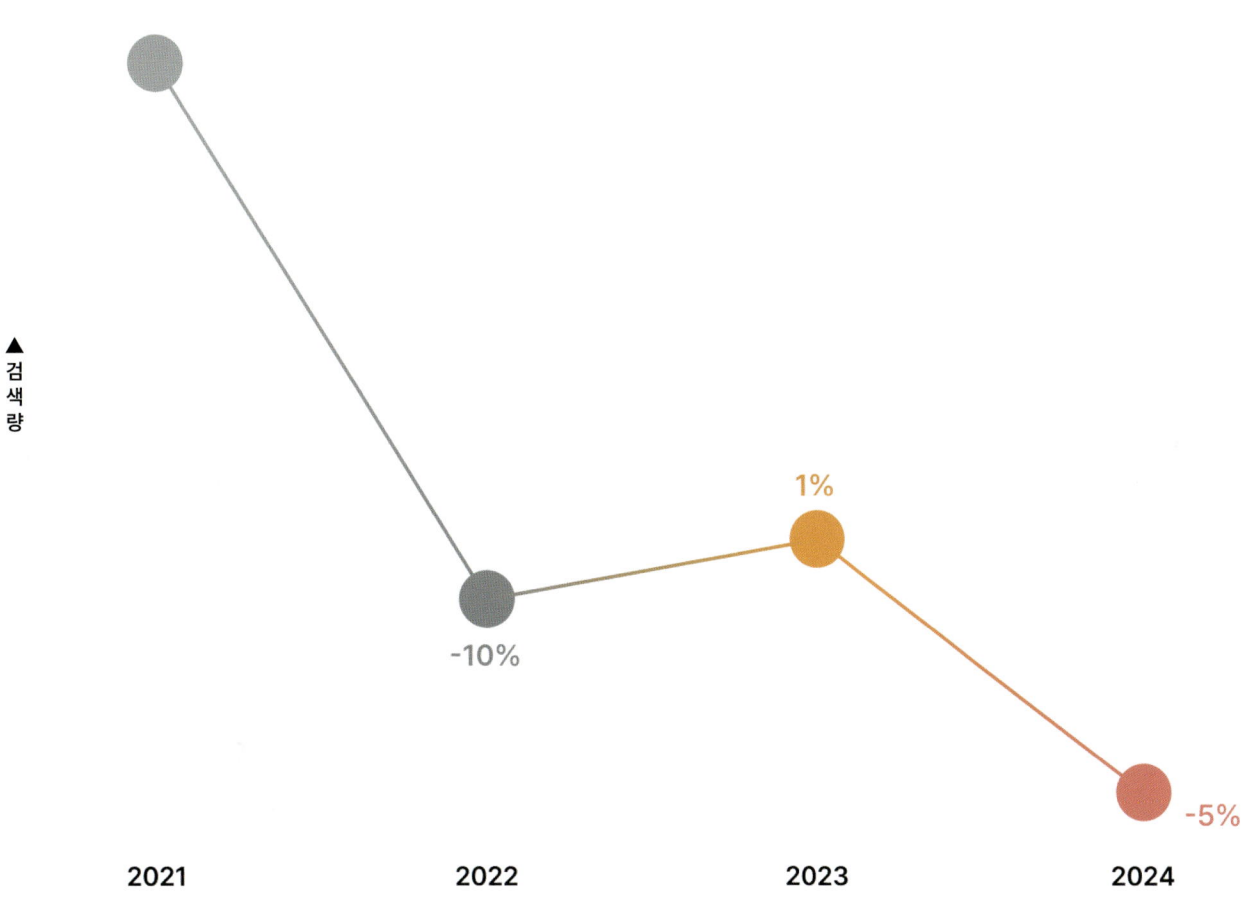

데이터 출처 네이버 데이터랩(이상치 보정)

비영리단체 분야별 검색량 추이 차트 09

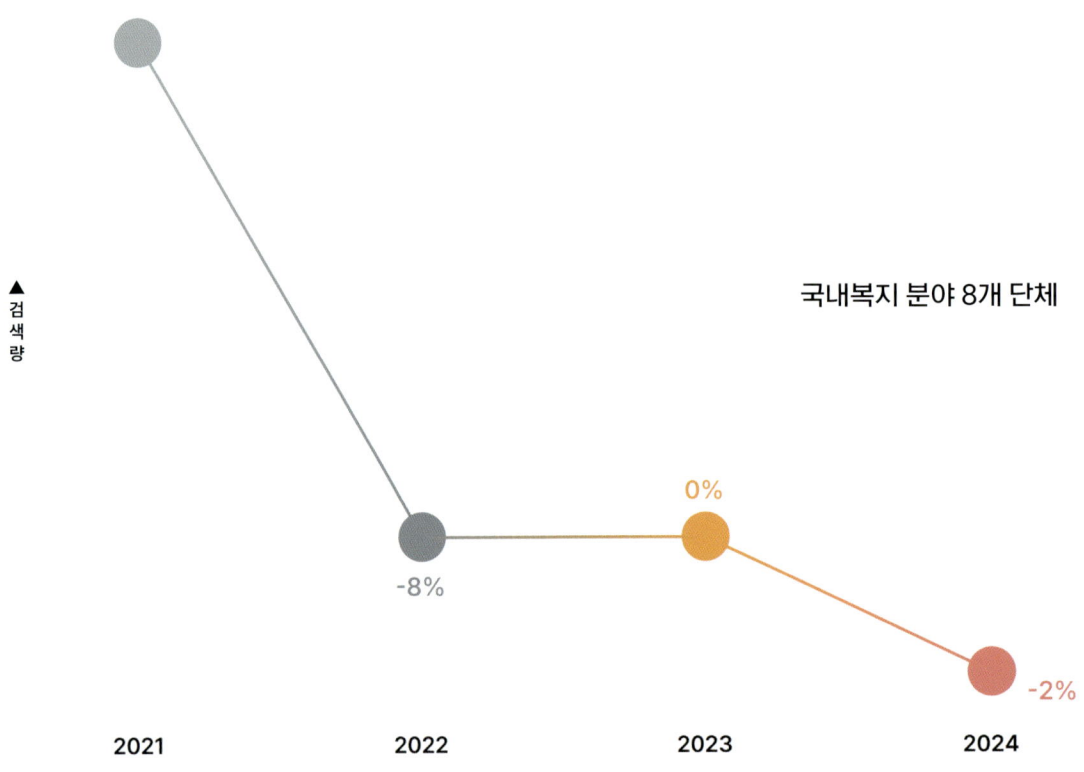

국내복지 분야 8개 단체

국내복지 분야는 2022년 큰 폭으로 감소한 후 유지 또는 소폭 감소되는 경향을 보였습니다.

반면, 국내복지와 국제구호를 함께하는 단체들은 모수가 가장 많고 대형단체 비중이 높아 42개 전체 검색량 흐름과 유사한 패턴을 보였습니다.

국제구호 분야는 2023년에 다시 급등하는 특이한 패턴을 보였습니다. 이는 2023년 튀르키예 지진 발생 이후 긴급구호에 대한 관심이 높아진 영향으로 국제구호 단체들의 관심도가 대중들에게 높게 나타남을 볼 수 있습니다. 하지만 2024년에는 가장 낮은 수준의 검색량을 기록했는데, 이는 사회적으로 주목받는 대규모 재난이 없는 원인으로 해석됩니다.

데이터 출처 네이버 데이터랩(이상치 보정)

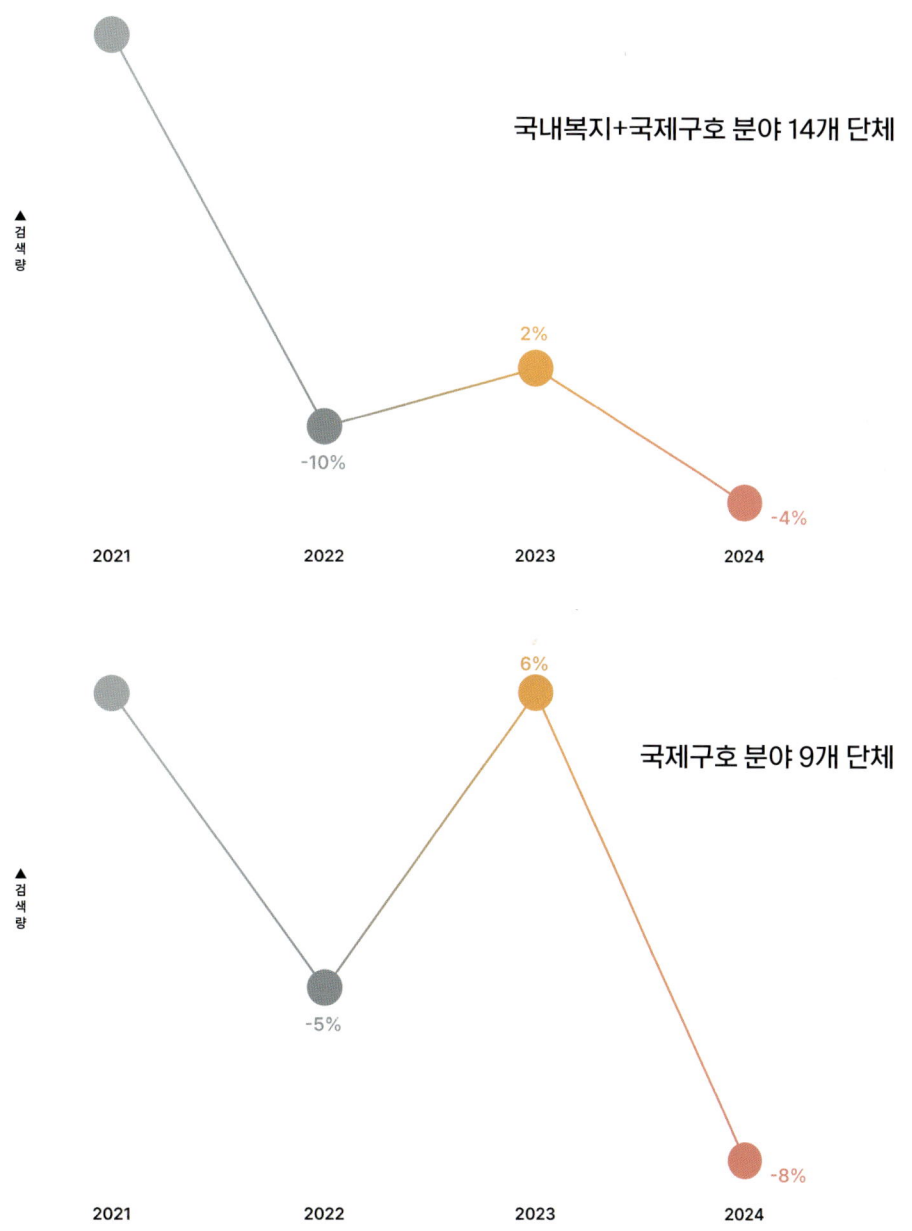

비영리단체 분야별 검색량 추이 _{차트 09}

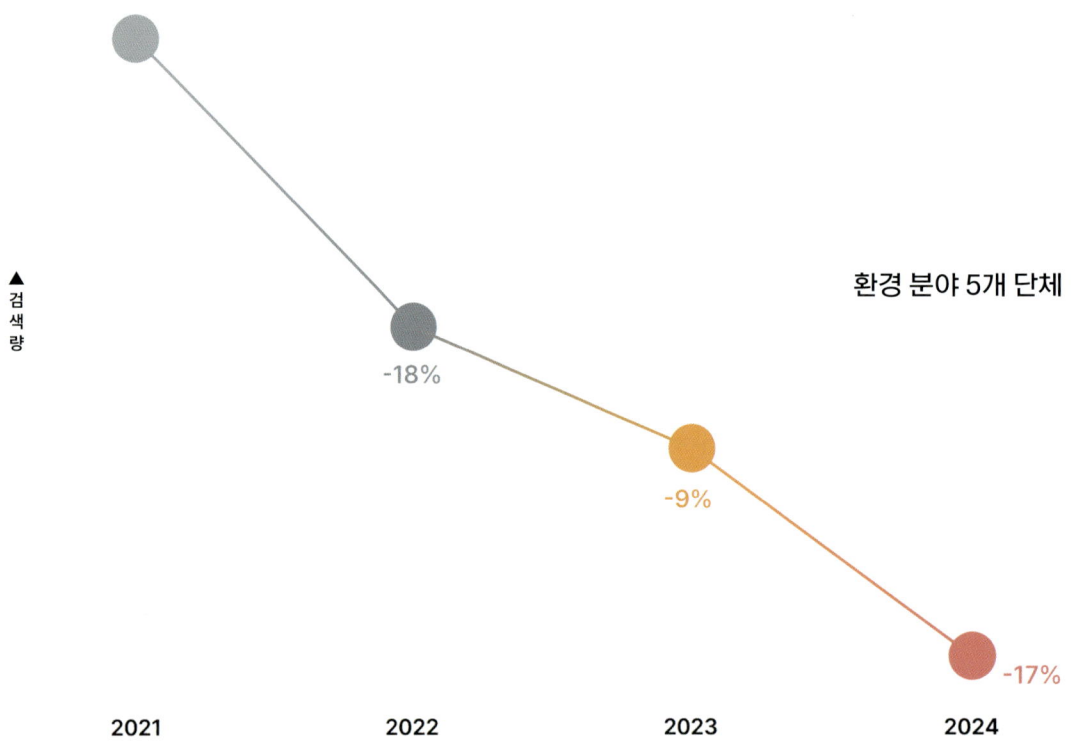

환경 분야 5개 단체

환경분야는 기후위기, 플라스틱 문제, 황사, 폭우 등 다양한 사회적 이슈가 있음에도 불구하고 검색량이 지속적으로 줄어드는 흐름을 보였습니다. 사람들이 환경 문제에 대한 다양한 내용들을 접하고 있지만, 환경분야 비영리단체들의 활동에 공감을 하고 있는지 점검해 볼 필요가 있습니다.

인권·시민사회 분야 또한 환경분야와 유사하게 검색량이 지속적으로 감소하는 흐름을 보였습니다. 그러나 2024년 말, 대한민국에서 발생한 계엄령 이슈로 인해 12월 검색량이 상승하면서, 전년 대비 동일한 수준을 유지하는 데 큰 영향을 주었습니다.

동물권 분야는 2022년 이후 비영리 분야에서 유일하게 꾸준히 검색량이 증가한 분야로 나타났습니다. 반려동물 시장의 성장과 함께 동물권에 대한 사회적 관심이 함께 증가하고 있습니다.

데이터 출처 네이버 데이터랩(이상치 보정)

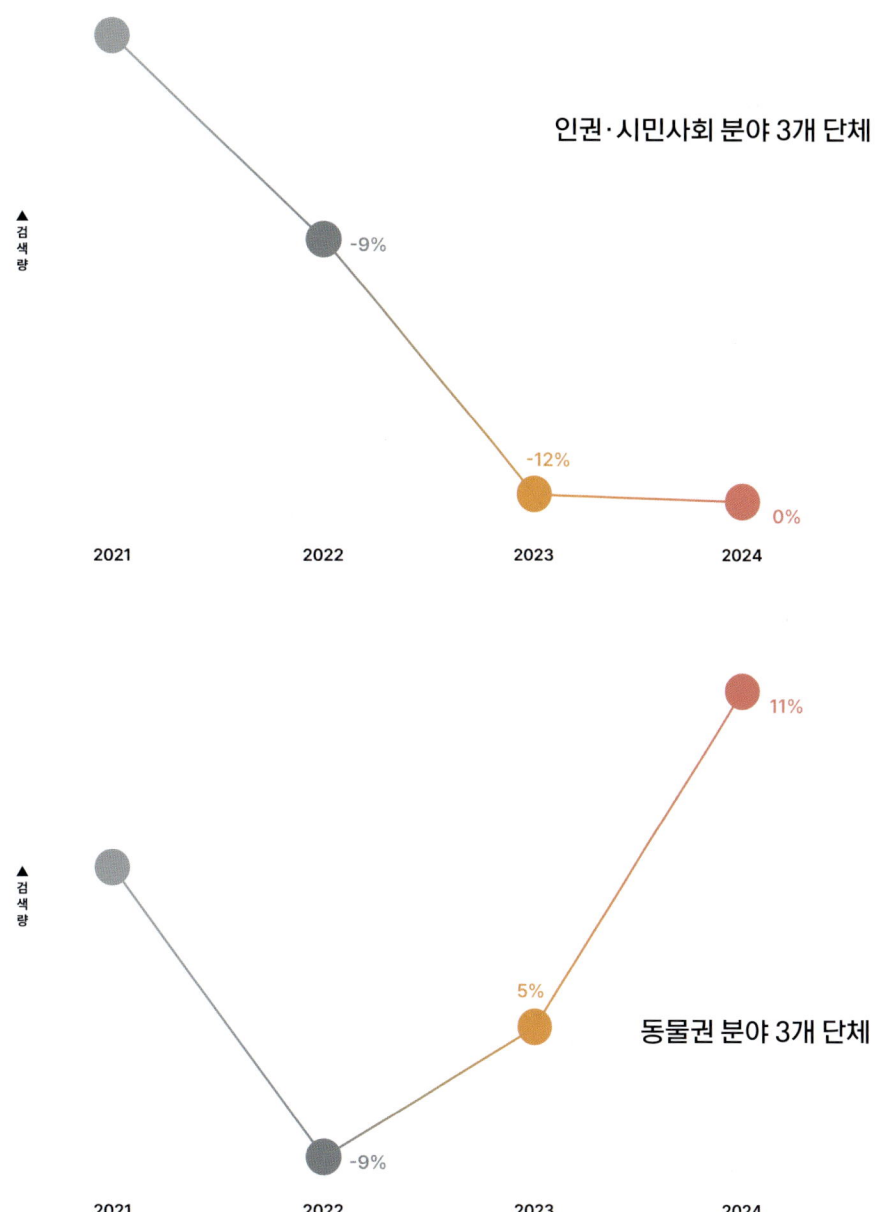

07.
2024년 연말, 디지털 광고를 진행한 비영리단체 수는?

▸ **70개 단체**

▸ **254개 캠페인**

2024년 연말 디지털 광고를 진행한 비영리단체는 총 70개 단체로, 이들은 254개 캠페인을 통해 대중들에게 모금을 진행했습니다. 이번 데이터는 2024년 10월부터 12월까지 진행된 네이버, 카카오, 유튜브, 메타 등 주요 채널의 광고 캠페인을 모니터링하여 분석하였습니다.

2023년 연말을 기점으로 비영리단체들이 본격적으로 디지털 광고를 통해 대중들에게 각 분야의 캠페인을 알리고 모금을 시작했습니다. 2023년 연말에는 53개 단체에서 118개 캠페인을 진행하였는데, 2024년에는 70개 단체에서 254개 캠페인을 진행하면서 매년 더 많은 비영리단체들이 디지털 채널의 활용을 확대하고 있는 흐름을 볼 수 있었습니다.

디지털 광고는 이제 비영리 모금의 필수를 넘어 생존으로 넘어가는 단계에 있으며, 이에 따라 효율적인 예산 운영과 데이터 분석을 통한 성과 최적화가 필수적인 목표로 자리 잡고 있습니다.

254개 캠페인을 총 7개 영역으로 구분하여 분석하였습니다. 단체수의 경우 총 70개 단체이나, 한 개 단체가 영역별로 캠페인을 진행할 수 있기에 단체 수 총합은 70보다 크게 나타납니다. 가장 많은 캠페인이 진행된 영역은 국내복지분야이며 총 33개 단체가 111개 캠페인을 진행하였습니다. 두 번째로는 국제구호분야 21개 단체에서 총 88개 캠페인, 세 번째로 환경분야 8개 단체에서 24개 캠페인이 진행되었습니다.

각 분야별로 가장 많은 캠페인을 진행한 단체를 살펴보면 국내복지 분야는 초록우산 13개 캠페인, 국제구호 분야는

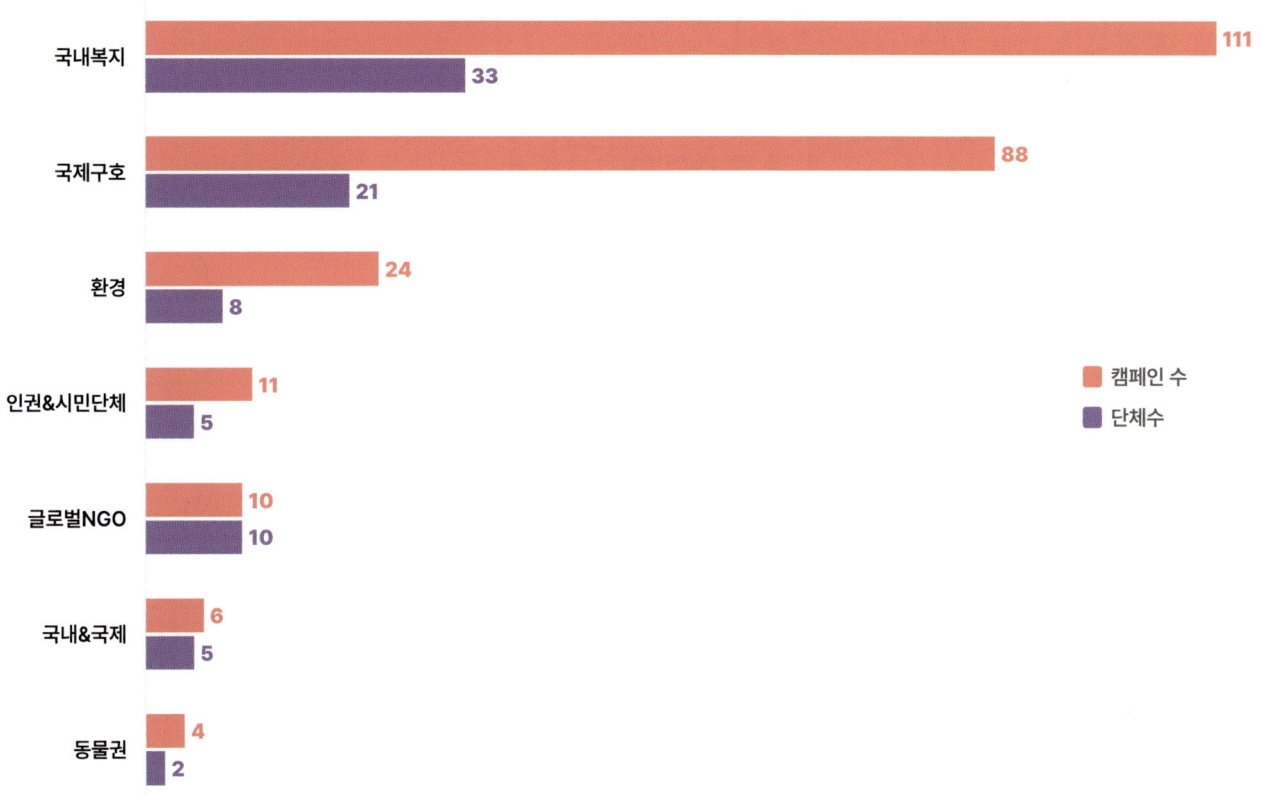

유엔난민기구 10개 캠페인, 환경 분야는 그린피스, 서울환경연합, WWF 각각 5개 캠페인, 인권·시민사회 분야는 국제앰네스티 6개 캠페인, 동물권 분야는 동물자유연대 3개 캠페인을 진행하였습니다. 굿네이버스의 경우 국내복지 분야와, 국제구호 분야에서 총 19개 캠페인을 진행하면서 가장 많은 캠페인을 진행한 단체로 나타났습니다.

특히 2024년에는 우리나라에 사무실이 없는 글로벌 NGO의 많은 단체들이 처음으로 국내에서 디지털 광고를 진행한 사례가 확인되었습니다. 이들 단체는 페이스북과 인스타그램을 통해 후원 페이지를 연결하여 한국에서 후원 결제가 가능하도록 진행하고 있었습니다. 이는 우리나라가 전 세계적으로 개인모금 참여율이 높은 국가로 알려지면서 모금도 국경을 넘어 앞으로 더 활성화될 것으로 예상됩니다.

데이터 출처 누구나데이터 FP.LAB 데이터

08.
직접 모금이 많았을까
잠재후원자 모금이 많았을까?

▶ 직접 모금 **88%**

▶ 잠재후원자 모금 **9%**

디지털 광고를 활용한 254개 캠페인을 참여 유형별로 분석한 결과, 88%의 캠페인이 후원자가 직접 기부에 참여하는 모금 캠페인으로 운영되었으며 9%의 캠페인은 서명을 통해 잠재후원자를 모집하는 캠페인으로 진행되었습니다. 3%의 일부 캠페인은 모금과 서명을 동시에 진행할 수 있는 형태의 페이지로 구성되었습니다.

특히 7개 분야 중 환경 단체와 인권·시민 단체는 서명 캠페인을 활용한 잠재후원자 모집 비율이 다른분야에 비해 매우 높게 나타났습니다. 이는 환경 및 인권 이슈가 단기적인 모금보다는 지속적인 관심과 지지를 유도하는 방식을 중요하게 여기는 특성으로 해석됩니다.

이처럼 대부분의 캠페인이 직접적인 모금 유도를 중심으로 운영되지만, 특정 분야에서는 서명 캠페인을 통해 장기적인 후원자 풀을 확보하는 전략을 사용하고 있습니다. 이는 효과적인 디지털 모금 방안을 다양하게 시도하고 있는 비영리단체들의 현황을 볼 수 있습니다.

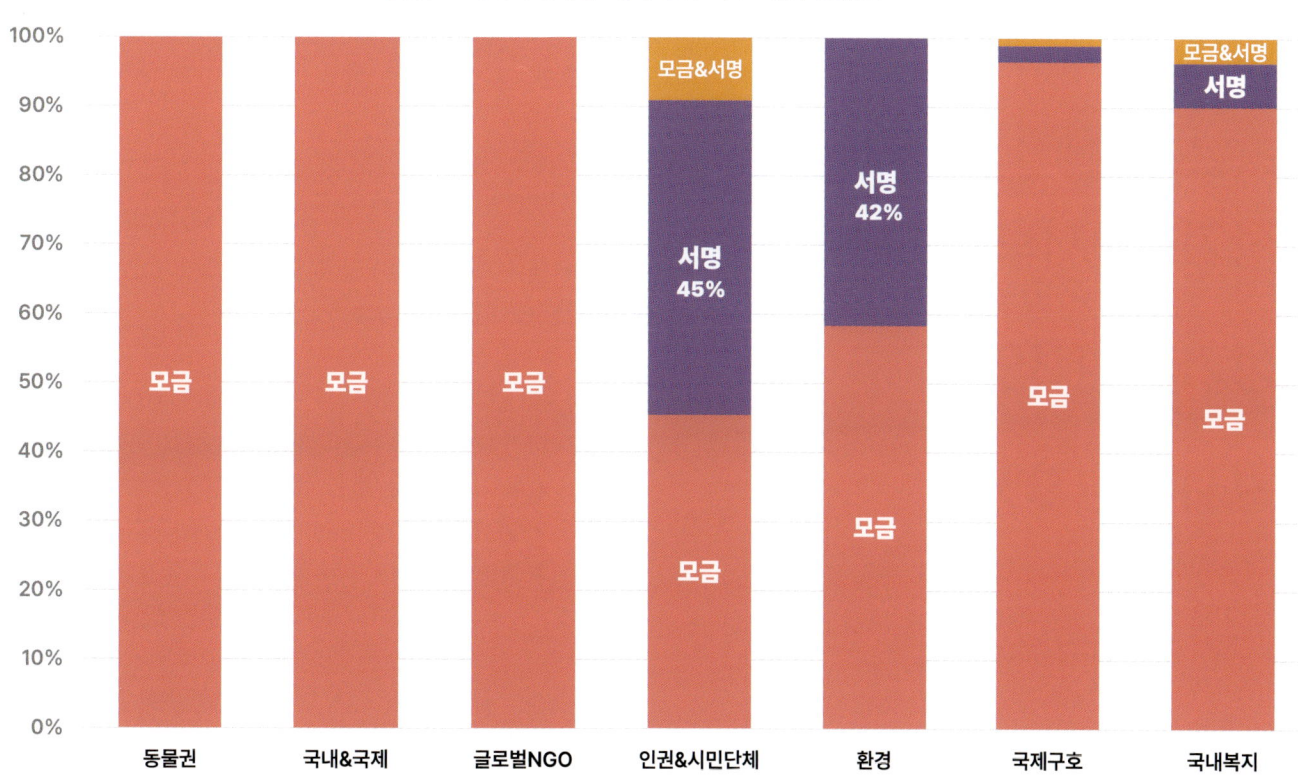

09.
정기후원 모금이 많았을까 일시후원 모금이 많았을까?

▸ **정기+일시후원 52%**

▸ **정기후원 39%**

▸ **일시후원 9%**

230개 직접 모금 캠페인을 분석한 결과, 정기 또는 일시후원을 선택하여 참여 할 수 있는 캠페인이 52%로 가장 많은부분으로 나타났습니다.

정기 후원만 선택하는 캠페인은 39%로 두 번째로 많았습니다. 정기후원만 가능하게 설계된 캠페인을 진행할 경우, 일시 후원을 원하는 후원자는 이탈할 가능성이 높지만, 정기후원 전환율을 높일 수 있는 장점이 있습니다. 다만, 후원 유지율과 ROI 분석과 함께 지속할지 여부를 결정해야 합니다.

정기 후원을 선택할 수 있는 캠페인의 기본 후원 요청금액으로는 2만원이 49%로 가장 많았으며, 금액선택 19%, 3만원 14% 순으로 분석되었습니다.

일시 후원만 선택하는 캠페인(9%)은 주로 글로벌 NGO, 환경 단체, 인권·시민 단체, 국내·국제 복지 단체에서 운영하는 경우가 많았습니다. 일시후원만 가능하게 설계된 캠페인의 특징은 정기후원보다 기본 후원요청금액이 높은 10만원 이상

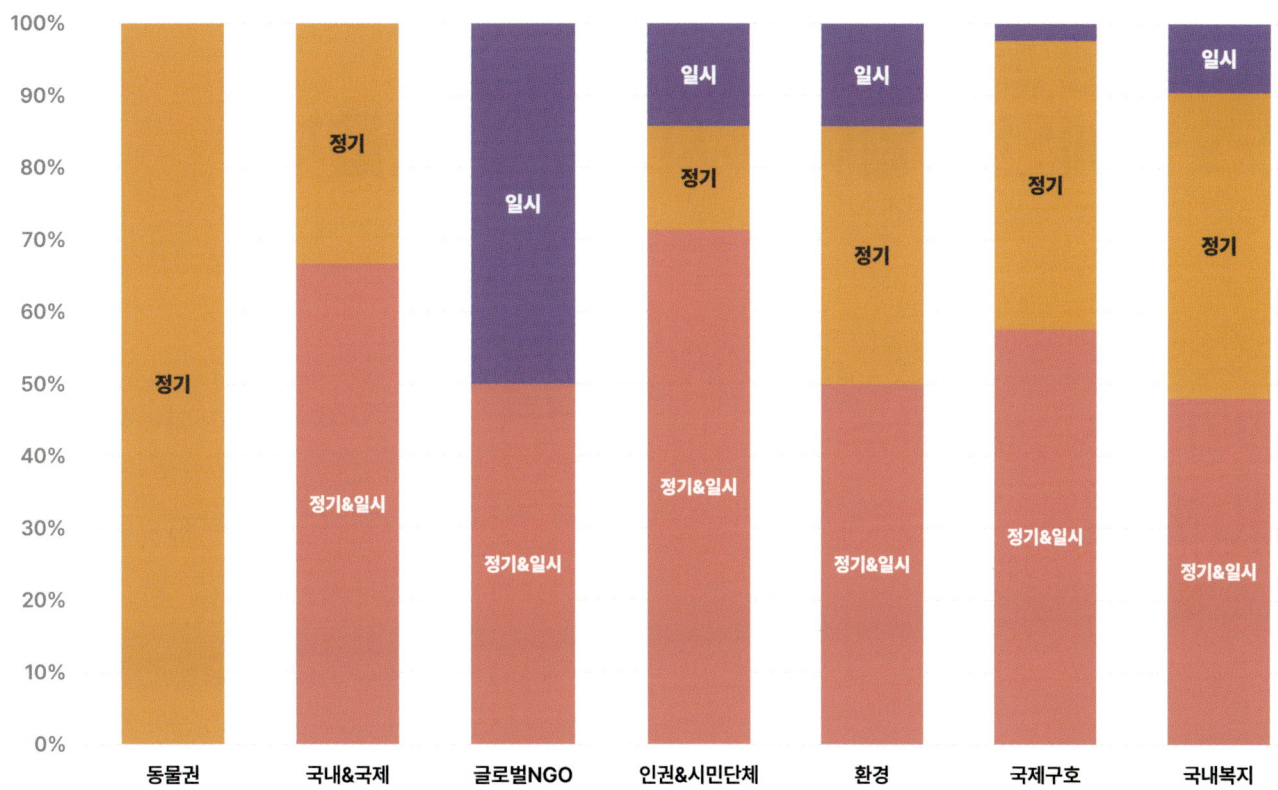

금액들이 다수 보였습니다.

일시 후원을 선택할 수 있는 기본 후원 요청금액으로는 금액선택이 40%로 가장 많이 나타났으며, 1천원 소액부터 1백만원 고액까지 다양하게 제시되었습니다. 또한 계좌번호 노출과 후원문의 전화번호를 노출하는 방법을 사용하는 단체들도 있었습니다.

이처럼 각 단체별 캠페인 유형과 후원 방식이 다르게 운영되며, 정기후원 유도, 일시후원 활성화, 소액 후원자 기반 잠재후원자 발굴 등, 모금을 위한 다양한 시도가 이루어지는 것을 확인할 수 있습니다.

데이터 출처 누구나데이터 FP.LAB 데이터

10.
최근 모금 트렌드라 불리는 굿즈 캠페인은 얼마나 시도되고 있을까?

▶ **연간 굿즈 캠페인 수**
90개 (전체의 35%)

최근 비영리 모금 트렌드로 자리 잡은 굿즈 캠페인의 비중이 꾸준히 증가하고 있습니다. 이번 분석에 따르면 254개 전체 캠페인 중 90개가 굿즈 캠페인으로 진행되었으며, 전체의 35%를 차지하는 것으로 나타났습니다.

굿즈 캠페인은 국내복지, 국제구호, 환경, 인권·시민단체, 국내·국제 복지 등 모든 영역에서 활발히 진행되고 있으며, 분야별로 적게는 40%에서 많게는 50% 이상이 굿즈를 활용한 모금 활동을 펼치고 있는 것으로 나타났습니다.

가장 많이 활용된 굿즈로는 팔찌(12개 단체), 키링(11개 단체), 반지(5개 단체)로 나타났으며, 그 외에도 각 단체의 캠페인 성격에 따라 시계, 목걸이, 달력, 뱃지, 노트, 이어링, 스티커, 꽃, 포스터 등 다양하게 시도하는 모습을 볼 수 있습니다.

새로운 흐름으로 보이는 유형으로는 기업과 협업하여 굿즈를 제작하거나 기업굿즈를 제공하거나, 매장 단위별 기부를 통한

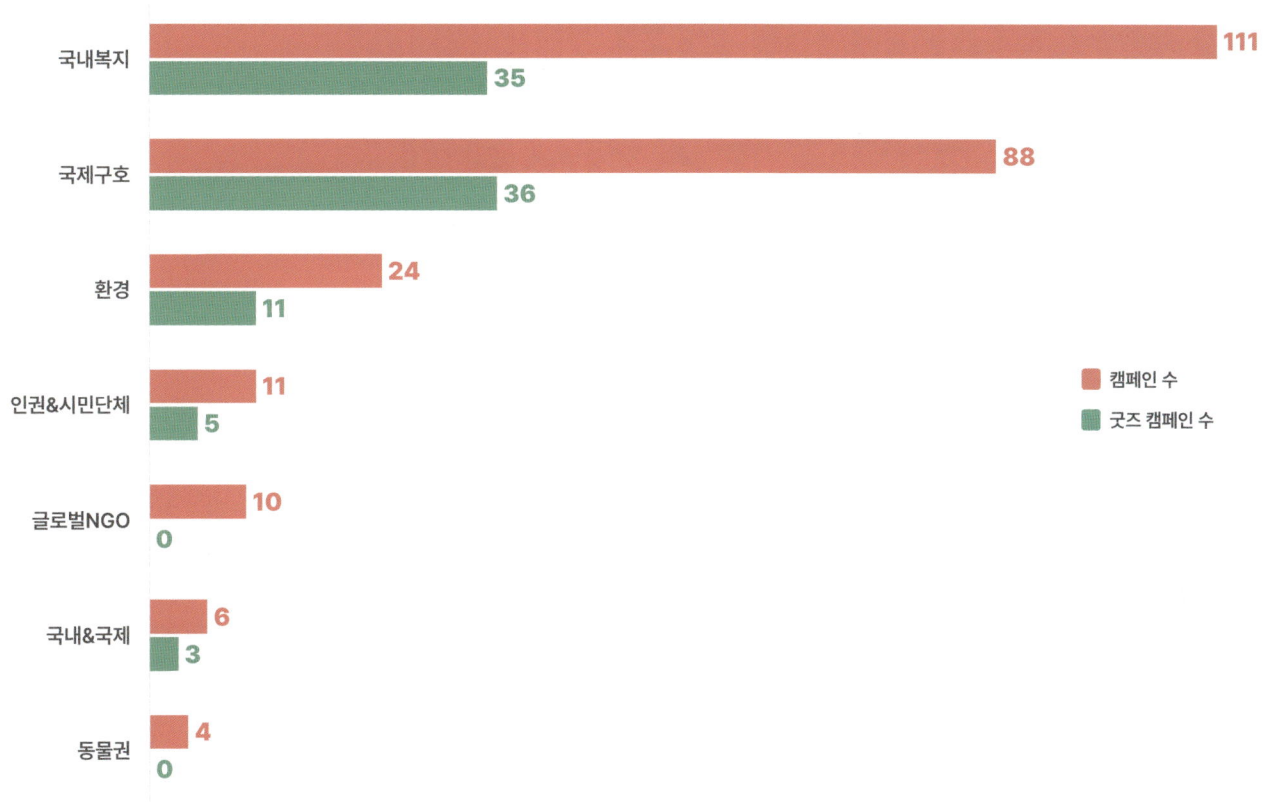

현판 굿즈 확산, 기념일을 활용한 한정판 굿즈 등을 볼 수 있습니다.

이처럼 굿즈 캠페인은 다양한 방식으로 확산되며, 단순한 기부를 넘어 후원자의 참여를 유도하고 브랜드와 연계하는 중요한 전략으로 자리 잡고 있습니다. 앞으로도 단체별 특성을 반영한 창의적인 굿즈 캠페인이 더욱 활발하게 진행될 것으로 예상됩니다.

굿즈 캠페인의 성공 확률은 굿즈 사용 후기가 많아지면 성공할 확률이 높아집니다. 즉 기부를 인증하고 참여한 의미를 부여할 수 있는 바이럴 마케팅과 함께 고민되어야 성공할 확률이 높아집니다.

데이터 출처 누구나데이터 FP.LAB 데이터

11.
국내복지 분야 111개 모금 캠페인이 많이 선택한 주제는 무엇이었을까?

▶ **장애·환아아동 지원 캠페인 21%** (23개)

2024년 연말 국내복지 분야에서 진행된 111개 모금 캠페인을 분석한 결과, 가장 집중된 주제는 장애·환아아동 지원으로 나타났으며 총 23개의 캠페인이 진행되었습니다. 그다음으로 많이 진행된 주제는 자립 준비 청년을 지원하는 캠페인이 10개, 보호 대상 아동(무연고 아동) 지원 캠페인이 9개로 뒤를 이었습니다.

국내복지 캠페인은 대부분 실제 아동의 이야기를 기반으로 진행되는 유형이 많았으며, 올해 눈에 띄게 증가한 부분은 노인복지 주제 캠페인이었습니다. 노인복지 관련 캠페인은 총 7개가 진행되었으며, 우리나라가 초고령화 사회에 접어들면서 노인 빈곤 문제에 대한 관심과 필요성에 대해 점차 확장되고 있음을 보여줍니다. 노인복지분야 캠페인은 기존 아동복지 캠페인과 유사한 형태로 진행되는 경우가 많았는데, 대표적으로 식사 지원, 노인 결연, 겨울철 난방 지원 등 아동복지 캠페인의 주제와 비슷하게 확장되는 패턴을 볼 수 있습니다. 이러한 흐름을 볼 때, 앞으로 노인복지 캠페인이 점차 확대될 것으로 보입니다.

새롭게 등장한 주제도 눈에 띄었습니다. 우리나라 독립을 위해 활동한 민족·애국자 지원에 대한 분야가 확대됨을 볼 수 있었습니다. 독립유공자와 고려인, 그리고 그들의 후손을 지원하는 캠페인이 새롭게 론칭되어 반응을 얻고 있으며, 마라톤, 방송, 온라인 캠페인 등 활발하게 진행되고 있음을 볼 수 있습니다.

그 외 미혼모, 장애인, 여성폭력, 아동권리, 소방관지원 등 다양한 이슈를 다룬 캠페인도 진행되었습니다. 이러한 흐름은 많은 비영리단체들이 디지털 광고를 통해 대중들에게 보다

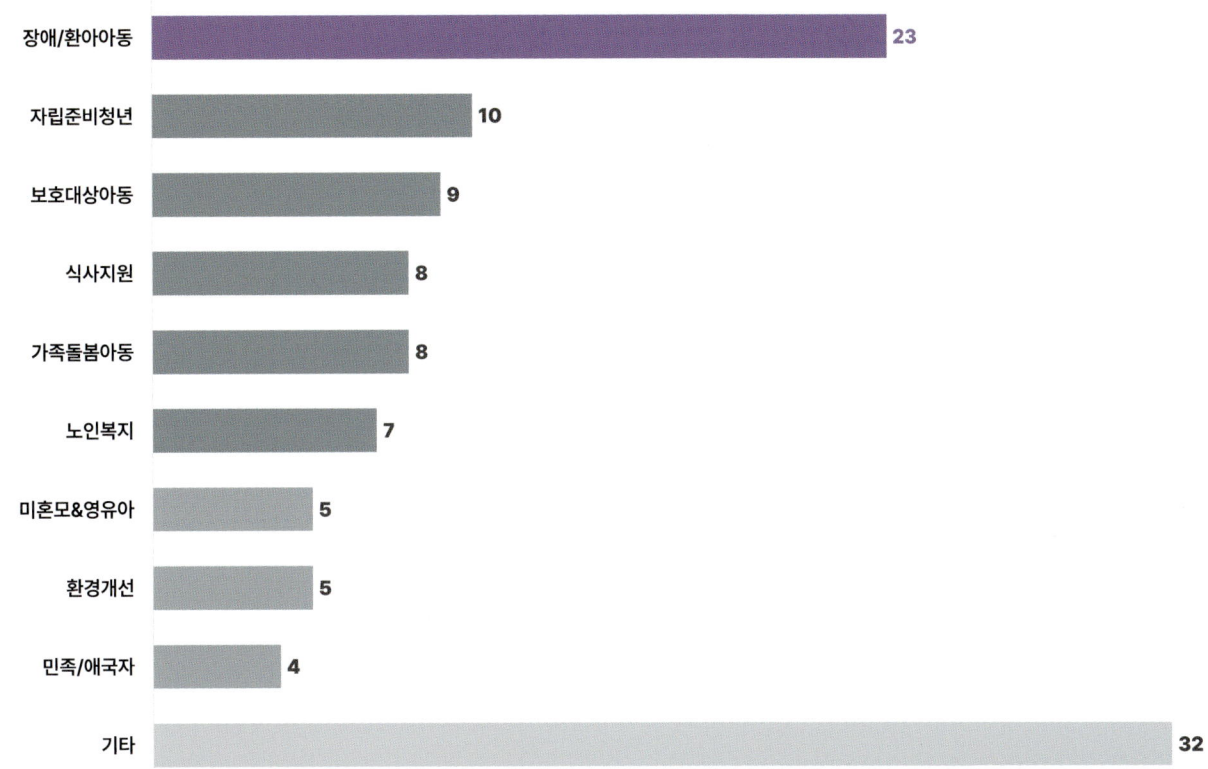

다양한 사회 문제를 알리고 모금 활동을 펼치고 있음을 보여줍니다.

다만, 동일한 주제로 사례만 바꾸어 진행되는 캠페인이 많아지면서, 후원자 입장에서 선택할 수 있는 폭이 많아지고 후원하고자 하는 분야도 다양해졌습니다. 이제는 단순히 사업의 필요성에 대한 주제를 강조하는 방식에서 벗어나 각 단체만의 전문성과 변화를 만들어가는 핵심 메시지를 어떻게 전달할 것인지 고민해야 할 시점으로 보입니다. 앞으로 더 많은 단체들이 디지털 광고를 활용하게 될 만큼, 유사한 캠페인 속에서 대중의 공감을 끌기 위해서는 차별화된 메시지 전략과 캠페인에 맞는 타깃그룹을 찾는 것이 효율성을 올릴 수 있는 핵심으로 요구되고 있습니다.

데이터 출처 누구나데이터 FP.LAB 데이터

12.
국제구호 분야 88개 모금 캠페인이 많이 선택한 주제는 무엇이었을까?

▸ **국제구호 전반 27%** (24개)

▸ **긴급구호 24%** (21개)

2024년 연말 국제구호 분야에서 진행된 88개 모금 캠페인을 분석한 결과, 가장 많이 진행된 주제는 국제구호 전반을 지원하는 캠페인이 24개로 가장 많이 진행되었습니다. 특정한 사업 보다는 전체의 필요성을 강조하고 후원 참여를 높이기 위해 다양한 굿즈를 활용하는 유형의 캠페인이 많은 것이 특징으로 나타났습니다.

그다음으로는 긴급 구호 이슈가 21개 캠페인으로 뒤를 이었으며, 내용으로는 우크라이나, 가자지구, 레바논에서 발생한 인도적 위기가 중심을 이루었습니다. 앞서 기부 키워드 검색량과(차트 02), 비영리단체 분야별 검색량(차트 09)에서 본 데이터 흐름으로는 24년에는 별도의 재난 이슈가 없기에 대중들의 관심이 낮은 상태에서 긴급구호 캠페인을 진행하였을 경우 후원 반응이 낮게 나타날 가능성이 높습니다.

올해 새롭게 눈에 띄는 변화로는 선교 및 종교 단체들이 자체 사업을 위한 후원을 요청하는 캠페인이 증가한 점이 있습니다. 특히 선교사 지원이나 기독교난민 등 종교적인 메시지를 기반으로 후원을 유도하는 캠페인들이 다양하게 나타났으며, 특정 종교분야를 타켓하여 캠페인을 진행하는 흐름을 보였습니다.

또한 활동가들의 현장 이야기를 중심으로 후원을 요청하는 캠페인도 주목할 만한 변화 중 하나였습니다. 대표적으로 국경없는의사회는 의료진과 구호 활동가들의 경험을 강조하는 방식으로 포지셔닝을 강화하며 지속적으로 캠페인을 운영했습니다.

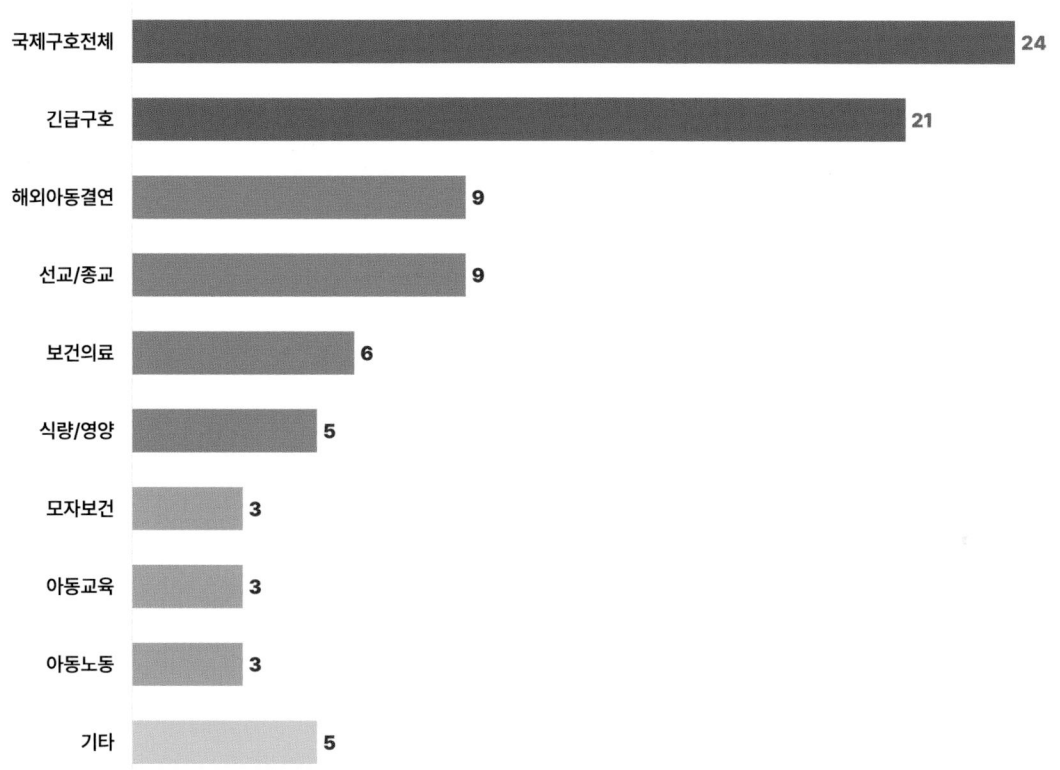

2024년 국제구호 분야 캠페인 주제 분석 차트 15

항목	값
국제구호전체	24
긴급구호	21
해외아동결연	9
선교/종교	9
보건의료	6
식량/영양	5
모자보건	3
아동교육	3
아동노동	3
기타	5

해외아동결연 캠페인에서는 후원금이 단체별로 다르게 책정되는 부분이 눈에 띄었으며, 기존 대부분의 단체가 3만원으로 유지하고 있으며, 월드비전에서 4만원으로 상승되었고, 컴패션의 경우 4만 5천원으로 기존금액을 유지하여 총 3가지 금액으로 진행되고 있습니다.
컨셉으로는 월드비전에서 여아결연, 세이브더칠드런에서는 신생아살리기후원 등 아동결연에서 더 세분화된 대상의 결연 형태로 나아가는 것을 볼 수 있었습니다.
국제구호 분야는 긴급한 인도적 지원을 중심으로 지속적으로 성장하고 있으며, 굿즈를 활용한 후원 유도, 종교 기반 캠페인의 증가, 활동가들의 현장 경험을 강조한 스토리텔링, 해외아동결연 등이 두드러지는 특징으로 자리 잡고 있습니다. 앞으로도 더욱 세분화되고, 맞춤형 전략이 강화될 것으로 예상됩니다.

데이터 출처 누구나데이터 FP.LAB 데이터

13.
환경 분야 24개 모금 캠페인이 많이 선택한 주제는 무엇이었을까?

▶ **오션·플라스틱 33%** (8개)

▶ **동물 콘텐츠 29%** (7개)

2024년 연말 환경 분야에서 진행된 24개 모금 캠페인 중 가장 많이 다뤄진 주제는 오션 플라스틱 오염 위기 해결로, 총 8개 캠페인이 이에 집중되었습니다. 이는 2024년 국제 플라스틱 협약이 11월 부산에서 개최되면서, 많은 환경 단체들이 시민들의 서명 참여를 독려하는 캠페인을 활발하게 진행한 것으로 나타났습니다.

환경 캠페인의 또 다른 특징은 멸종위기 동물이나 해양 생물을 콘텐츠 소재로 활용하는 경향이 강하다는 점입니다. 이는 사람들이 동물에 대한 공감이나 관심이 높기 때문에 캠페인의 효과성을 극대화하는 전략적 요소로 활용되고 있으며, 실제로 동물권 관련 키워드 검색량이 증가(차트 09)하는 흐름에서도 이를 확인할 수 있습니다. 대표적인 동물 콘텐츠 소재로는 북극곰, 거북이, 호랑이 등이 자주 등장하며, 이를 통해 환경 보호의 필요성을 강조하는 방식이 많이 사용되고 있습니다.

또한, 기후위기 대응을 주제로 한 캠페인도 꾸준히 진행되었으며, 주요 내용으로는 나무 심기, 산림 보호, 탄소

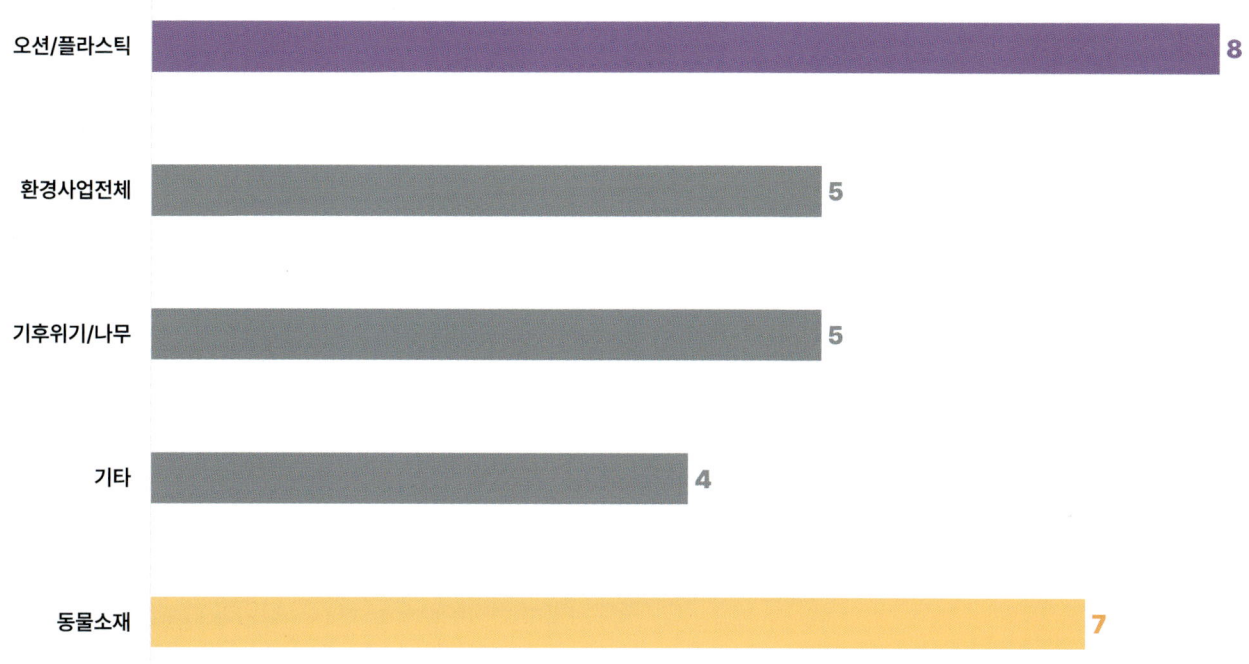

저감 활동 참여 독려 등이 포함되었습니다. 개인의 행동 변화를 유도하는 메시지가 강조되면서, 대중들이 실천할 수 있는 방식으로 참여를 유도하는 캠페인의 흐름을 보였습니다.

환경 보호를 주제로 한 캠페인에서도 굿즈 캠페인이 활발히 진행되었으며, 다른 분야와 차별화된 특징으로 플라스틱을 재활용한 굿즈가 많이 활용되었습니다. 이는 환경 보호의 취지를 살리면서도 후원 참여를 유도할 수 있는 방법으로 자리 잡고 있으며, 환경 분야 캠페인이 점점 더 실질적인 행동과 연결되는 방향으로 발전하고 있음을 보여줍니다. 하지만 굿즈 캠페인이란 전략이 잘못하면 그린워싱에 대한 리스크로 돌아올 수 있는 우려에 대해 고민하면서 대중들에게 공감을 얻을 수 있는 굿즈 캠페인으로 발전되어야 할 것으로 보입니다.

데이터 출처 누구나데이터 FP.LAB 데이터

14.
비영리단체들이 최근 4년간 집중한 소셜미디어는 무엇일까?

▸ 유튜브

▸ 인스타그램

▸ 카카오톡채널

소셜미디어 트렌드 분석은 총 725만 팔로워 또는 구독자 데이터를 기반으로 2021년부터 2024년까지의 흐름을 살펴보았습니다. 분석 대상 단체 수는 연도별로 차이가 있어, 연간 증감 비교 시 동일한 단체의 데이터를 기준으로 분석을 진행하였으며, 2024년에는 총 60개 단체의 데이터와 새롭게 네이버블로그를 추가하여 분석하였습니다.

소셜미디어 채널 중 팔로워수가 가장 많은 것은 페이스북이지만, 지난 4년간 지속적으로 성장한 채널은 유튜브, 인스타그램, 카카오톡채널 순으로 나타났습니다.

팔로워수의 증가는 마케팅적으로 여러 가지 중요한 의미를 가집니다. 먼저, 우리 단체에 관심을 갖는 잠재 후원층이 확대되면서 유기적인 도달 범위가 넓어질 가능성이 커집니다. 팔로워가 많아질수록 콘텐츠가 자연스럽게 확산될 수 있으며, 후원으로 이어질 가능성도 높아집니다.

또한, 다른 인플루언서나 브랜드와의 협업이 더욱 수월해지고, 팔로워수가 적은 단체보다 더 큰 존재감과 영향력을 발휘할 수 있습니다. 이는 단체의 신뢰도와 사회적 영향력을 강화하는 요소가 되며, 장기적으로 더 많은 사람들에게 메시지를 전달하는 데 도움이 됩니다.

특히 팔로워수가 증가하는 채널은 단순히 대중들이 많이 사용하는 소셜미디어의 트렌드를 반영하는 것뿐만 아니라, 광고 채널을 통한 모금 효과성과도 직결되므로 이러한

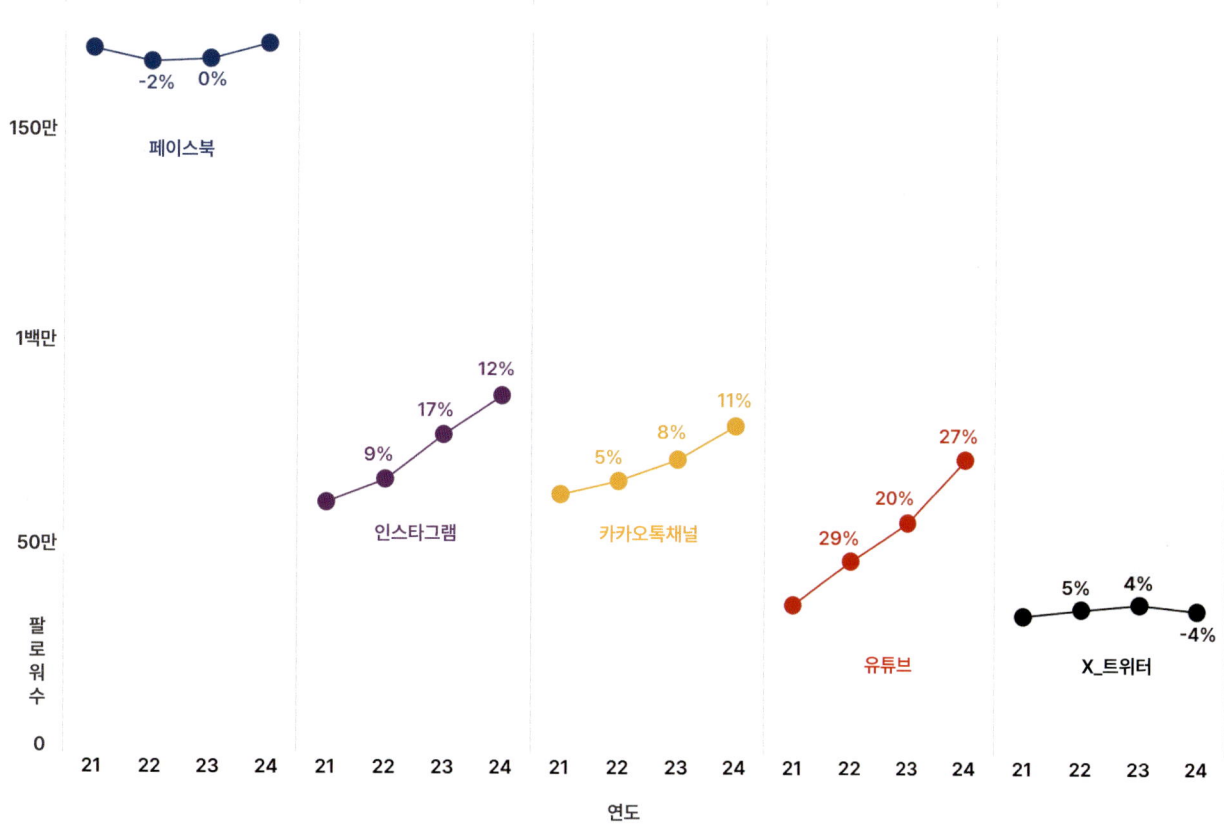

변화는 더욱 중요한 의미를 가집니다. 단체의 콘텐츠가 많은 사람들에게 도달할수록 디지털 모금의 가능성이 높아지며, 효율적인 광고 집행과 유기적인 확산이 결합될 때 더욱 강력한 모금 성과를 기대할 수 있습니다.

다만 순수 팔로워 숫자보다 팔로워의 참여활동(참여도, 유입률, 전환율)이 높은 잠재후원자를 팔로워로 증가시키는 것이 의미가 있습니다. 단순 이벤트와 셀럽·인플루언서를 통한 팔로워수 늘리기 전략은 참여활동과 연결되지 않을 수 있는 점을 고려해야 합니다.

데이터 출처 누구나데이터 FP.LAB 데이터

비영리단체 소셜미디어 계정 운영 현황 차트 18

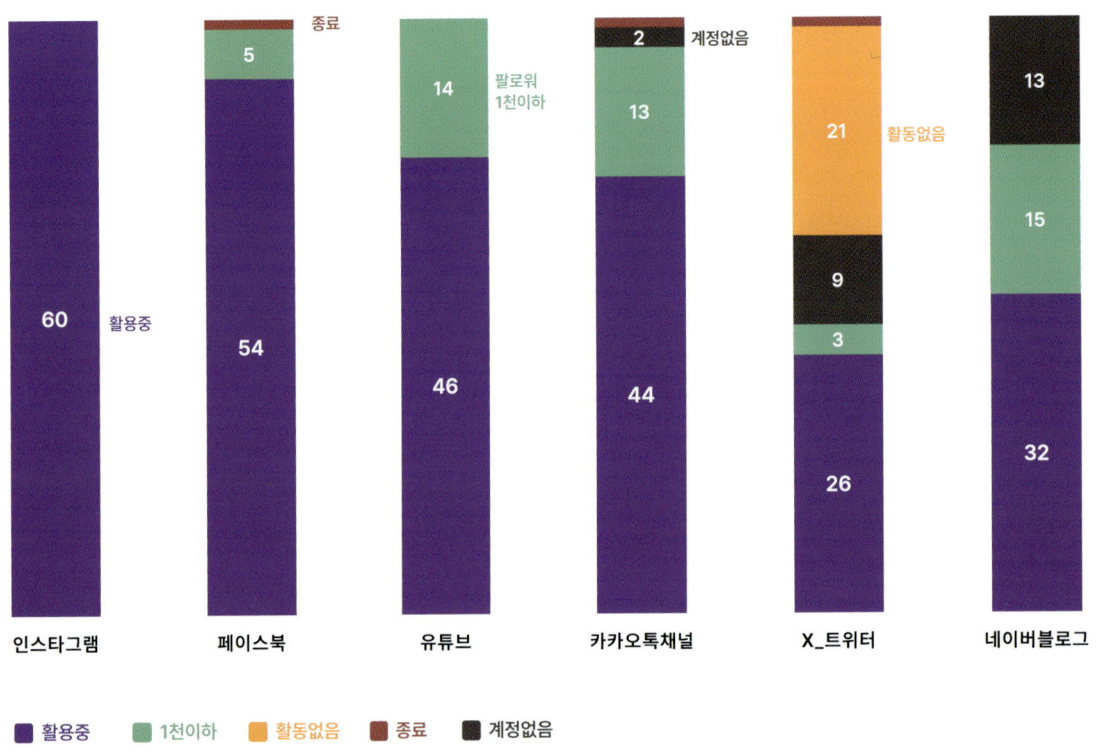

2024년 기준으로 분석한 60개 단체 중 모든 단체가 운영하고 있는 채널은 인스타그램과 유튜브 였습니다. 검색영역에 중요한 영향을 미치는 네이버블로그의 경우, 일부 단체는 네이버 포스트나 별도 블로그를 운영하고 있어, 분석에서는 [계정없음]으로 표기하였으나 운영중인 단체도 일부 있습니다. 다만, 네이버 포스트는 2024년 4월 서비스 종료가 되었기 때문에, 이를 운영하던 단체들은 블로그 전략을 전환할 필요가 있습니다.

트위터의 경우 활동이 없는 형태로 오픈되어있는 채널로 확인되었습니다. 연간 10개 미만의 게시물을 올리거나 아예 운영되지 않는 계정이 많았으며, 이에 따라 각 단체별로 트위터 채널을 종료하거나 관리 방안을 재검토해야 할 필요성이 있어보입니다.

앞으로도 광고 효과와 대중의 관심도를 고려한 전략적인 채널 운영이 더욱 중요해질 것으로 보입니다.

데이터 출처 누구나데이터 FP.LAB 데이터

2024년 소셜미디어 분석 대상 비영리단체 목록 (60개 단체)

▶ **국내복지 분야 11개 단체**
대한사회복지회, 메이크어위시, 사랑의달팽이, 아름다운재단, 열매나눔재단, 우양재단, 푸르메재단, 한국백혈병소아암협회, 한국백혈병어린이재단, 함께만드는세상, 헬프에이지

▶ **국제구호 분야 10개 단체**
국경없는의사회, 국제구조위원회, 더펠로우십, 옥스팜, 월드쉐어, 유니세프, 유엔난민기구, 컨선월드와이드, 컴패션, 플랜코리아

▶ **국내+국제 분야 18개 단체**
구세군자선냄비, 굿네이버스, 굿피플, 기아대책, 대한적십자사, 밀알복지재단, 바보의나눔, 사랑의열매, 세이브더칠드런, 월드비전, 월드투게더, 지파운데이션, 초록우산, 하트하트재단, 한국해비타트, 함께하는사랑밭, 홀트아동복지회, 희망브리지

▶ **환경 분야 7개 단체**
그린피스, 녹색연합, 생명의숲, 서울환경연합, 환경운동연합, 환경재단, WWF

▶ **인권·시민사회 분야 10개 단체**
경제정의실천시민연합, 공익인권법재단 공감, 국제앰네스티, 문화연대, 인권재단 사람, 참여연대, 한국여성노동자회, 한국여성단체연합, 한국여성민우회, 한국여성의전화

▶ **동물권 분야 4개 단체**
동물권단체 케어, 동물권행동 카라, 동물자유연대, 동물해방물결

15.
비영리단체들이 2024년에 집중한 소셜미디어는 무엇일까?

▶ **각 분야별로 집중한 채널이 다릅니다.**

2024년 비영리단체 전체 소셜미디어 채널의 팔로워수가 많은 채널 순서는 페이스북, 인스타그램, 카카오톡채널, 유튜브, X(트위터) 순으로 나타났습니다. 해당 순서와 앞으로 보게 될 각 분야별 팔로워수 순위 채널이 다르게 나타나는데, 이는 소셜미디어 채널의 특성에 대한 활용전략과 각 분야별 소통방식의 차이를 비교하면서 보면 더 유익한 인사이트를 발견할 수 있습니다.

24년도에 가장 많은 팔로워 증가와 가장 높은 성장률을 보인 채널은 유튜브로 동일했으며, 유튜브 채널에 집중하는 부분을 볼 수 있습니다. 더불어 인스타그램과 카카오톡채널도 팔로워가 10% 이상 증가한 주요 채널로 나타났습니다.

2024년 비영리 분야별 소셜미디어 채널 분석은 총 60개 단체를 국내복지, 국제구호, 국내+국제, 환경, 인권·시민사회, 동물권 총 6개 분야로 구분하여 진행하였습니다.

분석 방법은 2024년 1월 대비 12월 팔로워 증감률을 기준으로 각 채널의 성장 흐름을 살펴보았습니다. 각 비영리 분야에 속한 세부 기관명은 [차트 18] 우측의 목록을 참고하세요.

비영리단체 소셜미디어 팔로워수 2024년 증감 분석 차트 19

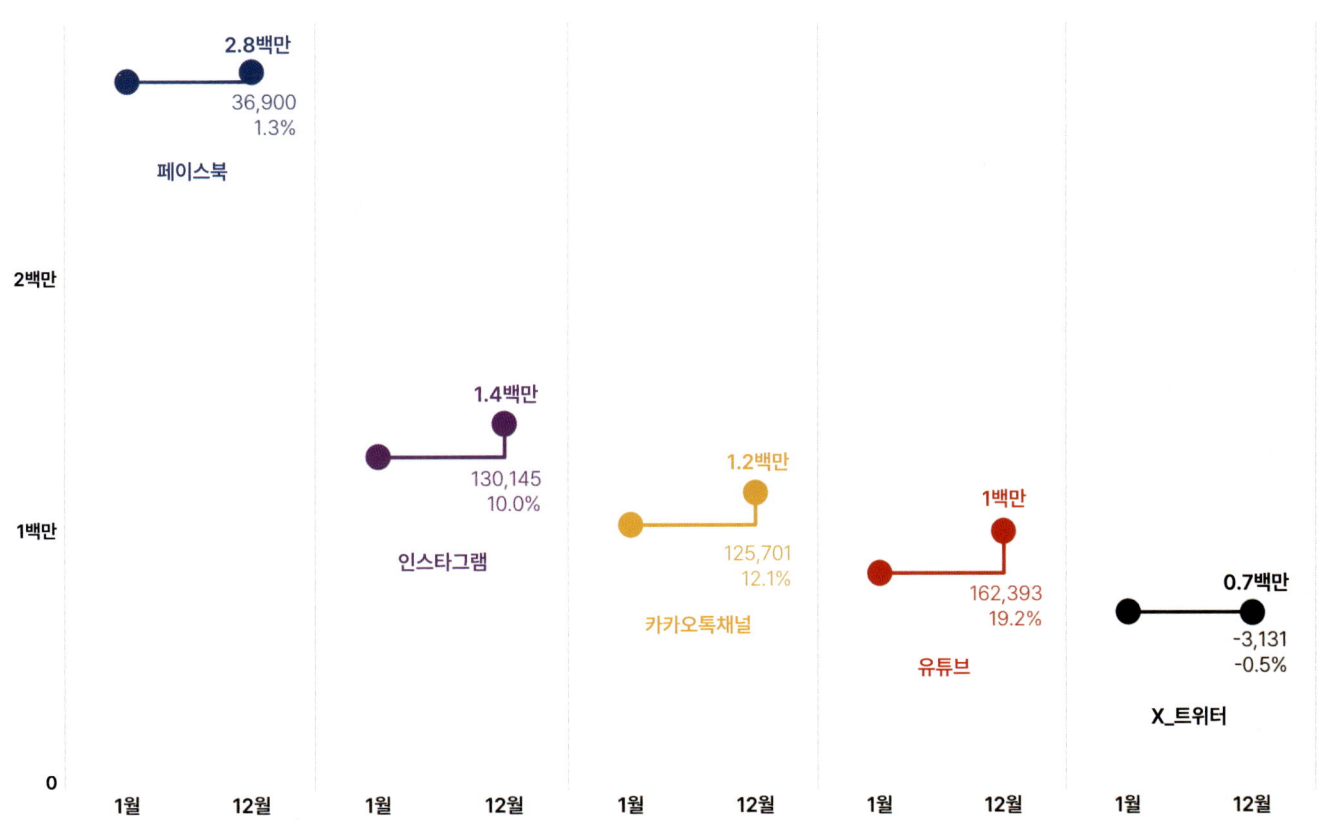

국내복지 분야 소셜미디어 팔로워수 2024년 증감 분석 차트 20

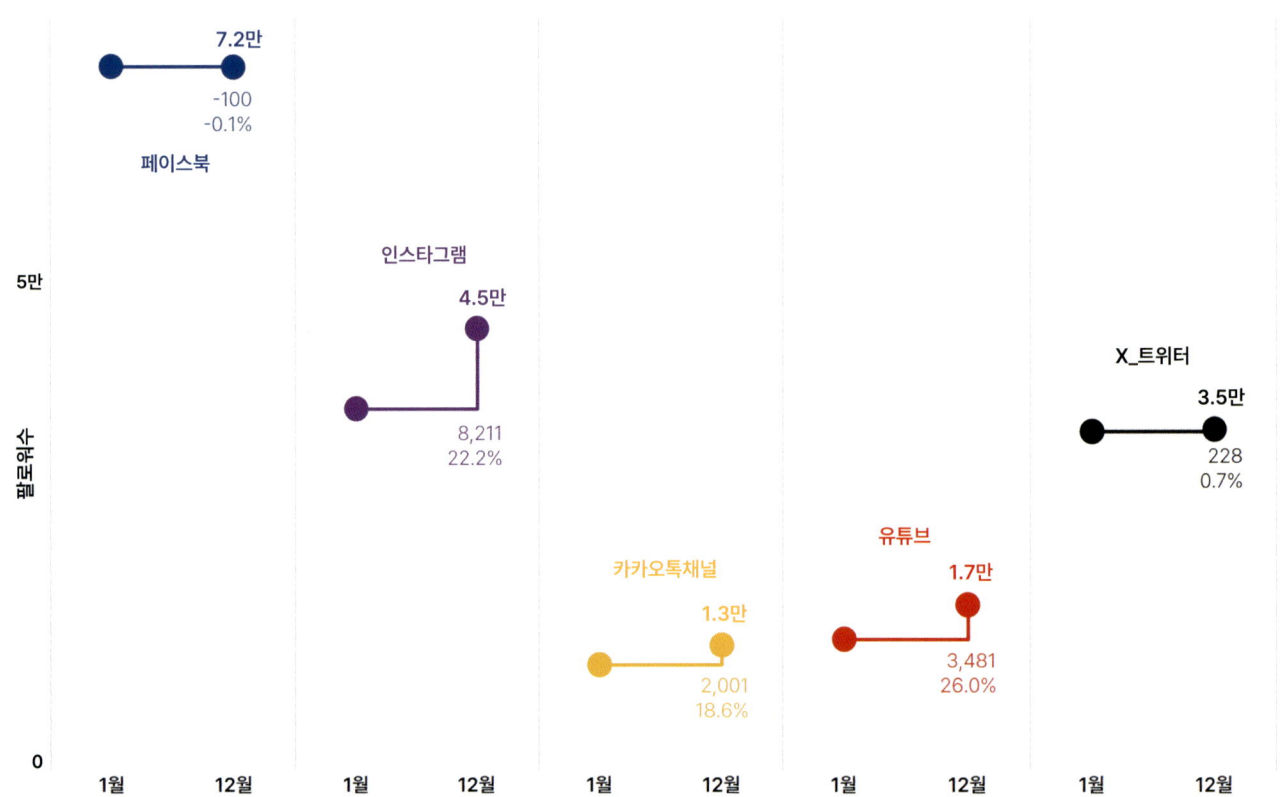

국내복지 분야 11개 단체의 소셜미디어 흐름을 살펴보면,
팔로워수가 많은 채널 순으로 페이스북, 인스타그램,
X(트위터), 유튜브, 카카오톡채널로 나타났습니다.

특히 가장 많은 팔로워 증가를 기록한 채널은 인스타그램으로
4.5만 명이 증가했으며, 가장 높은 성장률을 보인 채널은
유튜브로 26% 성장한 것으로 분석됩니다.

국제구호 분야 소셜미디어 팔로워수 2024년 증감 분석 차트 21

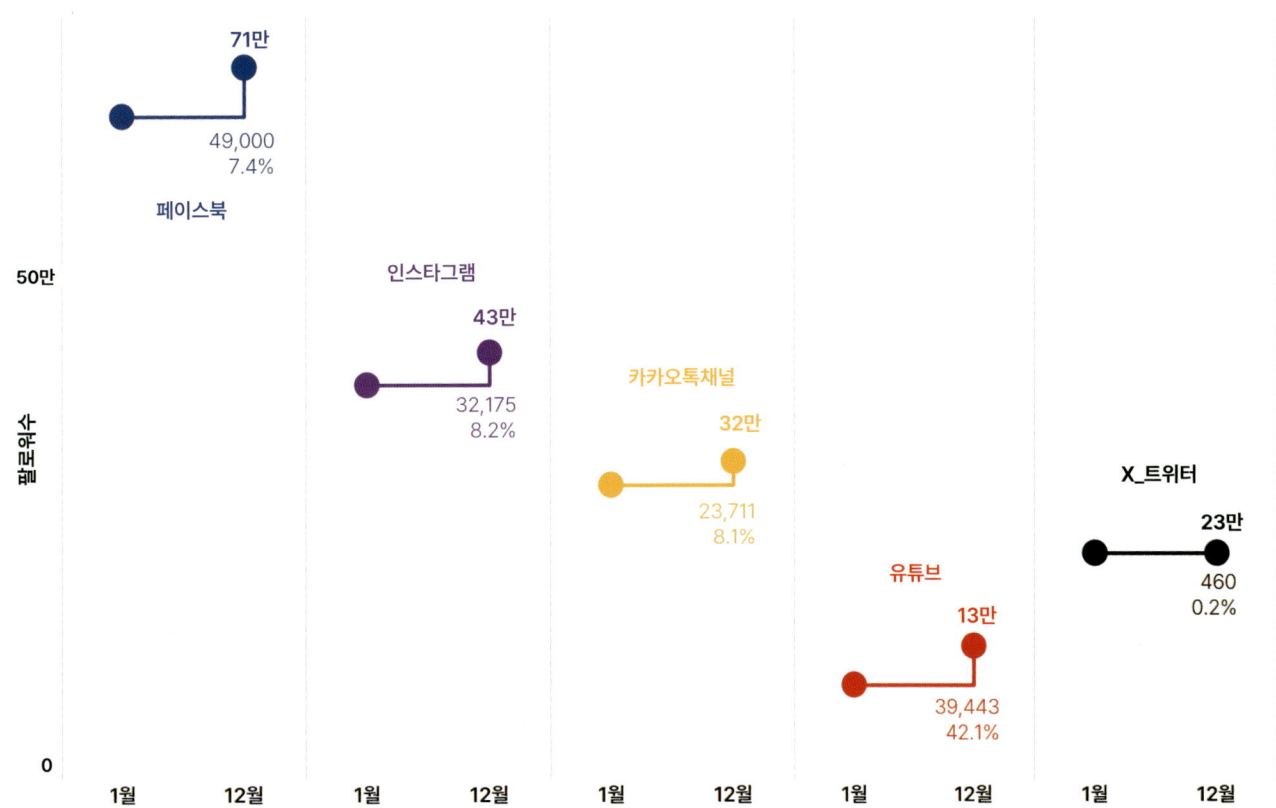

국제구호 분야 10개 단체의 소셜미디어 흐름을 살펴보면, 팔로워수가 많은 채널 순으로 페이스북, 인스타그램, 카카오톡채널, X(트위터), 유튜브 순으로 나타났습니다.

특히 가장 많은 팔로워 증가와 가장 높은 성장률을 보인 채널은 유튜브로 동일했으며, 24년도 들어서 유튜브 채널에 집중하는 부분을 볼 수 있습니다.

이와 함께 페이스북, 인스타그램, 카카오톡채널 모두 7~8% 성장하며 소셜미디어 채널에 적극적인 활동을 하고 있는것으로 나타났습니다.

데이터 출처 누구나데이터 FP.LAB 데이터

국내+국제 분야 소셜미디어 팔로워수 2024년 증감 분석 _{차트 22}

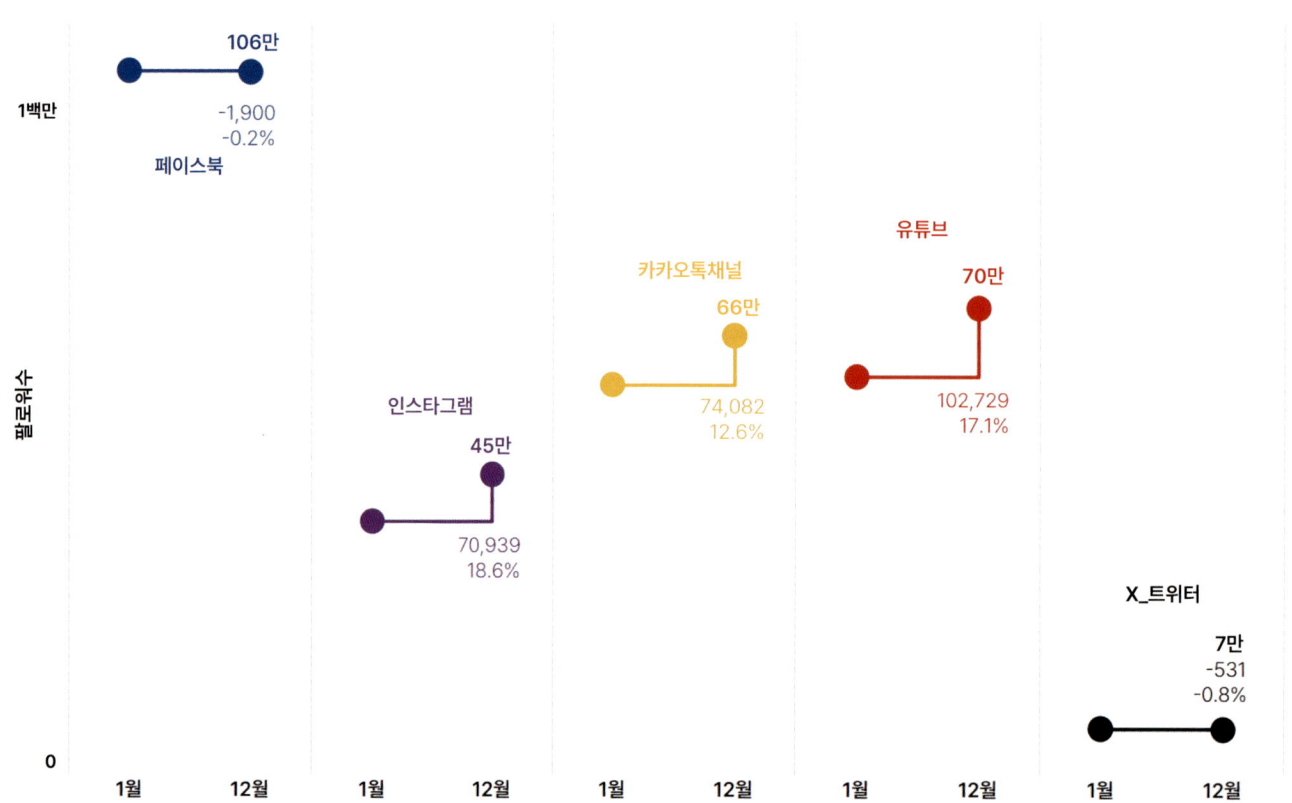

국내+국제 분야 18개 단체의 소셜미디어 흐름을 살펴보면, 팔로워수가 많은 채널 순으로 페이스북, 유튜브, 카카오톡채널, 인스타그램, X(트위터) 순으로 나타났습니다.

특히 가장 많은 팔로워 증가를 기록한 채널은 유튜브로 약 10만 명이 증가했으며, 가장 높은 성장률을 보인 채널은 인스타그램으로 약 19% 성장한 것으로 분석됩니다.

후원자수가 많은 대형단체들이 집중되어 있는 분야여서 카카오톡채널 기반 후원자 DB 마케팅을 활발하게 진행함에 따라 인스타그램보다 카카오톡채널의 친구수가 높은것이 특징으로 볼 수 있습니다.

데이터 출처 누구나데이터 FP.LAB 데이터

환경 분야 소셜미디어 팔로워수 2024년 증감 분석 차트 23

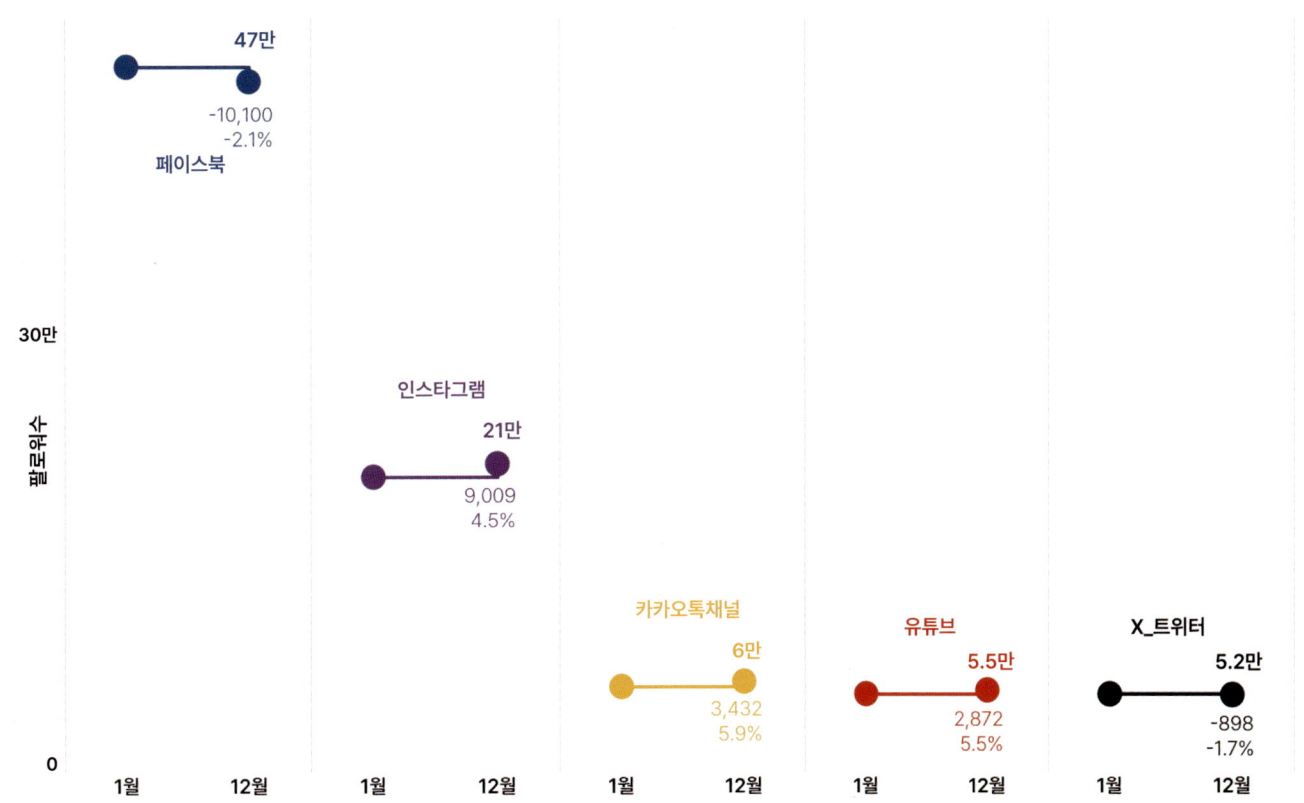

환경 분야 7개 단체의 소셜미디어 흐름을 살펴보면, 팔로워수가 많은 채널 순으로 페이스북, 인스타그램, 카카오톡채널, 유튜브, X(트위터) 순으로 나타났습니다.

환경분야의 경우 일부 채널의 증가 수준을 보이지만 다른 분야 대비 지난 몇년간 정체되어 있는 흐름을 보이고 있습니다. 소셜미디어 채널로 활용하는 부분도 페이스북과 인스타그램 중심으로 진행되는 흐름을 볼 수 있습니다.

데이터 출처 누구나데이터 FP.LAB 데이터

인권·시민사회 분야 소셜미디어 팔로워수 2024년 증감 분석 차트 24

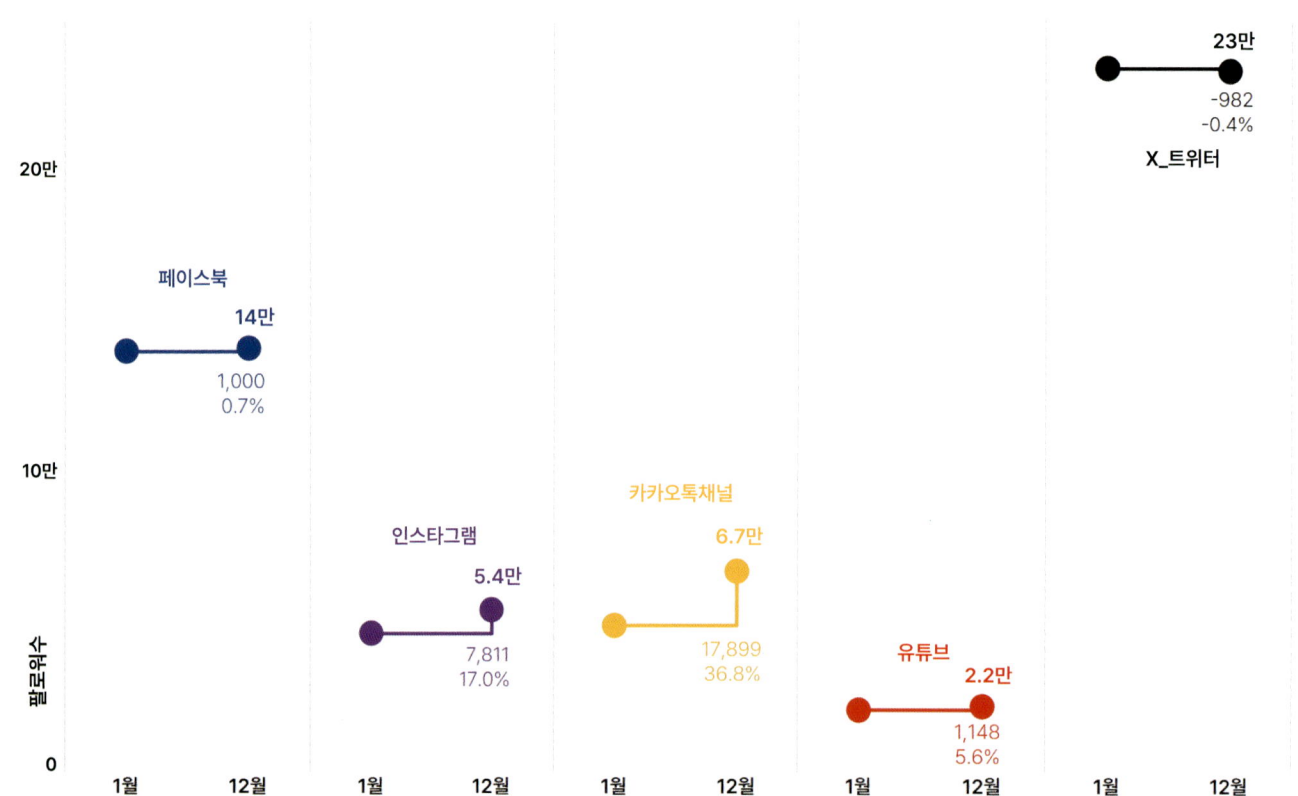

인권·시민사회 분야 10개 단체의 소셜미디어 흐름을 살펴보면, 팔로워수가 많은 채널 순으로 트위터, 페이스북, 카카오톡채널, 인스타그램, 유튜브 순으로 나타났습니다.

특히 가장 많은 팔로워 증가와 가장 높은 성장률을 보인 채널은 카카오톡채널로 동일했으며, 24년도 들어서 카카오톡채널에 집중하는 부분을 볼 수 있습니다.

인권·시민사회 분야는 정치적, 사회적 이슈에 대한 뉴스 기반으로 트위터 활동을 가장 활발하게 진행하고 있는 분야로 분석되며, 이후 다음 커뮤니케이션 채널로 카카오톡채널을 활용하여 DB마케팅의 활성화에 집중하는 흐름을 볼 수 있습니다.

데이터 출처 누구나데이터 FP.LAB 데이터

동물권 분야 소셜미디어 팔로워수 2024년 증감 분석 _{차트 25}

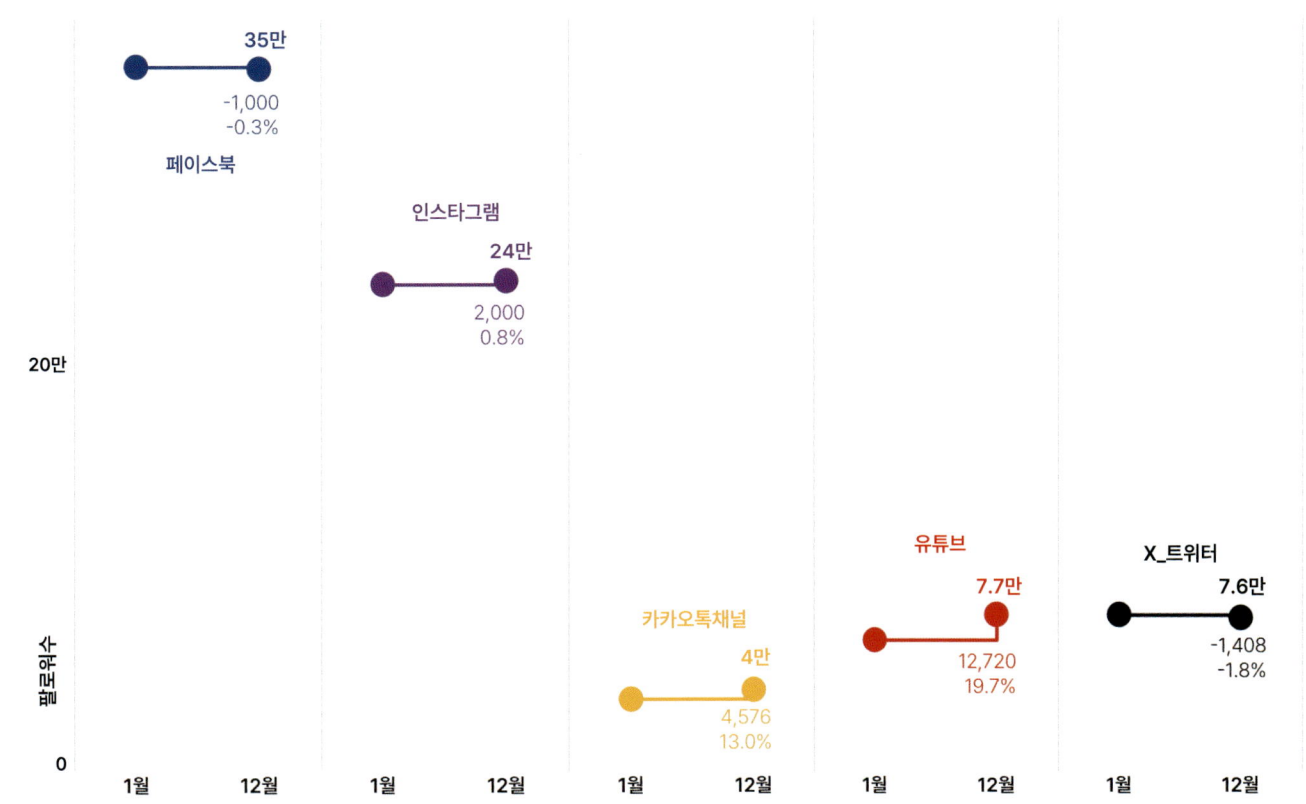

동물권 분야 4개 단체의 소셜미디어 흐름을 살펴보면, 팔로워수가 많은 채널 순으로 페이스북, 인스타그램, X(트위터), 유튜브, 카카오톡채널 순으로 나타났습니다.

특히 가장 많은 팔로워 증가와 가장 높은 성장률을 보인 채널은 유튜브로 동일했으며, 24년도 들어서 숏츠 등 짧은 영상기반의 콘텐츠를 활발히 활용하면서 집중하는 부분을 볼 수 있습니다.

다른 분야에 비해 단체수가 적어서 증감수가 높진 않지만 유튜브와 카카오톡채널로 소셜미디어의 집중을 전환하고 있는 흐름을 볼 수 있습니다.

데이터 출처 누구나데이터 FP.LAB 데이터

16.
유튜브, 어떤 비영리단체가 잘하고 있을까?

▸ **A그룹(고성장단체) :**
  월드비전

▸ **B그룹(성장단체) :**
  컴패션, 유니세프

비영리단체들이 유튜브에서 얼마나 성장하고 있는지를 살펴보기 위해 총 39개 단체의 유튜브 구독자 수 증감을 분석하였습니다.

첫 번째로, 가로축이 오른쪽으로 갈수록 누적 구독자 수가 많은 단체를 의미하며, 이 지표에서 가장 높은 구독자 수를 기록한 단체는 24.8만 구독자 수를 보유한 굿네이버스로, 39개 비영리단체 중 가장 많은 유튜브 구독자를 보유하고 있습니다.

두 번째로, 세로축이 높을수록 2024년 한 해 동안 구독자 수가 증가한 단체를 의미합니다. 여기에서 가장 두드러진 성장을 보인 단체는 월드비전으로, 한 해 동안 약 9.6만 명의 구독자를 추가하며 압도적인 증가세를 보였습니다. 이는 월드비전이 유튜브 채널 운영에 집중하고 있음을 보여주는 결과로, 단순한 채널 보유를 넘어 적극적인 콘텐츠 제작과 확산 전략을 펼치고 있음을 예상할 수 있습니다.

세 번째로, 가운데 보라색 점선은 24년 유튜브 구독자수 추세선을 나타내며, 이 선 위에 있는 단체들이 지난 한 해 동안 기존 구독자 수 대비 신규 증가율을 균형 있게 성장 하고 있는 단체를 의미합니다. B그룹으로 표기된 컴패션과 유니세프 역시 유튜브 채널에 지속적 성장을 전략화 하여 진행하고 있음을 볼 수 있습니다.

마지막으로 C그룹은 많은 단체들이 군집되어 있는 표준그룹으로 다음 장에서 확대하여 더 세부적으로 보도록 하겠습니다.

비영리단체별 2024년 유튜브 구독자 증감 분석 차트 26

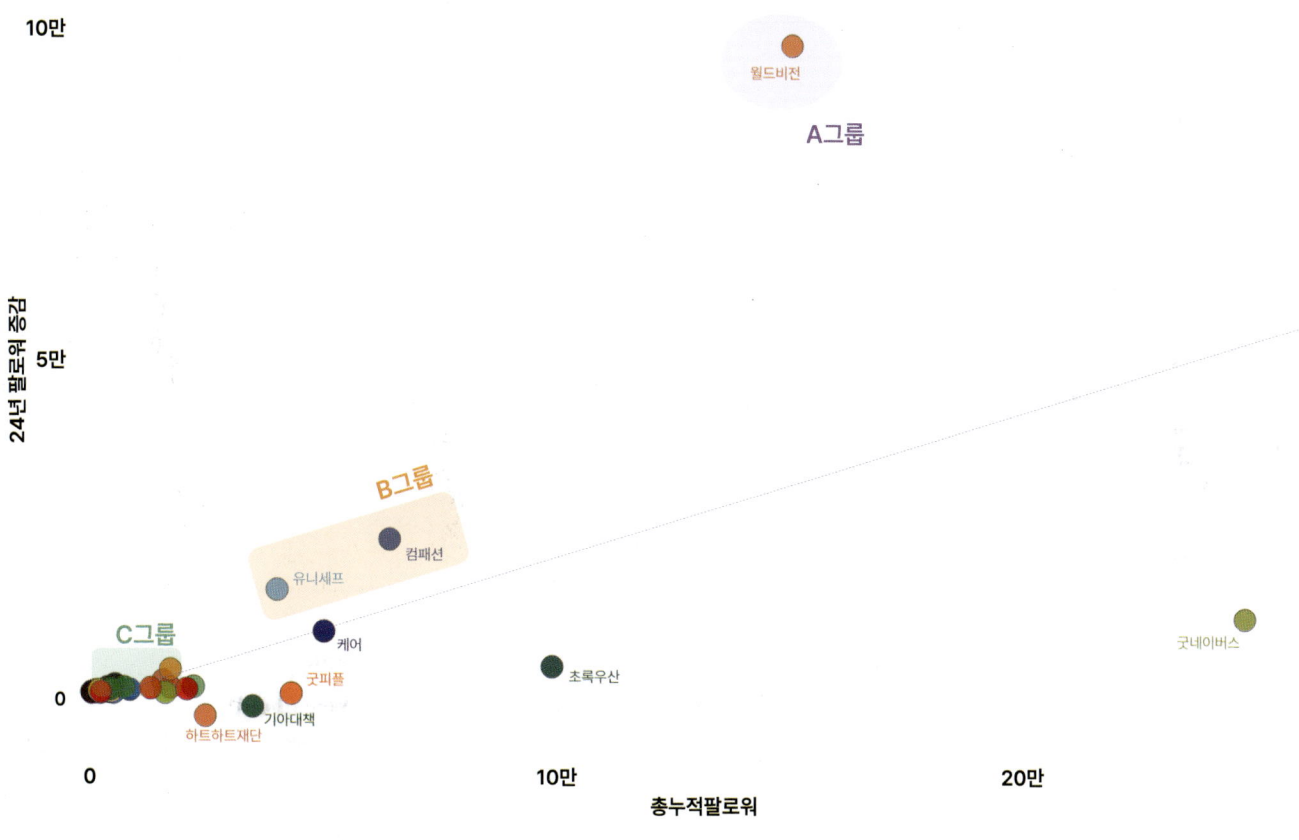

데이터 출처 누구나데이터 FP.LAB 데이터

비영리단체별 2024년 유튜브 구독자 증감 분석 – C그룹 영역 확대 차트 27

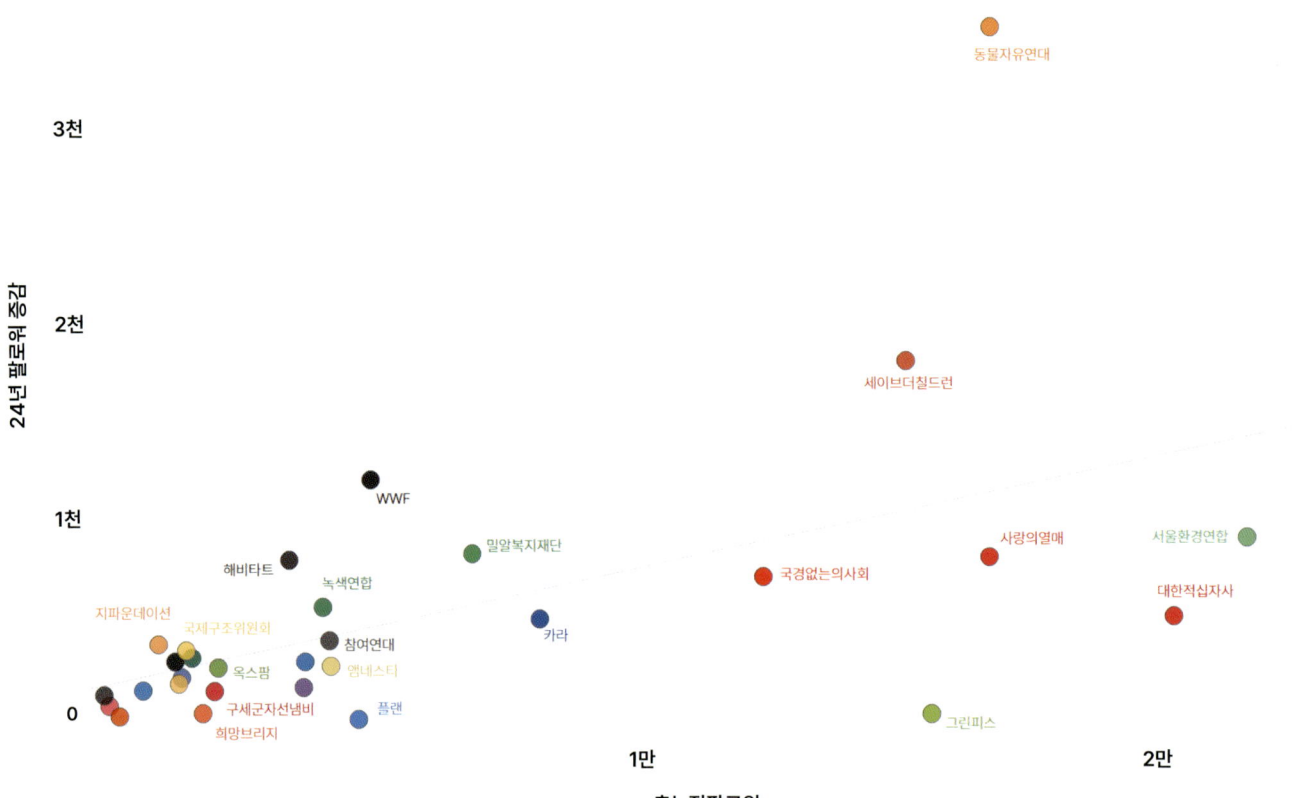

총 39개 단체 중 C그룹은 30개 단체가 포함된 표준그룹으로 전체 77%가 군집 되어 있습니다. C그룹의 누적 구독자 수의 평균값은 6430명이며, 24년 신규구독자 증가수의 평균값은 510명 입니다. 평균값은 표준지표로 활용 가능한 숫자로 연간 목표를 수립할 때 단체별 수준에 맞게 활용 가능합니다.

보라색 추세선 기준 위쪽으로 균형있게 성장하고 있는 단체들 중 동물자유연대와 세이브더칠드런, WWF가 성장하는 추이에 있는 것을 볼 수 있습니다.

A그룹과 B그룹에 나타나지 않았던 동물권과 환경권 분야 중 성장하는 단체도 보여지며, 반대로 구독자수는 높지만 지난 한 해 동안 성장을 안하고 있는 단체들도 볼 수 있습니다.

데이터 출처 누구나데이터 FP.LAB 데이터

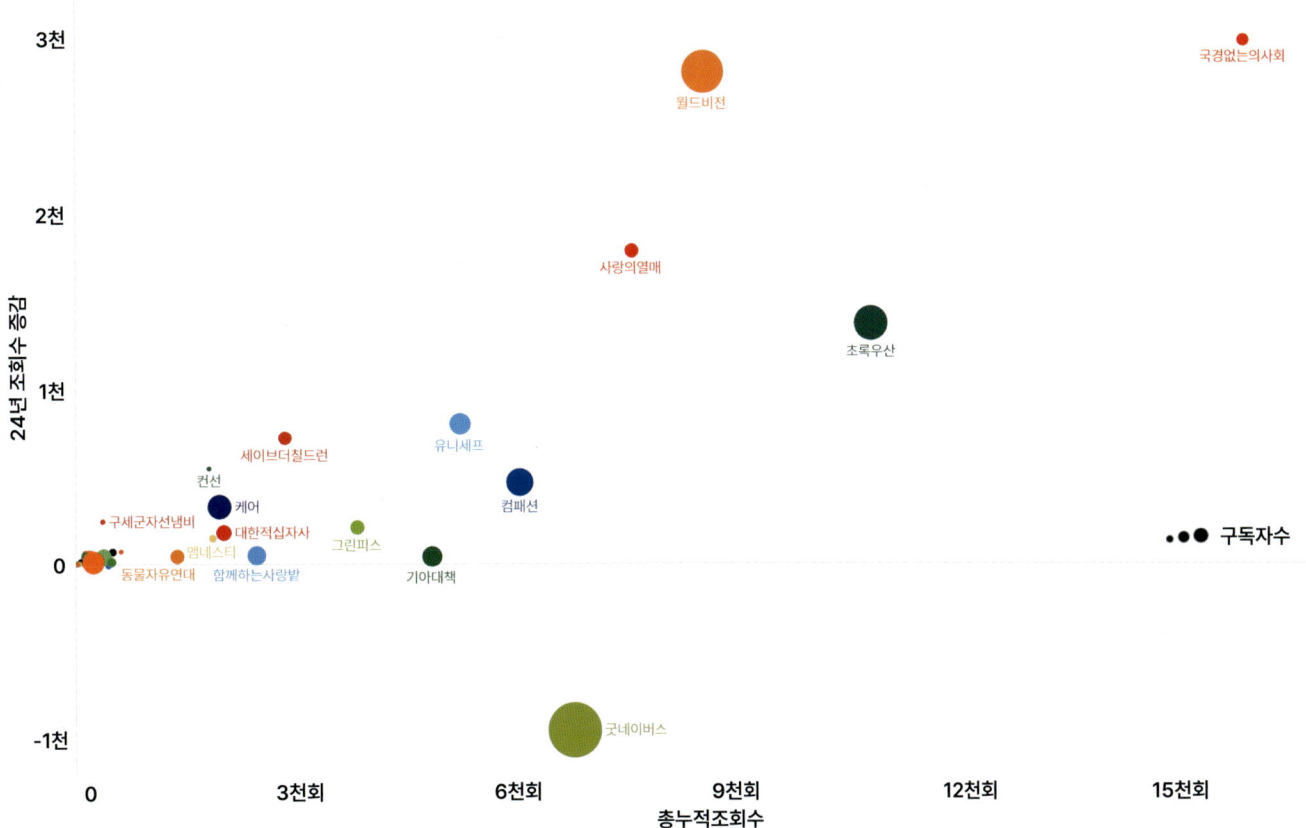

24년 조사된 총 60개 단체 중 유튜브를 활용한 조회수 분석을 진행하였습니다.

첫 번째로, 가로축이 오른쪽으로 갈수록 누적 조회수가 많은 단체를 의미하며, 가장 많은 조회수를 기록한 단체는 국경없는의사회로 약 1.6억 뷰를 기록하였습니다.
두 번째로, 세로축이 높을수록 2024년 한 해 동안 조회수가 증가한 단체를 의미합니다. 여기에서 가장 두드러진 성장을 보인 단체는 국경없는의사회와 월드비전으로, 한 해 동안 약 2.8천 뷰를 증가하며 유튜브 채널을 적극적으로 활용하고 있는 부분을 볼 수 있습니다. 반면 굿네이버스와 같이 음수가 나타난 경우는 콘텐츠 초상권이나 자체적인 규정으로 영상을 비공개 또는 삭제한 경우 해당 영상의 조회수가 제외된 경우입니다.

데이터 출처 누구나데이터 FP.LAB 데이터

17.
인스타그램, 어떤 비영리단체가 잘하고 있을까?

▶ A그룹(고성장단체) :
월드비전

▶ B그룹(성장단체) :
컴패션, 사랑의열매,
굿네이버스, 초록우산,
해비타트,
세이브더칠드런

비영리단체들이 인스타그램에서 얼마나 성장하고 있는지를 살펴보기 위해 총 39개 단체의 인스타그램 팔로워수 증감을 분석하였습니다.

첫 번째로, 가로축이 오른쪽으로 갈수록 누적 팔로워수가 많은 단체를 의미하며, 이 지표에서 가장 높은 팔로워수를 기록한 단체는 31.4만 팔로워수를 보유한 유니세프로, 39개 비영리단체 중 가장 많은 인스타그램 팔로워를 보유하고 있습니다.

두 번째로, 세로축이 높을수록 2024년 한 해 동안 팔로워수가 증가한 단체를 의미합니다. 여기에서 가장 두드러진 성장을 보인 단체는 유튜브와 동일한 월드비전으로, 한 해 동안 약 3.1만 명의 팔로워를 추가하며 압도적인 증가세를 보였습니다. 이는 월드비전이 인스타그램과 유튜브 등 대중들이 활발히 사용하는 소셜미디어 채널 운영에 집중하고 있음을 보여주는 결과로 볼 수 있습니다.

세 번째로, 가운데 보라색 점선은 24년 인스타그램 팔로워

비영리단체별 2024년 인스타그램 팔로워 증감 분석 _{차트 29}

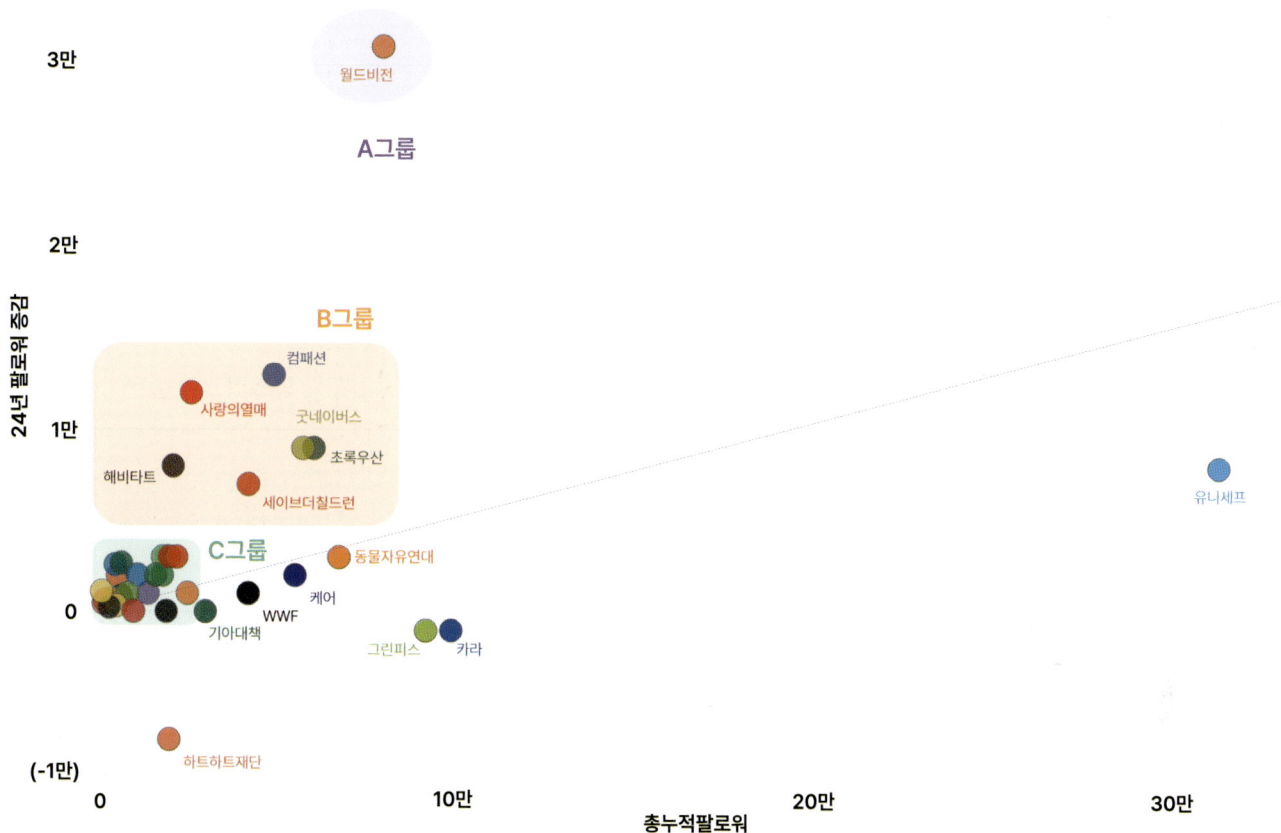

추세선을 나타내며, 이 선 위에 있는 단체들이 지난 한 해 동안 기존 구독자 수 대비 신규 증가율을 균형 있게 성장하고 있는 단체를 의미합니다. B그룹으로 표기된 컴패션, 사랑의열매, 굿네이버스, 초록우산, 해비타트, 세이브더칠드런 역시 인스타그램 채널운영을 통해 잠재후원자 성장을 전략화 하여 진행하고 있음을 볼 수 있습니다.

마지막으로 C그룹은 많은 단체들이 군집되어 있는 표준그룹으로 다음 장에서 확대하여 더 세부적으로 보도록 하겠습니다.

데이터 출처 누구나데이터 FP.LAB 데이터

비영리단체별 2024년 인스타그램 팔로워 증감 분석 - C그룹 영역 확대 차트 30

총 39개 단체 중 C그룹은 24개 단체가 포함된 표준그룹으로 전체 62%가 군집되어 있습니다.

C그룹의 누적 팔로워수의 평균값은 1.1만 명이며, 24년 신규 팔로워 증가수의 평균값은 1,380명입니다.

인스타그램의 경우 보라색 추세선 기준 위쪽으로 균형 있게 성장하고 있는 단체들이 전체적으로 많은 것을 볼 수 있습니다. 이는 모든 비영리분야에서 인스타그램을 활발하게 활용하고 있는 흐름을 이야기합니다.

데이터 출처 누구나데이터 FP.LAB 데이터

비영리 분야별 2024년 인스타그램 성과지표 분석 차트 31

이번 지표는 SNS 운영을 담당하는 홍보 담당자들에게 활용될 수 있는 자료로 총 60개 단체 기반 6개 비영리분야에서 월평균 포스팅 수와 팔로워 증가수가 어떻게 나타났는지를 비교하여 평균치를 분석하여 표기하였습니다.

이번 표를 통해 다양한 인사이트를 얻을 수 있지만 눈에 띄는 두 가지 주요 특징으로는 게시물 포스팅 수가 가장 많은 분야는 동물권 분야이며, 팔로워수 증가가 높은 분야는 국제구호가 포함된 분야로 나타났습니다.

대중들이 관심 가질만한 콘텐츠 포스팅을 중심으로, 팔로워 증가와 게시물 도달률 또는 반응률과의 상관관계를 분석하여 소셜미디어 채널운영 전략을 구축하면 기관에 오가닉 유입을 증가시키는 효과적인 성과를 얻을 수 있습니다.

데이터 출처 누구나데이터 FP.LAB 데이터

18.
카카오톡채널, 어떤 비영리단체가 잘하고 있을까?

▶ **A그룹(고성장단체) :**
세이브더칠드런,
월드비전, 참여연대

▶ **B그룹(성장단체) :**
대한적십자사,
유엔난민기구, 컴패션,
해비타트, 앰네스티,
동물자유연대

비영리단체들이 카카오톡채널에서 얼마나 성장하고 있는지를 살펴보기 위해 총 39개 단체의 카카오톡채널 친구수 증감을 분석하였습니다.

첫 번째로, 가로축이 오른쪽으로 갈수록 누적 친구수가 많은 단체를 의미하며, 이 지표에서 가장 높은 친구수를 기록한 단체는 12.8만 친구수를 보유한 세이브더칠드런으로, 39개 비영리단체 중 가장 많은 카카오톡채널 친구수를 보유하고 있습니다.

두 번째로, 세로축이 높을수록 2024년 한 해 동안 친구수가 증가한 단체를 의미합니다. 여기에서 가장 두드러진 성장을 보인 단체 역시 세이브더칠드런으로 한 해 동안 약 2만 명의 친구수를 추가하며 압도적인 증가세를 보였습니다. 이는 잠재후원자 대상 DM 마케팅을 활발히 하는 소셜미디어 채널 운영에 집중하고 있는것으로 볼 수 있습니다. 또한 월드비전이 인스타그램, 유튜브와 함께 카카오톡채널에서도 높은 증가세를 보이며 2024년 한 해 주요 소셜 미디어 채널을

비영리단체별 2024년 카카오톡채널 친구 증감 분석 _{차트 32}

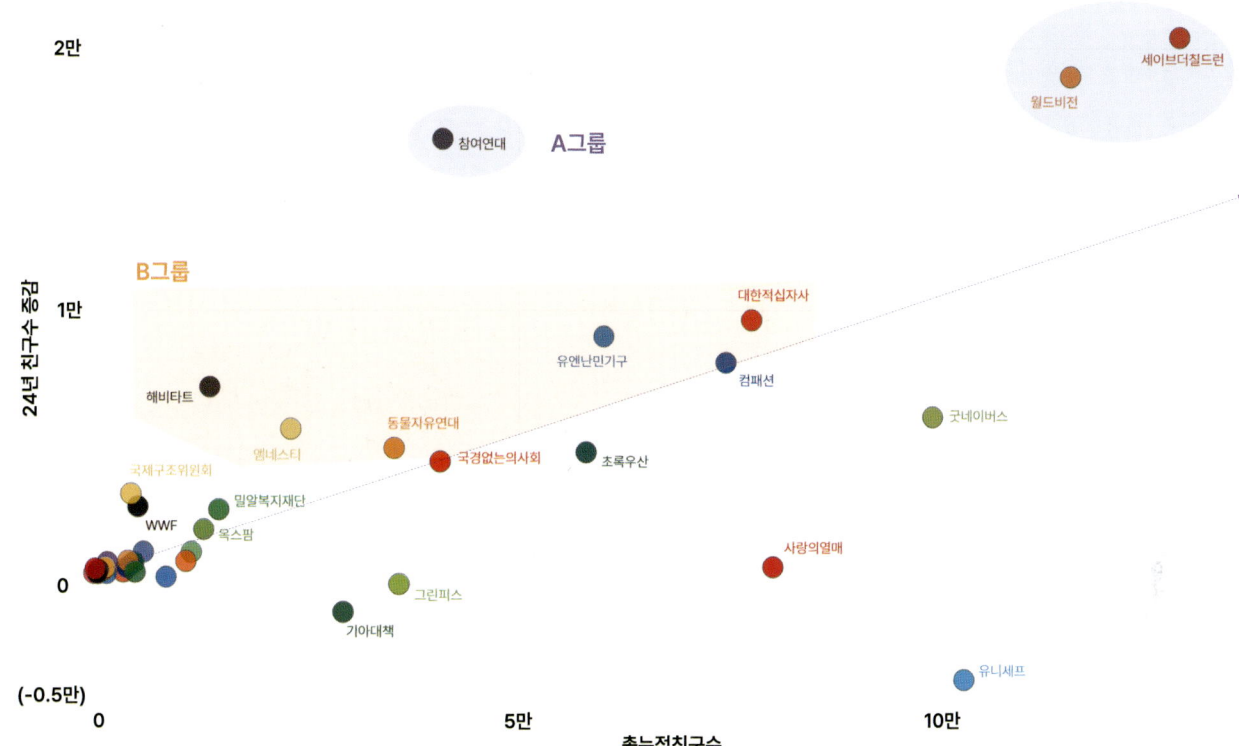

확대하며 기관 홍보채널과 온드(Owned) 채널 강화 전략을 기관 전사 차원에서 진행하는 것으로 예상됩니다.

세 번째로, 가운데 보라색 점선은 24년 카카오톡채널 친구수 추세선을 나타내며, 이 선 위에 있는 단체들이 지난 한 해 동안 기존 구독자 수 대비 신규 증가율을 균형 있게 성장하고 있는 단체를 의미합니다. 다른 채널에 비해 단체별 분포도가 가장 높게 나타나는 채널로 많은 단체들이 후원자 또는 잠재후원자 기반 카카오톡채널을 통해 대중들과 소통하는 흐름을 볼 수

있습니다.

카카오톡채널은 직접적인 유입을 만들어내는 채널로 다른 소셜미디어 채널에 비해 다이렉트 성과가 높은 채널인 만큼 메시지 전달비용도 상대적으로 높게 나타납니다. 친구수가 많은 단체일수록 세분화 된 타켓팅을 구분하여 운영해야 효과적인 채널이기에 채널의 특성을 잘 활용할 필요가 있습니다.

데이터 출처 누구나데이터 FP.LAB 데이터

19.
네이버블로그, 어떤 비영리단체가 잘하고 있을까?

▶ **동물권행동 카라,
동물자유연대,
사랑의열매**

점차 검색을 통한 콘텐츠 마케팅이 중요해지고
모금에도 영향을 주는 소셜미디어 채널로 누구나데이터
FP.LAB 에서도 2024년 처음 분석을 시작하였습니다.
비영리단체들이 네이버블로그를 활용하는 현황을 살펴보고자
네이버블로그를 운영하는 47개 단체를 분석하였습니다.

첫 번째로, 가로축이 오른쪽으로 갈수록 누적 조회수가 많은
단체를 의미하며, 이 지표에서 가장 높은 조회수를 기록한
단체는 1천만 뷰 수를 나타낸 동물권행동 카라로, 비영리단체
중 가장 많은 블로그 조회수를 나타냈습니다.

두 번째로, 세로축이 높을수록 누적 게시글수가 많은
단체를 의미합니다. 이 지표에서도 가장 많은 콘텐츠를
작성한 단체는 동물권행동 카라로 약 7.6천개 게시글이
블로그에 게시하였습니다. 세 번째로, 가운데 보라색 점선은
네이버블로그 조회수와 게시글수의 추세선을 나타내며,
이번 분석은 다른 채널들과 반대로 보라색 점선 하단에 있는
단체들이 적은 게시글로 높은 조회수를 얻고 있는 효율적인
운영을 하고 있는 것으로 해석할 수 있습니다.

네이버블로그는 작은 단체부터 큰 단체까지 마케팅 효과를
직접적으로 혹은 간접적으로 발휘할 수 있는 중요한
소셜미디어 채널 중 하나입니다. 우리나라에서 네이버
검색은 여전히 약 60% 점유율을 차지하고 있으며, 모금 성과
면에서도 구글보다 높은 후원 전환율을 보이고 있습니다.
따라서 검색 엔진 최적화(SEO)를 고려한 네이버블로그
운영은 비영리단체의 모금 성과와 대중 인지도에 중요한
역할을 담당하고 있습니다.

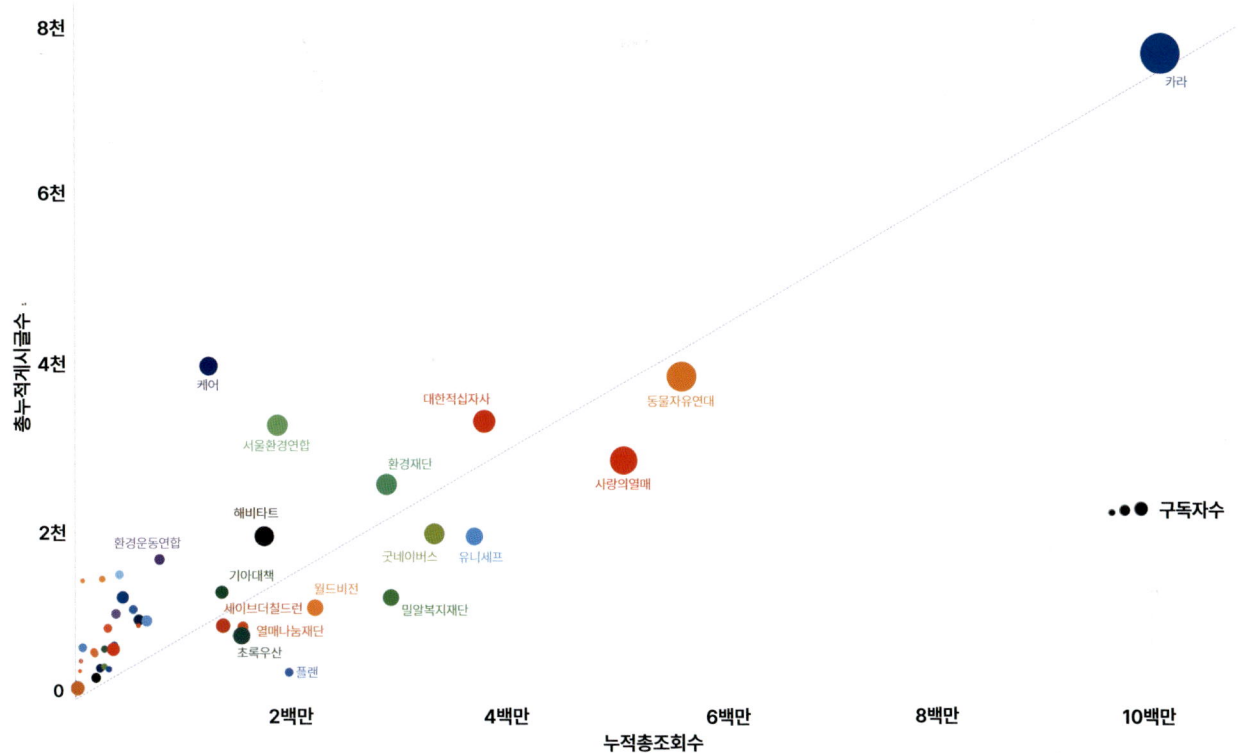

특히 사람들은 후원을 결정하기 전에 단체에 대한 정보를 검색하고, 신뢰성을 확인하며, 단체의 활동을 이해하기 위해 블로그를 방문하는 경우가 많습니다. 따라서 블로그 운영을 잘할수록 대중들이 단체에 대한 신뢰를 높이고 후원 전환을 촉진하는 효과를 얻을 수 있습니다.

또한, 블로그는 광고 비용을 들여 단기적 홍보하는 방식보다 장기적인 효과를 기대할 수 있는 채널입니다. 꾸준한 콘텐츠 생산을 통해 검색 노출을 확보하면 별도 비용을 들이지 않고도 지속적인 유입을 만들 수 있으며, 후원 전환으로 이어지는 오가닉 마케팅 효과를 극대화할 수 있습니다.

결과적으로, 네이버블로그는 비영리단체가 장기적으로 트래픽을 확보하고, 후원자와의 신뢰를 구축하며, 꾸준한 모금 성과를 만들어낼 수 있는 핵심 채널로 자리 잡고 있으며, 홍보 예산이 작은 단체일수록 앞으로 더욱 전략적으로 강화해야 할 부분으로 보입니다.

데이터 출처 누구나데이터 「P.LAB 데이터

20.
디지털 유입을 늘리면 후원도 늘어날까?

▶ **2024년,
유입을 늘려도 후원이
늘어나지 않는 정체기를
처음 맞았습니다.**

2021년부터 2024년까지 비영리단체들의 디지털 유입수는 매년 두 자릿수 성장을 기록해 왔습니다. 2023년까지는 정기후원과 일시후원 역시 함께 증가하며 유입과 모금이 함께 성장하는 흐름을 보였지만, 2024년을 기점으로 유입수는 증가했음에도 불구하고 정기후원과 일시후원 수는 감소하는 현상이 처음으로 나타났습니다.

이는 비영리 디지털 모금 역사상 처음 발생한 변화로, 향후 시장의 방향성을 가늠할 중요한 전환점이 될 것으로 보입니다. 이 시점이 모금 시장의 정체기의 기점이 될지, 아니면 새로운 성장의 기회를 맞이할 변곡점이 될 것인지는 2025년 모금 트렌드가 가진 중요한 역할 중 하나입니다.

좀 더 세부적으로 데이터를 보면, 2022년 우크라이나 사태, 2023년 튀르키예 지진 등의 국제구호 이슈가 후원 성장을 이끈 주요 요인이었지만, 2024년에는 많은 비영리단체들이 디지털 광고를 통한 캠페인을 적극적으로 확장했음에도 불구하고 모금 증가로는 이어지지 않았습니다. 이는 경제적 불안, 사회적 문제의 다양화, 후원자 트렌드 변화, 정기 구독

비영리 디지털 모금의 연간 규모 변화 추이 _{차트 34}

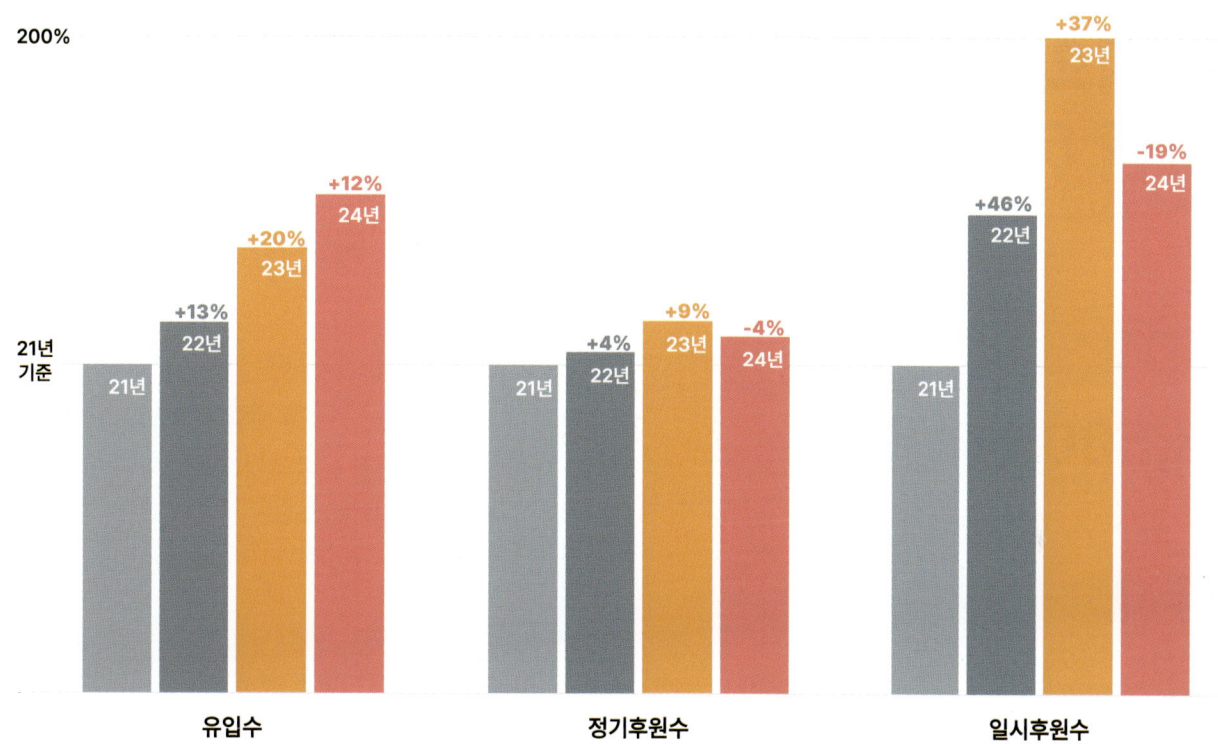

경제의 확산, 재난재해이슈 부재 등 여러 복합적인 요인이 작용한 것으로 분석됩니다. 이러한 변화 속에서 2025년 역시 밝은 전망을 기대하기는 어려운 상황이며, 기존 방식만으로는 더 이상 모금을 확대할 수 없는 냉혹한 현실이 다가오고 있음을 예상할 수 있습니다.

이러한 한계를 극복하고 지속적인 성장을 이루기 위해서는 캠페인 기획, 콘텐츠 전략, 데이터 분석을 기반으로 한 실행 전략이 더욱 고도화되고 전문화되는 필요를 요구하고 있습니다. 단순히 디지털 광고를 늘리는 것이 아니라, 더 정교한 타겟팅과 후원자 경험을 고려한 전략적 접근이 요구되는 시점입니다.

이번 분석은 누구나데이터의 약 1억 6천만 유입과 약 80만 후원자 데이터를 기반으로 진행되었으며, 앞으로의 모금 시장이 어떻게 변화할지 면밀한 관찰과 대응이 필요함을 시사하고 있습니다.

데이터 출처 누구나데이터 비영리단체 웹사이드 빙문자 빅데이터

21.
100명의 정기후원자를 만들기 위해 필요한 유입수는?

▸ **38,500건**의 유입

누구나데이터에서는 2021년부터 100명의 정기후원자를 모집하는 데 필요한 웹 유입수를 지속적으로 추적하며 분석을 진행해왔습니다. 이 분석은 디지털 모금가들이 광고 비용의 효과성을 판단하고, 디지털 모금 효율을 평가할 수 있는 기준이 될 수 있는 표준 지표를 제공하기 위해 진행되었습니다.

분석 결과, 매년 100명의 후원자를 모집하는 데 필요한 유입 수가 매년 지속적으로 증가하고 있는 것으로 나타났습니다. 이는 디지털 광고를 통한 유입 증가가 곧바로 후원 전환으로 이어지지 않으며, 단기적인 유입을 통한 후원자 모집을 위해 점점 더 많은 광고 비용이 투입되고 있음을 의미합니다.

2024년 데이터를 보면, 오가닉 유입과 광고 유입 모두를 포함하여 평균적으로 약 38,500 유입이 발생해야 100명의 정기후원자와 58명의 일시후원자를 모집할 수 있는 것으로 분석되었습니다. 이는 2023년 대비 18% 더 많은 유입이 필요했으며, 2021년과 비교하면 무려 65% 더 많은 유입이 필요한 것으로 나타났습니다. 즉, 같은 후원자 수를 모집하기 위해 3년 만에 디지털 광고 예산을 약 50% 이상 늘려야 하는 시대가 된 것입니다.

이러한 흐름이 지속된다면, 결국 디지털 모금의 효과성은 점점 낮아지고, 비영리단체들은 디지털모금과 홍보활동에 한계를 맞이할 가능성이 큽니다. 혹은, 이미 지금 그 한계점에 도달한 시점일 수도 있습니다.

비영리 디지털 모금의 연간 효율 변화 추이 <small>차트 35</small>

정기후원자

일시후원자

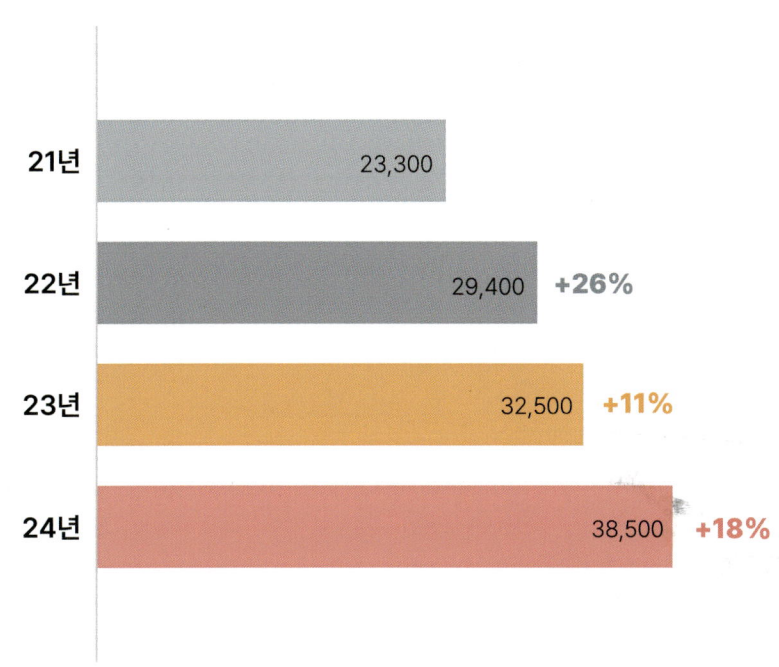

연도	값	증감
21년	23,300	
22년	29,400	+26%
23년	32,500	+11%
24년	38,500	+18%

그렇다면 디지털 시대에 효과적인 모금을 위해 앞으로 어떤 방향으로 나아가야 할까요? 이제는 단순히 광고를 늘리는 것이 아닌, 보다 정교한 타겟팅, 후원자 경험 개선, 새로운 모금 방식 도입, 건강한 유입확대 등 작은 단체일수록 각 단체에 맞는 다양한 시도가 필요한 시점입니다.

다음 장에서는 누구나데이터에서 연구하면서 발견한 앞으로 나아가야할 방향으로 '디지털 모금이 성공하는 5가지 지표'에 대해 이야기 하고자 합니다.

데이터 출처 누구나데이터 비영리단체 웹사이트 방문자 빅데이터

2장.
디지털 모금의
성공을 결정하는
5가지 지표

2장에서는 지난 5년간 비영리 디지털 마케팅의 흐름을 연구하며
비영리단체의 현실에 맞는 디지털 모금 마케팅 유형을 정립하고
실제 모금 성과로 이어지기 위해 꼭 필요한 5가지 핵심 지표를 중심으로 한 모델을 새롭게 제시합니다.

우리가 일반적으로 알고 있는 디지털 마케팅 모델은
대부분 상품 구매를 전제로 설계된 영리 기업 중심의 소비자 마케팅 모델입니다.
하지만 비영리단체의 후원 참여 과정은 그 구조와 동기가 다르기 때문에 기존 모델로는 한계가 있었습니다.

이번 장에서는 실제 데이터를 기반으로
현장에서 활동하는 비영리 실무자들도 쉽게 적용하여 개선할 수 있는 최초의 디지털 모금 모델을 소개합니다.
더불이 매년 변화아는 니지털 환경 속에서 어떤 유입이 후원으로 연결되고 있으며
어떤 지표를 통해 전략을 개선할 수 있는지에 대한 흐름도 함께 살펴봅니다.

비영리단체가 디지털 모금의 효율성과 지속 가능성을 높이기 위해
지금 어떤 기준으로 데이터를 바라보고 판단해야 하는지를 고민하는 데 도움이 되기를 바랍니다.

22.
비영리단체의 디지털 모금 마케팅을
4가지 유형으로 분류한다면?

누구나데이터는 지난 6년간 비영리단체들의 디지털 마케팅 데이터 연구 내용을 바탕으로, 디지털 모금 마케팅을 4가지 유형으로 구분하는 모델을 국내 최초로 제시합니다.

비영리단체 디지털 모금 마케팅의 4가지 유형 차트 36

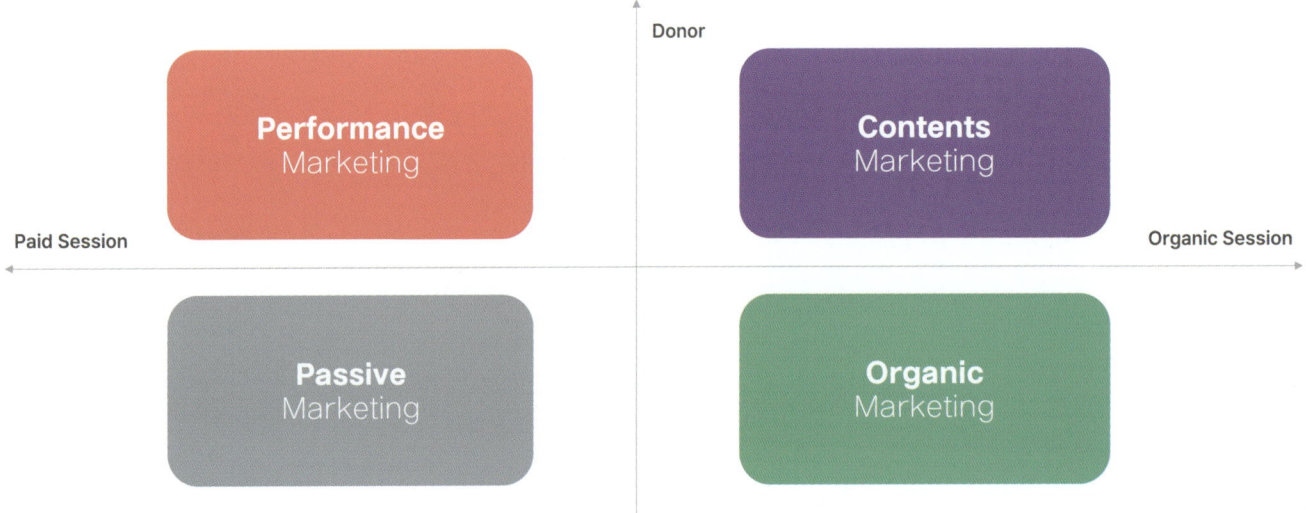

1. 오가닉 마케팅 (Organic Marketing) 유형

오가닉 마케팅 유형은 우리나라 대부분의 비영리단체들이 속해 있는 유형으로, 유료 광고보다는 단체를 이미 알고 있거나 인지하고 있는 잠재후원자의 자연 유입(오가닉 유입)이 많은 특징을 가집니다. 최근 일부 단체들이 디지털 광고를 시도하고 있지만, 여전히 기존 참여자 또는 잠재후원자 기반 다이렉트 메시지(DM) 마케팅과 소셜미디어 마케팅을 중심으로 운영되며, 디지털 마케팅 예산이 적은 단체들이 대부분 포함됩니다.

이 유형의 단체들은 디지털로 유입되는 후원자 수가 많지 않으며, 적은 예산으로 할 수 있는 장기적 전략으로 더 많은 유입과 전환율을 확보하기 위해 SEO 최적화, 검색 광고, 콘텐츠 마케팅 등의 디지털 전략을 강화할 필요가 있습니다.

2. 패시브 마케팅 (Passive Marketing) 유형

패시브 마케팅 유형은 디지털 모금이 필수가 되면서 광고를 생존적으로 운영해야 하는 단체들이 속한 유형입니다. 이 유형의 단체들은 디지털 광고를 통해 유입수를 늘리고 있지만, 웹 환경, 검색엔진 최적화(SEO), 후원 페이지, 데이터 트래킹, 캠페인 페이지, 광고 타겟팅 등이 최적화되지 않은 상태에서 운영되는 경우가 많습니다.

이로 인해 유료 광고를 통해 유입된 방문자 수는 많지만, 모금 성과로 연결되지 않는 경우가 많으며, 데이터 분석과 캠페인 기획을 담당하는 인력이 부족한 단체들이 주로 포함됩니다. 하지만, 원인을 파악하고 하나씩 문제를 개선한다면 성과를 만들어 갈 수 있는 가능성을 가진 유형입니다.

3. 퍼포먼스 마케팅 (Performance Marketing) 유형

퍼포먼스 마케팅 유형은 후원자 모집을 위한 대표 캠페인을 운영하는 단체들이 속해 있는 유형입니다. 이들은 연간 광고 예산과 후원 목표를 설정하고 있으며, 광고 대행사와 협력하여 배너광고, 광고 데이터 트래킹, 캠페인 기획, 영상 콘텐츠, DM 마케팅, 검색 광고 등 디지털 모금을 위한 필수 요소들을 운영하고 있습니다.

이 유형의 단체들은 광고 예산 활용과 캠페인 성과 최적화에 따라 성과 차이가 크게 나타나며, 모금을 주도하는 대표 캠페인의 성과가 연간 목표 달성에 큰 영향을 미칩니다. 다만, 단기적 성과 중심으로 운영되는 한계가 있으며, 광고 대행사에 대한 의존도가 높아 디지털 모금 책임자의 역량에 따라 퍼포먼스 효율이 달라지는 특징이 있습니다.

이 유형에서는 단기 성과에 집중하는 운영 방식에서 벗어나, 웹 환경 개선, 후원 전환 최적화, 콘텐츠 마케팅, 온드채널 강화, 제휴 마케팅 등의 장기적 로드맵을 수립하여 안정적인 오가닉 유입(무료 유입)을 늘릴 필요가 있습니다.

4. 콘텐츠 마케팅 (Contents Marketing) 유형

콘텐츠 마케팅 유형은 한정된 예산에서 퍼포먼스를 지속적으로 유지하며 장기적으로 안정적인 성장을 이루기 위한 마케팅 방식입니다.

이 유형은 유료 광고 최적화를 통해 건강한 유입과 후원 전환율을 유지하면서도, 검색 최적화(SEO), 온드채널 유입(홈페이지·블로그 등), 제휴 마케팅 등 오가닉 유입(무료 유입) 비중이 높으며, 후원자 수가 우리나라 모금

> 시장의 평균 이상을 기록하는 이상적인 형태입니다.
>
> 이 유형은 기관명 키워드와 주요 이슈 키워드를 중심으로 모금 퍼포먼스의 약 40%가 이루어지며, 지속가능한 대표 캠페인과 대표 사업 주제가 명확한 특징을 가집니다. 장기적으로는 퍼스트 파티 데이터와 후원자 데이터를 활용하여, APP 개발, 후원 증액, 추천 캠페인, 참여 독려 등을 통해 후원자의 충성도를 높이는 방향으로 확장될 필요가 있습니다.

디지털 모금이 점점 치열해지는 환경에서, 단체들은 자신이 속한 유형을 파악하고 전략적으로 나아갈 방향을 설정하는 것이 필수적입니다. 각 유형에 따라 필요한 마케팅 전략을 체계적으로 구축하고, 데이터 기반의 실행력을 강화하는 것이 앞으로의 디지털 모금 시장에서 경쟁력을 갖추는 핵심이 될 것입니다.

23.
디지털 모금 마케팅 4가지 유형에 국내 비영리단체 데이터를 넣어본다면?

▸ 4가지 유형 중 패시브 유형이 **47%**로 가장 많습니다.

▸ 패시브 유형이 퍼포먼스 유형으로 도약하려면 전체후원수(정기+일시)가 **12,967건** 이상 필요합니다.

앞서 설명한 비영리 디지털 모금 마케팅 유형 모델을 바탕으로 2024년 데이터를 대입하여 분석을 진행한 결과, Passive(패시브) 마케팅 유형이 47%로 가장 높은 비율을 차지하는 것으로 나타났습니다. 이는 분석 가능한 데이터 조건을 가진 단체들만을 대상으로 한 결과로, 집계에 포함되지 않은 단체들을 포함한다면 우리나라 전체적으로는 오가닉 마케팅 유형의 단체가 더 많을 가능성이 매우 높습니다.

우리나라 비영리단체들이 디지털 모금을 성장시키는 과정에서는 두 가지 주요 패턴이 나타납니다.

첫 번째 패턴은 오가닉 마케팅 → 패시브 마케팅 → 퍼포먼스 마케팅 → 콘텐츠 마케팅으로 성장하는 방식입니다. 이 패턴은 예산과 인력을 어느 정도 확보할 수 있는 단체들에서 나올 수 있는 성장 과정으로, 광고를 적극적으로 활용해 유료 유입을 확보하고, 성과 분석과 최적화를 통해 점진적으로 퍼포먼스 마케팅을 강화한 후, 장기적인 전략으로 콘텐츠 마케팅으로 전환하는 흐름을 보이게 됩니다.

국내 비영리단체의 디지털 모금 마케팅 유형 분석 차트 37

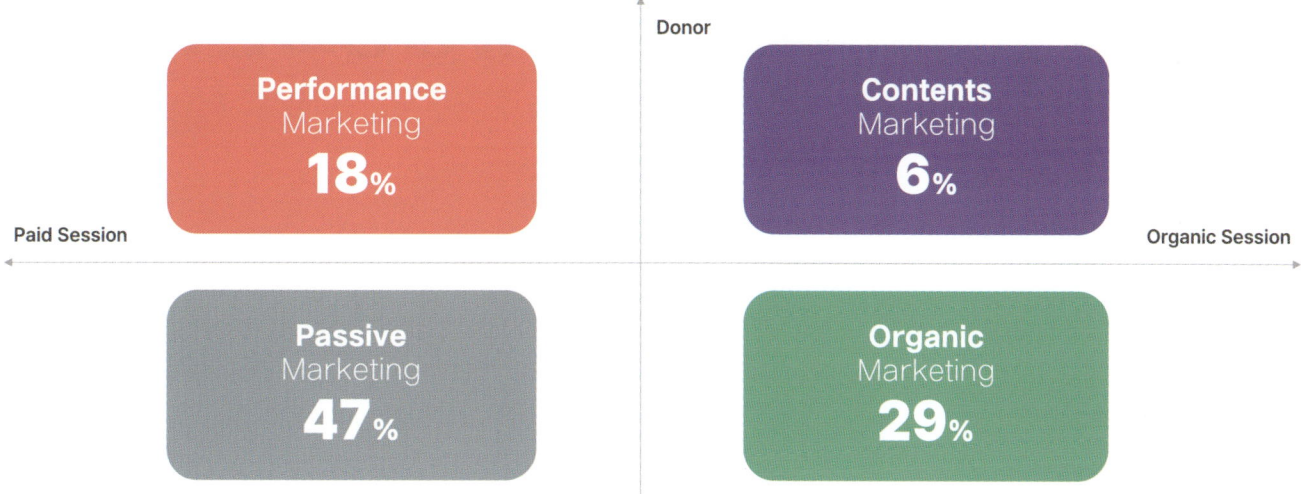

두 번째 패턴은 오가닉 마케팅 → 패시브 마케팅 → 콘텐츠 마케팅으로 이어지는 방식입니다.
퍼포먼스 마케팅으로 전환할 만큼의 예산과 인력의 한계가 있는 단체들이 선택하는 성장 패턴으로, 일부 디지털 홍보 예산을 활용하되 단기적인 퍼포먼스 성과를 기대하기보다는 장기적인 콘텐츠 마케팅 전략을 통해 단체의 규모에 맞는 디지털 모금을 구축해 나가는 방식입니다.

퍼포먼스 마케팅 유형은 우리나라 주요 대형 비영리단체들이 신규 후원자를 개발하는 가장 대표적인 방식입니다. 광고 비용을 투입하는 만큼 후원자가 증가하기 때문에, 캠페인 기획부터 광고 채널 운영까지 다양한 전략을 활용하며 디지털 모금의 성과를 극대화하려 합니다. 그러나 퍼포먼스 마케팅의 한계점은 광고 비용을 계속 늘려도 더 이상 후원자 수를 비용 대비 효율적으로 확대하기 어려운 지점에 도달하는 시기로 볼 수 있습니다.

이러한 상황에 놓인 단체들은 ROI(투자 대비 성과)를 고려하여, 장기적인 콘텐츠 마케팅으로 전환할 적절한 시점을 찾아야 합니다. 단순히 광고 예산을 확대하는 것만으로는 지속적인 성장을 담보할 수 없기 때문에, 오가닉 유입 비중을 높일 수 있는 콘텐츠 마케팅 전략과, 브랜드 인지도 및 후원자 충성도를 강화하는 전략적 사고의 전환이 필요합니다.

데이터 출처 누구나네이터 비영리단체 웹사이트 방문자 빅데이터

24.
웹사이트 방문의 5가지 핵심 유입경로는?

디지털 모금을 시작하기 위해 가장 필수적인 요소는 웹사이트 방문자(유입수) 확보입니다. 사람들이 단체의 웹사이트나 캠페인 페이지 방문이 있어야 후원으로 이어질 가능성이 시작되기 때문입니다. 이러한 유입경로는 크게 5가지 유형이 나뉩니다. 각각의 특징을 살펴보겠습니다.

비영리단체 웹사이트의 핵심 유입경로 5가지 차트 38

- 배너광고
- 검색
- 다이렉트
- 오가닉
- 디지털 마케팅

1. 배너 광고 유입

배너 광고 유입은 가장 쉽게 유입수를 늘릴 수 있는 방법이지만, 예산이 필요한 방식입니다. 광고비를 투입하면 즉각적인 유입을 증가시킬 수 있지만, 단순히 광고를 한다고 해서 후원으로 이어지는 것은 아닙니다. 광고 성과를 극대화하기 위해서는 퍼포먼스 분석, 광고 채널 운영 노하우, 캠페인 기획 및 최적화된 환경 구축이 필수적입니다.

2. 검색 유입

검색 유입은 사람들이 직접 정보를 찾는 과정에서 단체의 페이지로 유입되는 유형으로, 후원 전환율이 높은 건강한 유입 경로입니다. 검색 유입에는 검색 최적화(SEO)를 통한 오가닉 검색, 브랜드 검색, 키워드 광고 검색이 포함됩니다. 효과적인 검색 유입을 위해서는 어떤 키워드와 메시지를 활용하여 사람들이 단체를 검색하도록 유도할 것인지, 그리고 검색을 통해 유입된 잠재후원자들에게 어떤 가치와 내용을 전달할 것인지가 핵심입니다.

3. 오가닉(자연) 유입

오가닉 유입은 검색엔진, 소셜미디어, 추천 등을 통해 자연스럽게 발생하는 무료 트래픽 유형입니다. 단체와 관련된 다양한 콘텐츠 내용을 기반으로 유입이 이루어지며, 사람들은 단체의 활동이나 콘텐츠를 접한 후 궁금증이 생겨 직접 방문하는 유형입니다. 이러한 유입은 유료 트래픽보다 신뢰도를 기반으로 이루어지므로, 후원자로 전환될 가능성이 높습니다.

4. 디지털 마케팅 유입

디지털 마케팅 유입은 비영리단체가 직접 운영하는 온라인 채널을 통해 발생하는 유입입니다. 대표적인 채널로는 소셜미디어, 블로그, 이메일, 문자, 카카오톡 메시지 등이 있으며, 단체의 활동에 관심이 있는 잠재후원자들에게 의도한 콘텐츠를 홍보하고 참여를 유도하는 유입 경로입니다. 온드 채널(Owned Channel)이라고도 불리는 이 유입 경로는 장기적인 관점에서 지속적인 관심을 유도하고, 재유입과 참여를 확대하는 전략이 중요합니다.

5. 다이렉트(직접) 유입

다이렉트 유입은 사용자가 직접 단체의 웹사이트나 캠페인 페이지 주소를 입력하여 방문하는 유입 유형입니다. 일반적으로 브랜드 인지도가 높거나, 정보나 교육을 제공하는 단체이거나, 상품을 판매하는 단체이거나, 후원자가 많은 단체의 경우 다이렉트 유입이 높게 나타날 확률이 높습니다. 또한, 다이렉트 유입에는 후원창에서 이탈했다가 다시 돌아온 방문자, UTM 코드(추적 코드)가 사라진 경우 등 다양한 이유로 발생하는 유입도 포함됩니다. 다만, 다이렉트 유입 비중이 너무 높은 경우는 바람직하지 않습니다. 마케팅 성과 분석을 위해서는 방문자가 어떤 경로를 통해 유입되었는지 명확하게 파악할 수 있어야 하며, 다이렉트 유입 비율이 전체 유입의 10%를 초과하면 데이터 트래킹이 제대로 이루어지고 있는지 점검해 볼 필요가 있습니다.

지난 5년간 누구나데이터는 이러한 5가지 유입 경로에 대한 유입수의 변화와 퍼포먼스 흐름을 연구해왔습니다. 이를 바탕으로 앞으로 모금을 성공적으로 이끌어가기 위한 새로운 5가지 핵심 지표를 도출하였으며, 다음 장에서 이를 자세히 설명하고자 합니다.

25.
디지털 모금이 성공하기 위해 모니터링해야 할 5가지 필수 지표는?
(디지털 모금 AID 모델)

디지털 모금 AID 모델 차트 39

디지털 모금의 성공 원리는 간단합니다. 온라인에서 후원자가 만들어지는 과정을 지표화하여 각 단계에서 문제점은 찾아 개선하고, 강점은 확대하는 것입니다. 누구나데이터는 웹사이트 방문부터 후원 완료까지의 과정을 5가지 단계로 나눴습니다. 이를 '디지털 모금 AID 모델'이라 부르겠습니다. 이제 단계별 의미를 하나씩 살펴보겠습니다.

1. 인지 유입 (Awareness) 단계

단체의 다양한 홍보 활동을 통해 사람들이 단체의 콘텐츠나 활동을 인지하고, 앞서 살펴본 5가지 유입 경로를 통해 웹사이트를 방문하는 단계입니다. 웹사이트에 방문하는 순간부터 유입(세션) 수가 카운팅 되며, 이는 모금 마케팅이 시작되는 첫 번째 지표가 됩니다.

2. 관심 행동 (Activation) 단계

웹사이트에 방문한 모든 사람이 후원자로 전환되는 것은 아닙니다. 많은 방문자가 일방적인 배너 광고, 관심을 끌기만 하는 광고, 페이지 전환 속도 문제 등 다양한 이유로 즉시 이탈하는 경우가 많이 나타납니다. 하지만, 일부 방문자는 이탈하지 않고 단체의 이야기와 캠페인에 관심을 갖기 시작합니다. 이렇게 즉시 이탈하지 않고 관심가지고 행동을 한 유입자를 AID 모델에서는 두 번째 지표로 '관심 행동' 단계라고 정의합니다.

'관심 행동' 단계는 방문 후 의미 있는 행동을 한 사용자로 아래와 같은 조건을 가집니다.
▸ 유입 후 10초 이상 머무른 방문자
▸ 2개 이상의 페이지를 조회한 방문자
▸ 주요 이벤트(후원 버튼 클릭, 페이지 90% 이상 스크롤 등)를 발생시킨 방문자

이들은 단체의 활동에 관심을 갖고 있으며, 잠재후원자로 재방문할 가능성이 높은 그룹입니다. '관심 행동' 단계는 유료 광고를 통해 유입된 방문자들 중 이탈하지 않고 관심행동수로 많이 남아 있다면 현재 타겟팅이 잘 되어 있다고 볼 수 있는 간접 지표로 활용할 수 있습니다.

3. 콘텐츠 완독 (Interest) 단계

이 단계에서 방문자는 캠페인 스토리를 끝까지 다 읽거나, 메인 홈페이지를 다 읽거나, 단체 소개페이지를 다 읽는 등 페이지의 90% 이상을 읽은 방문자를 세 번째 지표로 '콘텐츠 완독'이라 정의합니다.
후원자의 대다수는 이 단계를 거치지만, 일부는 중간에 후원하기 버튼을 눌러 즉시 후원하거나, 광고를 통해 바로 후원 페이지로 이동하는 경우도 있습니다.

이 단계에서 중요한 것은 방문 콘텐츠의 완독률이 어느 정도인지 파악하는 것입니다. 대부분 방문 페이지를 캠페인으로 진행하는 단체가 많기에 캠페인 페이지 기획에 대해 평가할 수 있는 객관적인 간접 지표로 가독성, 스토리텔링, 인터랙티브 요소, 디자인, 공감 요소가 방문자의 관심을 유지하는 데 현재 잘 구성되어 있는지 효과성을 객관적으로 분석할 수 있습니다.

즉 단체 내부에서만 만족하는 페이지인지, 실제로 방문자가 끝까지 읽고 공감하는 페이지인지 판단하는 중요한 지표입니다.

4. 후원 고려 (Intent) 단계

'후원 고려' 단계는 방문자가 후원에 대한 강한 관심을 갖고, 후원하기 버튼을 클릭하여 후원 신청 페이지로 온 유입 단계입니다. 후원 신청 과정에서 이탈하는 비율이 높다면, 단체의 후원 프로세스가 잠재후원자에게 부담을 주고 있지는 않은지 또는 불편을 주고 있지는 않은지 점검해야 합니다.

후원을 참여하기 위해 후원창 방문자가 처음으로 선택해야 하는 항목은 후원방식, 후원금액, 후원분야를 선택하게 됩니다. '정기후원 모금 vs 일시후원 모금 분포'(차트 12)를 기반하여 볼 때 후원방식은 크게 3가지로 구분되어 있습니다. 정기후원만 하기, 일시후원만 하기, 정기 또는 일시후원 선택 방식 중 하나를 선택해야 합니다.
후원방식을 선택하면 이후 여러 가지 단체가 요구하는 개인정보를 작성해야 합니다. 3년 전만 해도 후원자의 대부분은 이러한 양식에 대해 불편함을 느끼는 사람들이 적었지만 이제는 쿠팡, 네이버, 넷플릭스, 토스, 멜론 등 간편 결제와 정기구독이 보편화된 시대가 되어 사람들의 경험은 편리함에 익숙해져 있습니다. 하지만 여전히 많은 단체들이 3년 전과 변하지 않은 복잡한 신청서를 유지하고 있습니다.

후원신청 과정이 복잡하거나, 개인정보 입력 요구가 많다면 방문자가 쉽게 포기할 가능성이 큽니다.
단체의 후원신청 과정이 얼마나 직관적이고 간편 한지 확인하기 위해, 직접 후원 절차를 진행하며 시간을 측정해 보는 것도 좋은 방법입니다.

혹은 간혹 브라우저 종류나 버전 또는 모바일 기기나 인앱결제 등에서 오류가 나타나 이탈을 하는 경우도 종종 발견됩니다. 정기적으로 후원창을 통해 후원이 잘 들어오는지 최소한 가장 많이 쓰는 모바일로 테스트하는 것을 추천합니다.

'후원 고려' 단계에서는 이탈하는 이유를 찾아 비율을 최소화하는 것이 가장 중요합니다. 또한 메타 광고 픽셀이나 구글 애널리틱스(GA4) 이벤트를 통해 리타겟팅 하는 모수를 확보하는 것도 모금을 확대하는데 중요한 전략 중 하나입니다.

5. 후원 완료 (Donation) 단계

'후원 완료' 단계는 지금까지의 긴 여정 동안 끝까지 이탈하지 않고 후원 신청을 완료하여 최종 단체의 후원자가 된 단계입니다. 이 단계까지 도달한 후원자는 단체에 관심을 가진 건강한 유입에서 출발하여, 콘텐츠에 공감하고, 후원 의지를 확립한 후 최종적으로 후원자로 전환된 것입니다.

후원 완료 후에는 납입 유무, 신청 오류, 후원자의 후기 및 공유, 장기적인 유지율 등 추가적인 분석이 필요하지만, 기본적으로 이 5단계 과정을 통해 후원이 이루어지는 것이 디지털 모금의 핵심 흐름입니다.

디지털 모금은 단순히 유입을 늘리는 행위가 아니라, 잠재후원자와의 관계를 형성하고 지속적인 신뢰를 쌓아가는 과정입니다. 이를 위해 데이터를 기반으로 건강한 유입을 확보하고, 잠재후원자가 공감할 수 있는 스토리를 전달하며, 후원 과정이 매끄럽고 편리하게 진행될 수 있도록 디지털 모금 AID 모델의 5가지 단계별 지표를 모니터링하고 개선점을 찾아가는 과정입니다.

아는 것만으로는 결과가 바뀌지 않습니다.
행동해야만 결과가 바뀌기 시작합니다.

다음 장에서는 실제 2024년 데이터를 활용하여 디지털 모금 AID 모델의 각 단계별 표준 지표를 분석하고, 우리 단체의 지표와 비교할 수 있는 기준이 되는 데이터를 제시합니다.

비영리만의 디지털 모금 모델을 만들기까지

디지털 모금의 변화와 새로운 전략적 접근

앞서 살펴본 디지털 모금 트렌드를 보면, 디지털 광고와 마케팅의 효율이 점점 낮아지고 있습니다. 이는 마케팅 비용을 계속 증가시키지 않으면 새로운 후원자를 모집하기 어려운 구조로 변해가고 있음을 의미합니다.

그렇다면 우리는 이 어려움을 어떻게 해결할 수 있을까요?

누구나데이터는 지난 5년 동안, 디지털 모금을 운영하는 실무자들과 작은 단체들에게 실질적인 도움이 될 수 있는 데이터 기반의 인사이트를 제공하기 위해 고민해왔습니다.

디지털 모금에 적합한 새로운 분석 모델의 필요성

그로스 해킹에서 널리 사용되는 AARRR 모델(획득 → 활성화 → 유지 → 추천 → 수익)은 적은 데이터로도 문제점을 파악하고 퍼포먼스를 개선하는 데 효과적인 방법론으로 많이 활용되고 있습니다. 또한, 1920년대부터 사용된 AIDMA 모델(주의 → 흥미 → 욕구 → 기억 → 행동), 일본 광고사 덴츠에서 창안한 AISAS 모델(주의 → 흥미 → 검색 → 행동 → 공유) 등 조금만 공부하면 누구나 알고 이해할 수 있는 다양한 마케팅 모델이 존재합니다.

그러나 이러한 모델들은 주로 상품 구매와 재구매 중심의 영리 소비자에 기반하여 만들어졌고, 영리 구매전략에 최적화되어 있어, 사회문제 해결을 목표로 하는 정기후원 중심의 비영리단체 디지털 마케팅에 적용하는 데 어딘가 어색함이 있었습니다.

이러한 어색함 속에서, 2024년 구글 애널리틱스 4(GA4) 시대가 본격적으로 열리면서, 실제 데이터 분석을 통해 누구나 쉽게 활용할 수 있는 새로운 비영리 디지털 모금 모델을 발견하게 되었습니다. 비영리 모금의 큰 맥락으로 후원 이후의 유지 및 확장 과정까지 포함한 7단계 모델을 만들었지만, 이번 연구에는 GA4 데이터만으로도 분석할 수 있는 핵심적인 5가지 지표에 집중하여 정리했습니다.

건강한 유입을 발견하는 것이 핵심

이 새로운 모델의 가장 중요한 목표는 건강한 유입을 발견하는 것입니다. 건강한 유입이란 단순히 웹사이트에 방문하는 모든 트래픽이 아니라, 우리 단체의 활동과 캠페인에 관심을 가지고, 콘텐츠를 읽고, 후원을 고민하는 방문자의 유입을 의미합니다.

즉 광고를 통해 무조건 많은 방문자를 확보하는 것이 능사가 아니라, 모금 전환 가능성이 높은 유입을 찾아 확대하는 것이 핵심입니다. 따라서 건강한 유입이 발생하는 광고 채널, 콘텐츠, 커뮤니티, 제휴 채널, 온드 채널(Owned Channel) 등을 찾아내고, 이를 지속적으로 확대하는 전략이 필요합니다.

지금까지의 디지털 모금의 핵심 지표로 한 명의 후원자를 모집하는 데 드는 비용을 최소화하는 것에 집중했다면, 이와 함께 한걸음 더 나아가 단기적으로는 예산의 효율성을 높이고, 장기적으로는 후원 과정의 효과성을 극대화하는 방향으로 전환해야 합니다. 이는 광고 비용이 급증하는 환경 속에서 단체들이 보다 지속가능한 모금 전략을 구축할 수 있도록 돕는 중요한 전략적 접근모델로 활용될 수 있습니다.

이제 다시 마케팅의 기본으로 돌아가자

디지털 모금이 효과적으로 이루어지기 위해서는 단지 트래픽만의 증대가 아닌 올바른 타겟을 설정하고, 공감을 불러일으키는 메시지를 전달하며, 후원자의 경험을 최적화하는 것이 중요합니다. 우리 단체의 활동에 애정을 가질 명확한 타겟을 설정하는 세그먼트 마케팅을 위한 노력이 필요합니다.

캠페인은 단순히 우리 단체가 하고 싶은 이야기를 전하는 것이 아닙니다. 사람들이 공감할 수 있는 이야기, 후원자로서 의미를 느낄 수 있는 이야기여야 합니다. 또한 후원신청 과정이 복잡하거나 부담스럽다면 전환율은 급격히 낮아집니다. 후원자가 쉽고 편하게 참여할 수 있도록 경험을 설계하고 지속적으로 최적화해야 합니다.

이러한 기본 원칙을 바탕으로, 이번에 소개할 디지털 모금 성공을 위한 5가지 핵심지표 모델은 우리 웹사이트의 데이터를 활용해 성과를 객관적으로 측정하고 개선 방향을 도출할 수 있도록 돕습니다. 고비용 저효율의 시대, 이제는 더욱 효과적인 전략이 필요합니다. 다음 장에서 그 내용을 자세히 소개하겠습니다.

26.
디지털 모금 AID 모델로 분석한
2024년 단계별 후원 이탈률은?

▸ 비영리단체 웹사이트 방문자의 단 **0.4%**만 후원을 완료하며, **99.6%**는 후원하지 않고 이탈합니다.

2024년 약 5,550만 웹사이트 유입 데이터를 기반으로 디지털 모금 AID 모델 5단계에 실제 데이터를 대입해 분석했습니다. 각 단계별 지표는 주요 비영리단체의 평균값으로, 이를 기준으로 우리 단체 웹사이트 트래픽의 질을 진단해볼 수 있습니다.

1, 2단계 : 인지 유입 · 관심 행동
웹사이트 전체 유입을 100%로 보았을 때, 방문하자마자 아무 행동 없이 이탈한 비율은 61%였으며, 최소한의 관심을 보인 방문자, 즉 '관심 행동' 단계에 해당하는 유입은 **39%**로 나타났습니다. 우리 단체의 수치가 이보다 낮다면, 현재 유입을 만들고 있는 채널의 타겟이 적절한지 점검해볼 필요가 있습니다.

3단계 : 콘텐츠 완독
랜딩페이지에서 우리의 콘텐츠를 읽다가 중간에 이탈한 방문자는 17%였으며, 끝까지 콘텐츠를 읽은 '콘텐츠 완독' 단계의 방문자는 전체의 **22%**로 나타났습니다. 우리 단체의 이탈률이 이보다 높거나, 콘텐츠 완독률이 낮게 나타난다면 랜딩페이지의 내용 구성에 대한 점검이 필요하며, A/B 테스트를 통해 개선 방향을 찾아보는 것이 좋습니다.

디지털 모금 AID 모델의 2024년 각 단계별 전환율 _{차트 40}

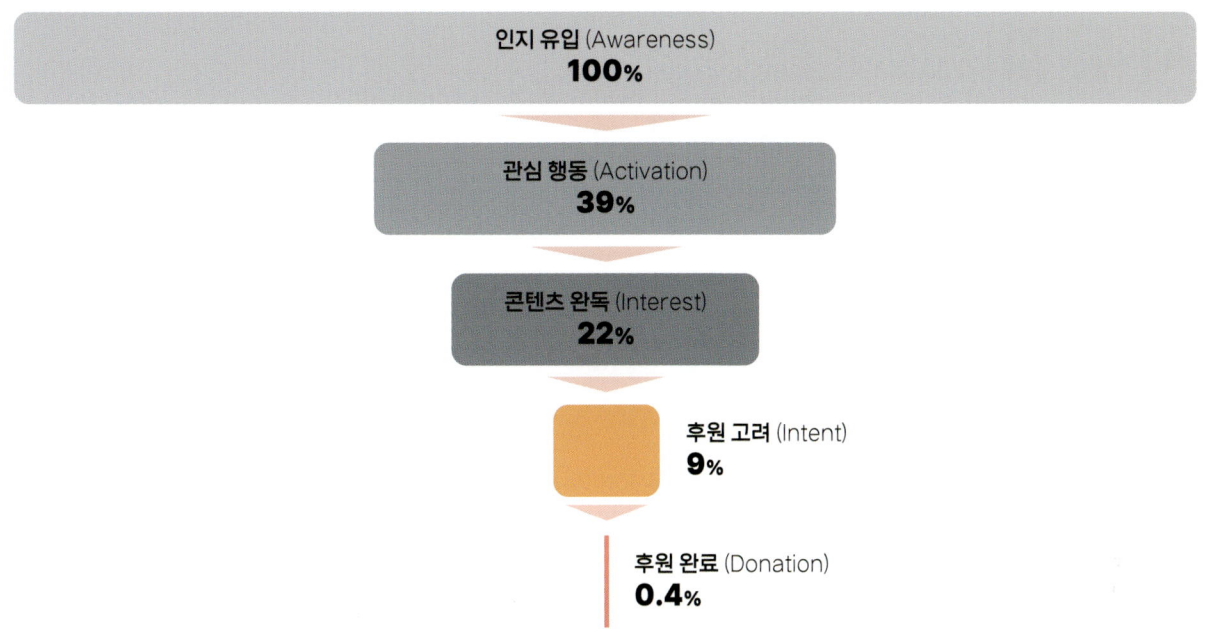

4단계 : 후원 고려

콘텐츠를 모두 읽었지만 후원에 참여하지 않고 이탈한 방문자는 전체의 13%였습니다. 한편 우리의 이야기를 끝까지 보고 '후원하기' 버튼을 클릭한 방문자, 즉 '후원 고려' 단계에 해당하는 비율은 **9%**로 분석되었습니다. 만약 이탈 비율이 지나치게 높거나 '후원 고려' 지표가 평균보다 낮다면, 콘텐츠에서 후원의 필요성을 충분히 설득력 있게 전달하고 있는지, 후원하기 버튼이 눈에 잘 띄는 위치에 배치되어 있는지, 후원으로 연결되는 경로가 직관적이고 쉽게 구성되어 있는지 등을 점검해볼 필요가 있습니다.

5단계 : 후원 완료

마지막으로 후원신청 페이지까지 진입했으나 후원을 포기하고 이탈한 방문자는 8.6%로, 일단 관심이 있어서 들어왔지만 대다수가 후원을 하지 않고 이탈하여 최종적으로 전체 유입의 **0.4%**만 후원을 완료하는 것으로 나타났습니다. 이처럼 후원 직전까지 도달한 방문자를 놓치지 않기 위해, 이들을 잠재후원자 대상으로 다시 타겟팅하거나, 후원 과정에서의 이탈 요인을 분석해 개선하는 등의 노력이 필요합니다. 우리 단체에서는 이 마지막 단계를 관리하고 있는 담당자가 누구인지, 이를 위한 구체적인 업무가 어떻게 배정되어 있는지 점검해보시기 바랍니다.

데이터 출처 누구나데이터 비영리단체 웹사이트 방문자 빅데이터

27.
인지 유입(Awareness) 단계의 유입경로별 이탈률은?

▸ 인지 유입 **1만 명** 중 바로 이탈하는 수는 **6,120명**,
   건강한 유입 수는 **3,880명**

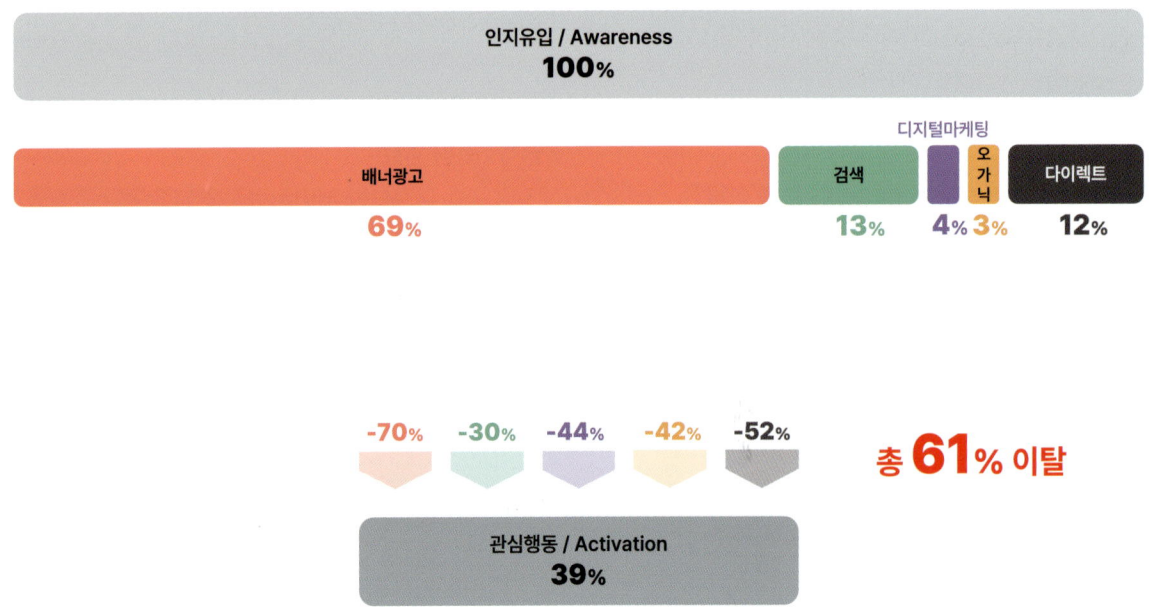

인지 유입(Awareness) 단계의 유입경로별 이탈률 차트 41

데이터 출처 누구나데이터 비영리단체 웹사이트 방문자 빅데이터

이번 분석에서는 5개 대표 유입 경로(배너광고, 검색, 디지털마케팅, 오가닉, 다이렉트)를 기준으로 2024년 데이터를 디지털 모금 AID 모델에 반영하여 분석하였습니다. 이를 통해 각 유입 경로의 효율성과 개선점을 파악할 수 있습니다.

배너광고 유입
전체 '인지 유입' 단계의 69%를 차지하며, 가장 많은 유입을 만들어 냅니다. 하지만, 배너광고 유입자의 70%가 큰 행동 없이 바로 이탈합니다. 광고 성과 최적화를 통해 불필요한 광고 예산 낭비를 줄일 수 있는 부분에 대해 점검할 수 있습니다.

검색 유입
전체 '인지 유입' 단계의 13%로, 배너광고 다음으로 높은 비중을 차지합니다. 검색 유입자는 자발적으로 정보를 찾는 방문자이기 때문에, 바로 이탈하는 비율이 30%로 가장 낮습니다.
이는 검색 유입이 후원 전환 가능성이 높은 건강한 유입 경로라는 것을 의미합니다. SEO 최적화, 키워드 광고 전략 등을 통해 검색 유입을 지속적으로 확대하는 것이 중요합니다.

디지털마케팅 유입
전체 '인지 유입' 단계의 4%를 차지합니다. 디지털마케팅 유입자 중 44%가 바로 이탈하는 것으로 나타났습니다. 이는 소셜미디어, 블로그, 이메일 마케팅 등을 통해 들어온 유입자들이 기대한 정보와 실제 콘텐츠가 일치하지 않는 경우가 많을 수 있음을 의미합니다.

오가닉 유입
전체 '인지 유입' 단계의 3%를 차지합니다. 오가닉 유입자의 42%가 바로 이탈하는 것으로 나타났습니다.

다이렉트 유입
전체 '인지 유입' 단계의 12% 를 차지합니다. 다이렉트 유입자의 52%가 바로 이탈하는 것으로 나타났습니다. 다이렉트 유입이 10%를 넘어서면 유입 경로 효율 분석의 정확도나 어려움이 발생할 가능성이 큽니다. UTM 코드 활용, 후원 경로 추적 등을 통해 다이렉트 유입 비중을 10% 이하로 유지하는 것을 추천합니다.

28.
관심 행동(Activation) 단계의 유입경로별 이탈률은?

▸ 관심 행동 **3,880명** 중 콘텐츠 읽기를 포기하고 이탈하는 수는 **1,691명**, 콘텐츠를 완독하는 수는 **2,189명**

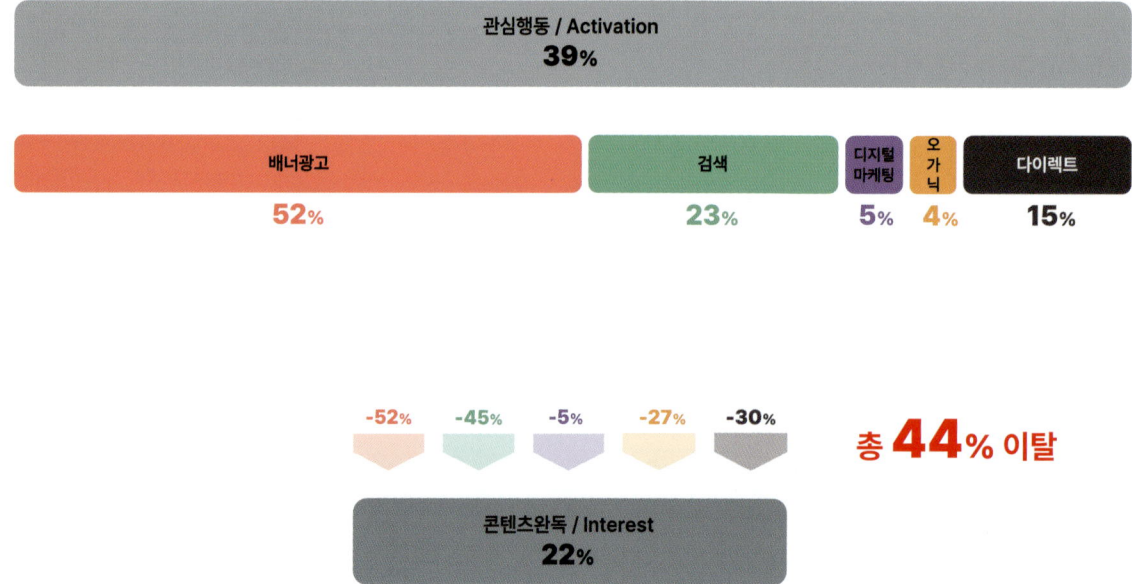

관심 행동(Activation) 단계의 유입경로별 이탈률 차트 42

데이터 출처 누구나데이터 비영리단체 웹사이트 방문자 빅데이터

이번 분석에서는 디지털 모금 AID 모델의 두 번째 단계인 '관심 행동'에서 세 번째 단계인 '콘텐츠 완독'까지의 흐름을 살펴보았습니다. 즉, 단체의 웹사이트를 방문한 '관심 행동' 단계 중에서 실제로 페이지의 콘텐츠를 끝까지 읽고(완독) 후원 전환 가능성이 높은 그룹을 파악하는 과정입니다.

배너광고 유입
전체 '관심 행동' 단계 유입의 52%를 차지하며 가장 많은 비중이지만, 페이지 콘텐츠를 끝까지 읽지 않고 이탈하는 비중 역시 52%로 가장 높게 나타났습니다.

검색 유입
전체 '관심 행동' 단계 유입의 23%로, 검색 유입자 중 45%는 페이지 콘텐츠를 끝까지 읽지 않고 이탈하는 것으로 나타났습니다.

디지털마케팅 유입
전체 '관심 행동' 단계 유입의 5%를 차지하지만 콘텐츠를 끝까지 보는 완독률이 95%로 가장 높게 나타났습니다. 디지털마케팅 유입자는 단체에 대한 관심이 높은 팔로워, 이메일 뉴스레터 구독자, 기존 후원자 커뮤니티 등에서 발생하기 때문에 참여형 마케팅을 통해 바이럴 마케팅 등에 최적화 된 그룹으로 볼 수 있습니다.

오가닉 유입
전체 '관심 행동' 단계 유입의 4%로, 오가닉 유입자 중 27%는 페이지 콘텐츠를 끝까지 읽지 않고 이탈하는 것으로 나타났습니다. 오가닉 유입 역시 자발적인 관심을 기반으로 유입된 방문자이므로 호기심과 흥미가 많은 그룹으로 볼 수 있습니다. 어떤 방문페이지로 많이 유입되고 있는지 분석하여 현재 사람들이 우리단체에 관심을 가지는 주제가 무엇인지 파악하는 용도로 활용할 수 있습니다.

다이렉트
전체 '관심 행동' 단계 유입의 15%로, 다이렉트 유입자 중 30%는 페이지 콘텐츠를 끝까지 읽지 않고 이탈하는 것으로 나타났습니다.

29. 콘텐츠 완독(Interest) 단계의 유입경로별 이탈률은?

▶ 콘텐츠 완독 **2,189명** 중 후원하기 버튼을 누르지 않고 이탈하는 수는 **1,321명**, 버튼을 눌러 후원신청 페이지에 방문하는 수는 **868명**

콘텐츠 완독(Interest) 단계의 유입경로별 이탈률 　차트 43

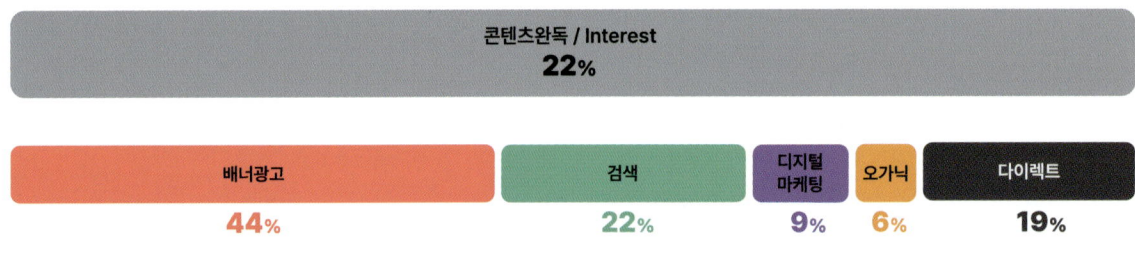

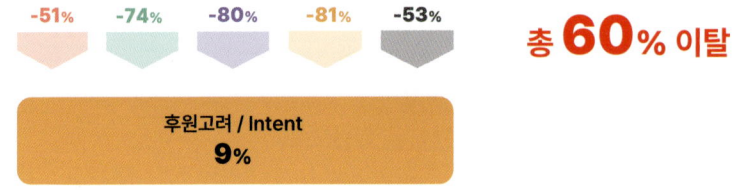

데이터 출처　누구나데이터 비영리단체 웹사이트 방문자 빅데이터

이번 분석에서는 디지털 모금 AID 모델의 세 번째 단계인 '콘텐츠 완독' 단계에서 네 번째 단계인 '후원 고려' 단계까지의 흐름을 살펴보았습니다. 이 과정은 페이지 콘텐츠를 끝까지 읽은 방문자 중 실제 후원신청 페이지로 이동한 비율을 파악하여, 가장 후원 전환 가능성이 높은 잠재후원자를 구분해내는 핵심 지표입니다.

배너광고 유입
전체 '콘텐츠 완독' 단계의 44%를 차지하며 가장 많은 비중을 나타냅니다. 이중 콘텐츠를 끝까지 읽고 후원신청 페이지로 이동한 비율이 49%로 5개 유입경로 중 가장 높게 나타났습니다. 즉, 배너광고를 통해 유입된 신규 방문자들이 콘텐츠를 끝까지 읽은 뒤 후원 참여로 이어지는 전환률이 가장 높게 나타난 것입니다. 이는 광고를 통해 단체를 처음 알게 된 유입자라도, 콘텐츠에 공감했을 경우 후원까지 이어질 가능성이 높다는 것을 보여주는 대표적인 흐름입니다.

검색 유입
전체 '콘텐츠 완독' 단계의 22%를 차지합니다. 검색 유입자 중 74%는 후원신청페이지에 유입되지 않고 이탈하는 것으로 나타났습니다. 검색을 통해 방문자가 원하는 정보를 얻고 나가는 경우가 높은 것을 볼 수 있습니다. 검색 유입자에게 후원 참여를 유도할 수 있는 명확한 CTA(Call to Action) 설계와 콘텐츠 말미의 후속 행동 유도가 마지막 이탈페이지 중심으로 잘 표현되어 있는지 점검해봅시다.

디지털마케팅 유입
전체 '콘텐츠 완독' 단계의 9%로, 디지털마케팅 유입자 중 80%는 후원신청페이지에 유입되지 않고 이탈하는 것으로 나타났습니다. 기존 후원자이거나 이미 후원 요청 메시지를 여러 번 받은 그룹으로 예상 되기에 후원신청 페이지까지 이어지는 비율은 20% 수준으로 낮게 나타났습니다.

오가닉 유입
전체 '콘텐츠 완독' 단계의 6%로, 오가닉 유입자 중 81%는는 후원신청페이지에 유입되지 않고 이탈하는 것으로 나타났습니다. 오가닉 유입은 검색 유입과 유사하게, 자연스러운 정보 탐색 경로로 유입된 방문자들이기에 후원 목적 보다는 관심사 정보 확인 중심으로 접근하는 경우가 많습니다.

다이렉트
전체 '콘텐츠 완독' 단계의 19%로, 다이렉트 유입자 중 53%는 후원신청페이지에 유입되지 않고 이탈하는 것으로 나타났습니다. 이는 배너광고 패턴과 유사하게 나타나는 특징을 볼 수 있습니다. 즉 다이렉트 비율이 높을 수록 배너광고 중 채널별 효율을 정확하게 측정하지 못하고 있을 가능성이 높고 이는 광고 성과측정과 비용의 투자가 잘못될 확률이 점점 높아질 수 있는 큰 의미를 담고 있습니다.

30.
후원 고려(Intent) 단계의
유입경로별 이탈률은?

▸ 후원 고려 단계 **868명** 중 후원하지 않고 이탈하는 수는 **828명**, 후원에 참여하는 수는 **40명**

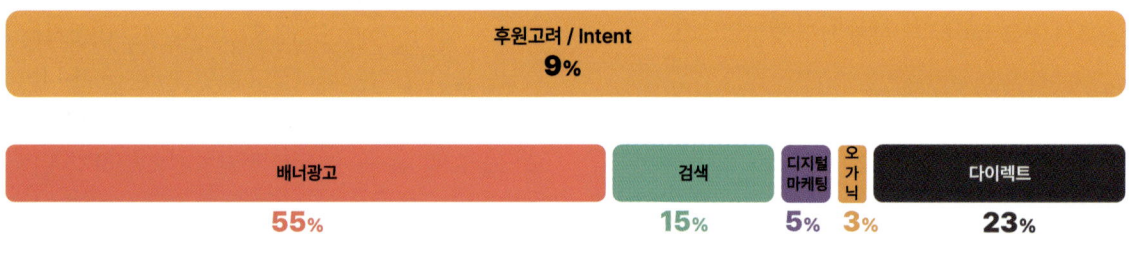

후원 고려(Intent) 단계의 유입경로별 이탈률   차트 44

후원고려 / Intent
9%

배너광고 55% | 검색 15% | 디지털마케팅 5% | 오가닉 3% | 다이렉트 23%

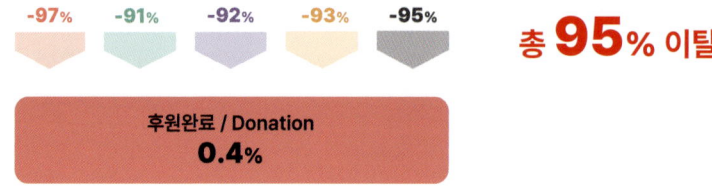

-97% -91% -92% -93% -95%   총 **95%** 이탈

후원완료 / Donation
0.4%

데이터 출처 누구나데이터 비영리단체 웹사이트 방문자 빅데이터

이번 분석에서는 디지털 모금 AID 모델의 네 번째 단계인 '후원 고려'에서 다섯 번째 단계인 '후원 완료'까지의 흐름을 살펴보았습니다. 이 단계는 방문자가 실제로 후원금액, 결제 방식, 개인정보 입력 등을 완료하고 후원을 마무리하는 마지막 전환 과정입니다. 하지만 이 과정에서 전체적으로 90% 이상의 높은 이탈률이 발생하였고, 특히 전체 평균 이탈률은 95%에 달하며, 이는 디지털 모금의 마지막 전환이 얼마나 어려운지, 그리고 후원 신청 과정의 진입 장벽이 여전히 크다는 사실을 보여줍니다.

배너광고 유입
전체 '후원 고려' 단계의 55%를 차지하며 가장 많은 비중을 나타냅니다. 이는 세번째 단계에서 가장 적은 이탈률을 보이면서 비중이 늘어났지만, 후원신청페이지에서 후원까지 전환율 3%를 나타내며 가장 전환율이 낮게 나타났습니다.

검색 유입
전체 '후원 고려' 단계의 15%로, 후원신청페이지에서 후원까지 9% 전환되면서 가장 높은 전환율을 나타내는 유입경로로 나타났습니다.

디지털마케팅 유입
전체 '후원 고려' 단계의 5%로, 후원신청페이지에서 후원까지 8% 전환되면서 전환율이 높은 유입경로로 나타났습니다.

오가닉 유입
전체 '후원 고려' 단계의 3%로, 후원신청페이지에서 후원까지 7% 전환되면서 전환율이 높은 유입경로로 나타났습니다.

다이렉트
전체 '후원 고려' 단계의 23%로, 후원신청페이지에서 후원까지 5% 전환되면서 평균 전환율을 나타내는 유입경로로 나타났습니다.

우리는 대부분 디지털 모금을 위해 광고 집행과 캠페인 기획에 많은 시간과 리소스를 집중하고 있습니다. 하지만 이번 분석을 통해 확인한 것처럼, 디지털 모금의 가장 큰 이탈은 마지막 전환 단계에서 발생하고 있습니다.
즉, 많은 사람을 유입시킨다고 해서 후원이 자동으로 이루어지는 것은 아닙니다. '유입 대비 후원 전환율'을 분석하고 관리하는 것은 디지털 모금의 핵심 지표 중 하나이며, 이 지표를 중심으로 처음 방문부터 후원 완료까지의 모든 흐름을 데이터에 기반하여 분석하고 개선하는 통합 전략이 필요합니다. 단순히 광고 효율만 따지던 과거 방식에서 벗어나, 이제는 5가지 주요 유입 경로를 통해 '건강한 유입'을 만들고, 관심을 이끌어내며, 후원 전환까지 이어질 수 있도록 전체 여정을 설계하는 통합적 전략이 필요한 시대 입니다. 이러한 방향성은 앞서 설명한 '국내 비영리단체의 디지털 모금 마케팅 유형 분석'(차트 37) 중 광고 중심의 퍼포먼스 유형에서 오가닉 중심의 유입과 콘텐츠 기반 확장을 지향하는 콘텐츠 마케팅 유형으로 전환하는 흐름에 필수적으로 필요한 분석 과정 입니다. 이제는 한 명의 후원자를 얻기 위한 비용과 효율성만이 아닌, 어떤 경로로 어떤 흐름을 따라 후원자가 탄생했는지를 파악하고, 그 여정을 최적화하는 전략이 필요합니다. 이것이 디지털 모금의 지속가능성을 높이고, 나아가 더 많은 사람들과 사회문제 해결의 여정을 함께 만들어가는데 큰 전환점이 될 것입니다.

31.
후원 완료(Donation) 단계의
유입경로별 정기·일시후원 비중은?

▶ 후원 완료자 **40명** 중 정기후원자 수는 **25명**, 일시후원자 수는 **15명**

후원 완료(Donation) 단계의 유입경로별 정기·일시후원 비중   차트 45

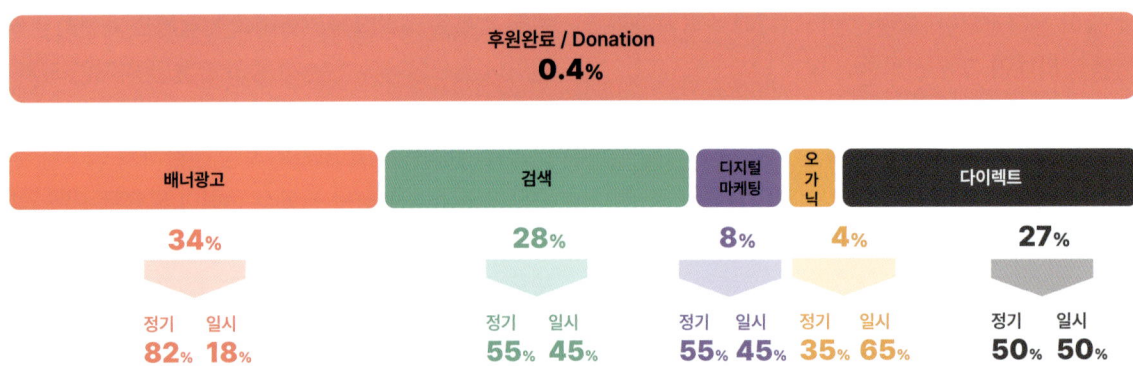

이번 분석에서는 디지털 모금 AID 모델의 마지막 단계인 '후원 완료' 단계에 실제 참여한 후원자들의 특성을 유입경로와 후원 방식(정기·일시) 기준으로 분석했습니다. 이번 분석을 통해, 비영리단체가 유도한 후원 방식과 실제 후원자의 선택 사이에 차이가 발생하고 있음을 데이터 분석의 결과로 나타났습니다.

배너광고 유입
전체 '후원 완료' 단계 중 34%를 차지하며 가장 많은 비중을 보였습니다. 하지만 처음 '인지 유입' 단계 69% 대비 50% 감소된 비중으로 나타났습니다. 배너광고는 모금을 위해 필수적 채널이지만 점차 높아지는 광고비용을 효과적으로 활용할 수 있는 전략을 장단기적 관점으로 봐야 할 시기

데이터 출처 누구나데이터 비영리단체 웹사이트 방문자 빅데이터

입니다. 특이하게도, 후원자 중 정기후원 비율은 82%로, 다른 경로 대비 매우 높게 나타났습니다. 이는 앞선 모금 캠페인 정기·일시 참여방식 분석(차트 12)에서 확인된 바와 같이, 정기후원만 신청 가능한 캠페인 페이지가 비영리단체에서 전략적으로 늘어난 트렌드와 함께 나타난 결과로 해석 할 수 있습니다. 정기후원 중심 전략은 투자 대비 수익률(ROI)을 올릴 수 있는 단체 입장에서는 매력적인 전략이지만, 일시후원을 원하는 방문자의 선택권을 제한함으로써 이탈과 잠재적 기회를 잃을 위험도 함께 존재합니다. 마케팅의 본질은 고객(후원자)의 입장에서 생각하는 것이며, 선택권을 보장하는 구조가 장기적으로 더 큰 성과로 이어질 수도 있습니다.

검색 유입

전체 '후원 완료' 단계 중 28%를 차지하며, 처음 '인지 유입' 단계 13% 비중 대비 2배 이상 증가한 수치로 전환율이 매우 높게 나타났습니다. 후원 유형은 정기후원 55%, 일시후원 45%로 후원자의 후원방식 선택 자율성이 보장된 흐름의 결과로 이해할 수 있습니다. 검색 유입은 단체에 대해 이미 어느 정도 관심을 가지고 자발적으로 정보를 찾는 경로이기에, 페이지 구성과 메시지 신뢰도가 높다면 자연스럽게 후원으로 이어질 수 있습니다.

디지털마케팅 유입

전체 '후원 완료' 단계 중 8%를 차지하며, 처음 '인지 유입' 단계 4% 비중 대비 2배 증가했습니다. 이는 온드채널(Owned Channel: 단체가 자체 운영하는 채널)의 전략적 운영과 홍보가 후원 전환에 효과적이라는 증거로 볼 수 있습니다. 후원 유형은 정기후원 55%, 일시후원: 45%로 검색 유입과 유사한 비율을 보이며, 기존 팔로워나 뉴스레터 구독자, 기존 후원자 등 충성도 높은 잠재후원자가 참여한 것으로 예상됩니다.

오가닉 유입

전체 '후원 완료' 단계 중 4%를 차지하며, 처음 '인지 유입' 단계 3% 대비 소폭 증가한 결과를 보였습니다. 오가닉 유입은 광고비 없이 자연스럽게 유입되는 경로로, 전체 비율은 낮지만 전체 캠페인 효율을 높이는 긍정적인 영향을 주는 유입 경로입니다. 후원 유형은 정기후원 35%, 일시후원 65%로 일시후원 비중이 높게 나타나는 특징을 보였습니다. 이는 단기적인 관심과 자발적 방문자 특성이 반영된 결과로 해석되며, 소규모 기부, 관심 기반 콘텐츠 유도 전략이 장기적으로 효과적일 수 있습니다.

다이렉트 유입

전체 '후원 완료' 단계 중 27%를 차지하며, 처음 '인지 유입' 단계 12% 대비 2.3배 이상 증가한 결과를 보였습니다. 다이렉트 유입은 광고나 캠페인 링크의 UTM이 누락되거나, 문자·카카오톡·소셜 링크 공유 등에서 발생하는 경우가 많아 정확한 유입 출처를 알기 어렵고, 트래킹이 되지 않는 비중이 단계별로 계속 증가하고 있는 흐름을 보였습니다. 이는 2024년 GA4 활용 100% 시대가 시작되면서 전환하는 과정에서 트래킹이 안되는 비율이 늘어난 이유도 있겠지만, 새로운 변화에 빠르게 적응하고 우리의 데이터 정확도를 점검하고 제대로 활용할 수 있는 환경을 구축하는 것은 매우 중요합니다. (인지유입 12% → 관심행동 15% → 콘텐츠완독 19% → 후원고려 23% → 후원완료 27%) 후원 유형은 정기후원과 일시후원이 각각 50%씩 반반으로 나타났습니다.

32.
빅데이터를 통해 발견한 디지털 모금 성과를 위한 4가지 실천 전략은?

실제 우리 단체의 데이터와 비교해보세요. 주별, 월별, 분기별, 연간 1만 유입수 대비 우리 단체는 몇 명의 후원자를 만들고 있을까요? 결과가 좋지 않다고 실망하지 않아도 됩니다. 2024년 비영리 디지털 모금 표준 지표 역시 유입수 중 99.6%가 이탈하는 흐름을 나타내고 있습니다. 중요한 건 이탈을 줄이고 전환을 높이기 위해 우리는 앞으로 어떤 행동을 할 수 있느냐 입니다. 지금까지 이야기한 내용을 기반으로 디지털 모금을 성공적으로 하기위해 행동으로 옮길 수 있는 내용을 정리했습니다.

하나. 건강한 유입 채널을 발견하고 집중하자
후원 전환율을 높이기 위해서는 단순히 많은 유입을 확보하는 것이 아니라, 모금으로 이어질 가능성이 높은 '건강한 유입'이 발생하는 채널을 분석하고 확대하는 전략이 필요합니다. 광고, 검색, 소셜미디어, 온드 채널 등 다양한 유입 경로 중에서 어떤 채널이 후원으로 이어지는 확률이 높은지 데이터를 통해 파악하고, 효과적인 채널에 더 많은 자원을 집중해야 합니다.

둘. 후원자의 입장에서 읽고 싶은 이야기를 기획하자
후원자가 되는 과정에서 가장 중요한 것은 잠재후원자가 우리의 이야기에 공감할 수 있도록 콘텐츠를 구성하는 것입니다. 단순히 단체가 전달하고 싶은 메시지를 일방적으로 나열하는 것이 아니라, 후원자가 공감할 수 있는 스토리텔링을 통해 '왜 지금 내가 이 후원을 해야 하지?' 라는 질문에 직관적으로 메시지를 던져야 합니다. 이 모든 것을 읽기 쉽고, 읽고 싶게 기획하는 것이 중요합니다.

셋. 후원 참여는 모바일 관점에서 쉽고 편리하게 만들자
후원자가 관심을 가지고 후원 참여를 결정했음에도 불구하고, 복잡한 신청 과정이나 불편한 결제 방식으로 인해 이탈하는 경우가 많습니다. 따라서 후원자가 원하는 방식(정기·일시 후원 선택, 간편 결제 등)을 쉽게 선택할 수 있도록 제공하고, 신청 절차를 간소화하는 것이 중요합니다. 그리고 이제는 현금도 카드도 아닌 모바일 간편 결제를 합니다. 무엇이든 모바일 관점은 매우 중요합니다.

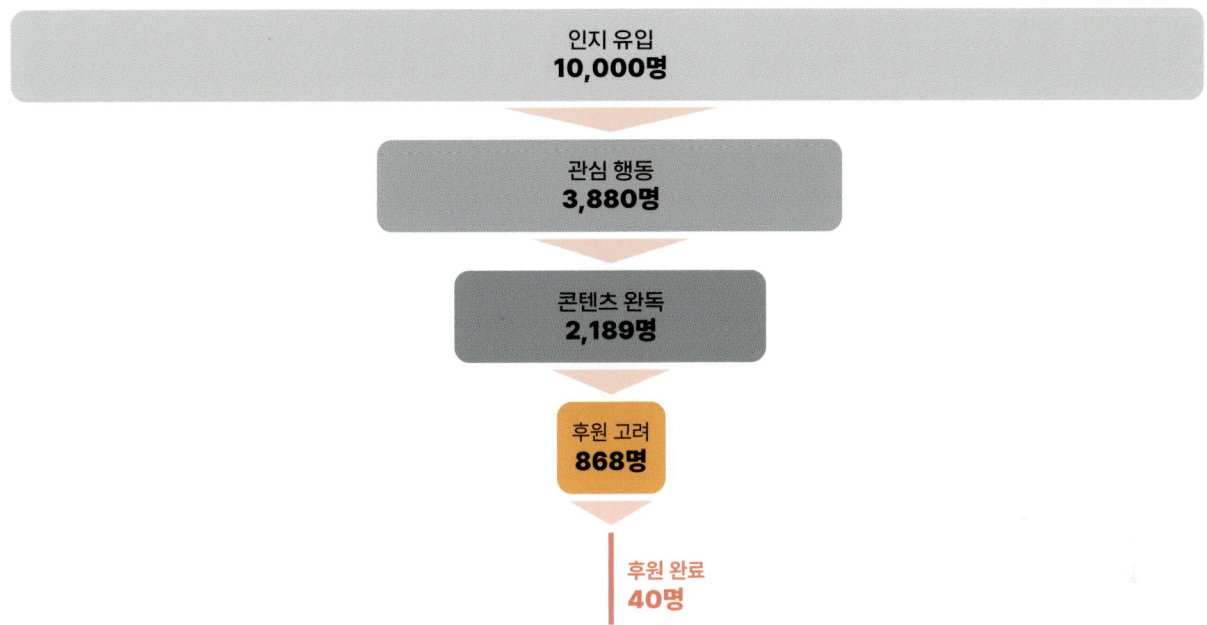

2024년 비영리 디지털 모금 표준 지표 _{차트 46}

넷. 후원 참여의 긴 여정을 참고 이겨낸 후원자에게 감동을 주는 첫인상을 남기자

디지털 모금은 단순히 후원자를 모집하는 것이 아니라, 후원자와의 관계를 형성하고 지속적인 신뢰를 쌓아가는 과정입니다. 그렇기에 후원을 완료한 후, 후원자에게 남기는 첫인상은 매우 중요합니다. 후원자가 자신의 참여가 가치 있다고 느끼고, 단체와의 긍정적인 관계를 형성하는 계기가 되어야 합니다. 첫인사 전략을 잘 구축하면 후원자 스스로 단체를 알리는 매우 귀중한 단체의 바이럴 마케터가 되어 줍니다. 후원이 끝이 아니라 전략에 따라 후원이 디지털 모금 마케팅의 시작이 될 수 있습니다.

또한 첫인상은 후원자 유지율에 큰 영향을 줍니다. 후원자는 단순한 숫자가 아니라, 단체의 사명을 함께하는 동반자입니다. 후원 직후의 경험이 긍정적일수록 장기적인 관계 유지 가능성이 높아집니다. 따뜻한 환영 메시지, 후원금이 어떻게 사용될 것인지에 대한 설명, 후원자로서의 의미를 강조하는 콘텐츠를 제공하여, 후원자가 단체와 지속적으로 연결될 수 있도록 유도해야 합니다.

마지막으로 이 모든 것을 실행하기 위해 정확한 데이터 수집과 분석은 가장 핵심입니다.

데이터 출처 누구나데이터 비영리단체 웹사이트 방문자 빅데이터

33.
디지털 모금 전략을 수립하기 위한 필수 질문 6가지는?

질문1. 지금 우리 단체는 어떤 모금 마케팅 유형에 속하나요?

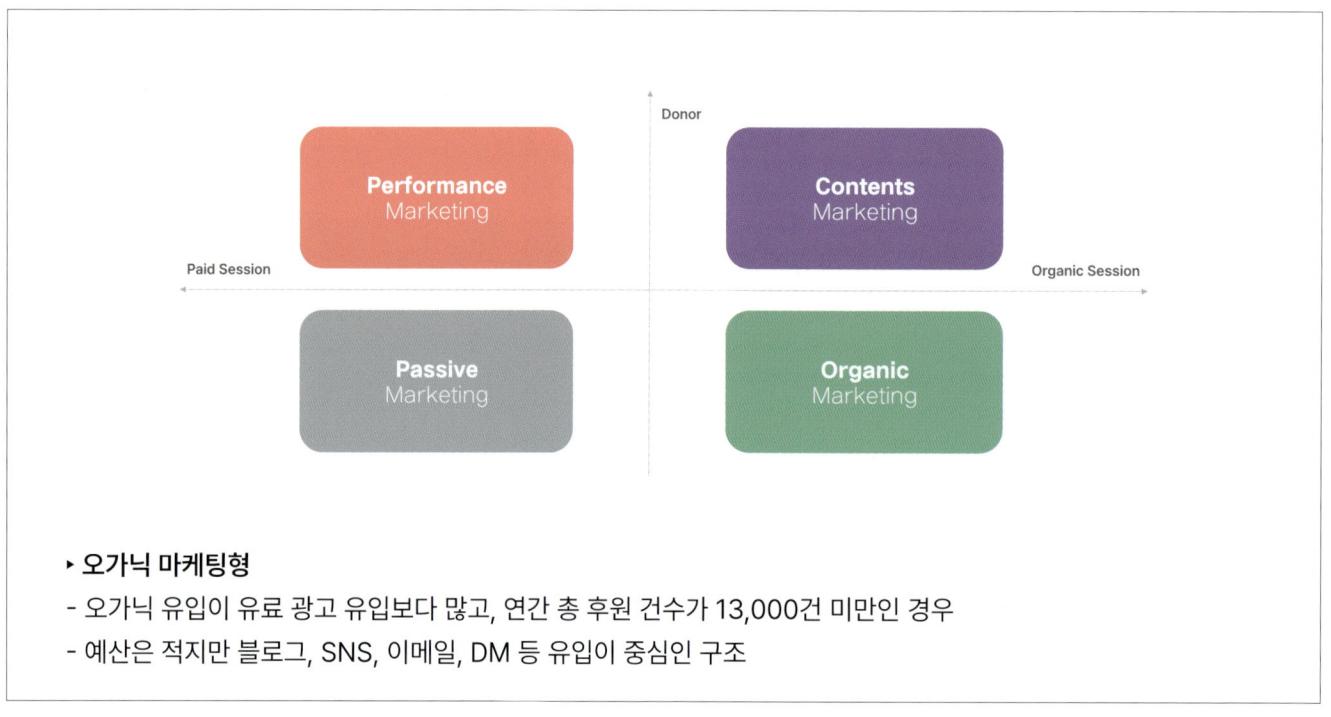

▸ 오가닉 마케팅형
- 오가닉 유입이 유료 광고 유입보다 많고, 연간 총 후원 건수가 13,000건 미만인 경우
- 예산은 적지만 블로그, SNS, 이메일, DM 등 유입이 중심인 구조

▸ **패시브 마케팅형**
- 유료 광고 유입이 오가닉 보다 많고, 연간 총 후원 건수가 13,000건 미만인 경우
- 디지털 광고를 시작했지만 아직 전환율이 낮고 디지털 광고를 테스트 형태로 진행하는 경우

▸ **퍼포먼스 마케팅형**
- 유료 광고 유입이 오가닉 보다 많고, 연간 총 후원 건수가 13,000건 이상인 경우
- 대표 캠페인을 중심으로 광고 예산과 목표를 운영하고 있는 유형

▸ **콘텐츠 마케팅형**
- 오가닉 유입이 유료 광고 유입보다 많고, 연간 총 후원 건수가 13,000건 이상인 경우
- 검색 최적화, 채널 믹스, 대표 캠페인 등 통합 전략으로 지속적인 유입과 전환 구조가 잡힌 상태

→ **우리 단체는 현재 _____ 유형입니다.**

질문2. 단기적으로 목표할 유형은 무엇인가요?

현재 역량과 예산, 팀 구조를 고려할 때 1년 안에 도달할 수 있는 실현 가능한 유형을 선택하세요.

→ **우리 단체가 도달하고자 하는 단기 전략 목표는 _____ 유형입니다.**

질문3. 장기적으로 목표할 유형은 무엇인가요?

2~3년 안에 디지털 모금 구조를 확장하고 안정화시키기 위한 목표 방향 지점을 선택하세요.

→ **우리 단체가 도달하고자 하는 장기 전략 목표는 _____ 유형입니다.**

장기 전략 목표를 위해 필요한 자원을 우선순위로 3가지를 구체적으로 정리해보세요
1) _____
2) _____
3) _____

질문4. 디지털 모금 AID 모델 5단계의 데이터를 측정하고 있나요?

우리 단체 웹사이트의 실제 데이터를 기준으로 다음 표를 채우고 나의 모금 마케팅을 진단하세요.
만일 디지털 모금을 위한 필수 데이터가 측정되고 있지 않다면 이를 측정할 수 있는 시스템을 먼저 마련해야 합니다.
* 누구나데이터의 모금 분석 솔루션을 통해 손쉽게 측정이 가능합니다. (https://nuguna.org)

유입경로 유형	1. 인지 유입	2. 관심 행동	3. 콘텐츠 완독	4. 후원 고려	5. 후원 완료
배너광고	예) 10,000 (100%)	3,000 (30%)	1,400 (14%)	700 (7%)	20 (0.2%)
검색					
디지털마케팅					
오가닉					
다이렉트					
총 유입수 (계)					

2024년 유입경로 유형별 디지털 모금 AID 모델 표준 지표 _차트 47_

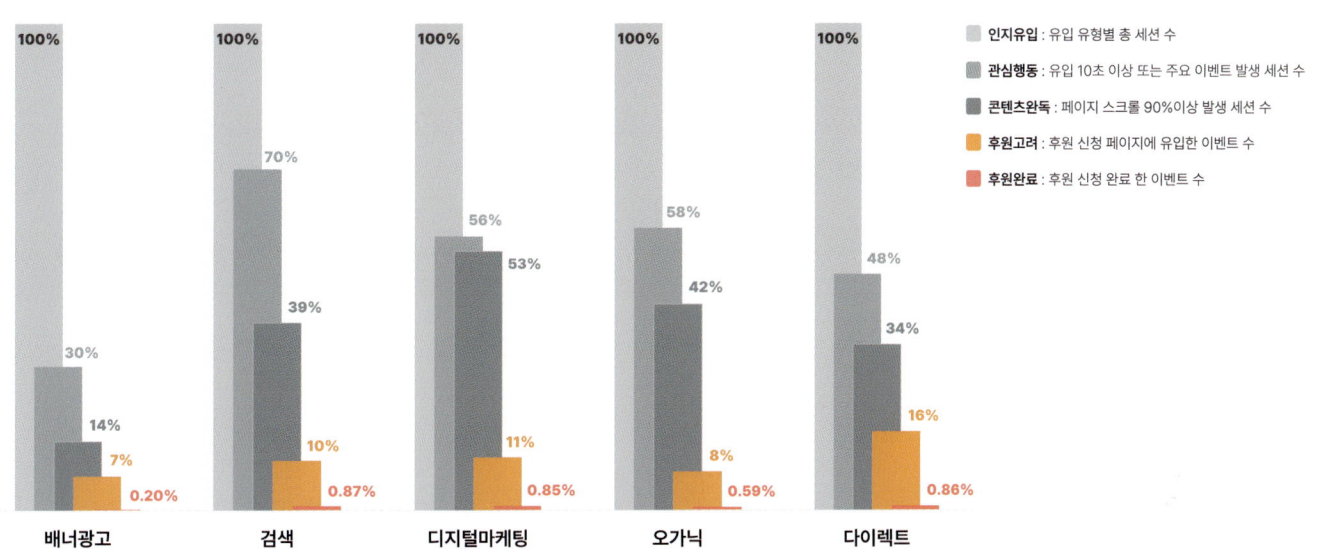

질문5. 현재 우리 단체는 어떤 유입경로가 좋은 후원 성과를 거두고 있나요?

후원수가 많거나, 후원 전환율이 높은 유입경로는 무엇인가요?
반면 후원 성과가 낮아서 개선이 필요한 유입경로는 무엇인가요?

→ 우리 단체는 _____ 유입경로에서 강점을 보이고 있습니다.
→ 우리 단체는 _____ 유입경로가 취약하여 개선이 필요합니다.

질문6. 목표한 모금 마케팅 유형에 도달하기 위해 유입량을 늘려야 할 유입경로는?

(예 : 퍼포먼스 마케팅형으로 가기 위해 배너광고의 유입수를 월 5만명까지 확대 필요)

→ **우리 단체는 _____ 마케팅형에 도달하기 위해**
  _____ 의 유입수를 _____ 까지 확대할 것입니다.

119

3장.
디지털 모금이 시작되는
5가지 유입경로
트렌드 리포트

3장은 지난 4년간의 비영리 빅데이터를 바탕으로
디지털 모금의 출발점이라 할 수 있는 5가지 주요 유입경로 유형별 흐름과 성과를 분석한 내용입니다.

각 유입 유형에 대해 유입수, 정기후원, 일시후원으로 이어진 전환 성과를 중심으로,
어떤 채널이 실제 모금에 효과적인지, 어디에 집중하고, 앞으로는 무엇을 고민해야 할지를
인포그래픽과 함께 자세히 담았습니다.

비영리단체들이 디지털 모금을 위한 주요 채널을 한눈에 파악하고,
우리 단체에 맞는 실질적인 전략을 세우는 데 기준이 되는 지표로 활용될 수 있습니다.

디지털 환경이 복잡해질수록 단순히 유입을 늘리는 것이 아니라
효과적인 유입 경로를 발견하고 전략적으로 관리해 나가는 것이 중요해졌습니다.
12개의 질문이 우리 단체의 건강한 유입을 만드는 전략을 수립하는 데 도움이 되길 바랍니다.

34.
배너광고, 여전히 효과적일까?

▶ 효과성은 **점점 낮아지지만** 여전히 모금에 **중요한 채널**이다

2021년부터 2024년까지 4년간의 데이터를 분석해 보면, 배너광고를 통한 유입 비율은 57%에서 69%까지 증가하는 흐름을 보였습니다. 디지털 모금에서 배너광고는 여전히 가장 많은 유입을 만들어내는 핵심 채널로, 이 유입이 전체 모금 성과에 미치는 영향 또한 매우 크다는 점을 확인할 수 있습니다.

정기후원수 비율은 지난 4년간 최저 41%에서 최고 45%까지 소폭 상승하였으나, 유입이 증가한 것에 비해 후원 전환 효율은 오히려 낮아진 결과로 해석할 수 있습니다. 이는 배너광고로 만들어 낼 수 있는 정기후원 전환 수의 성장이 정체된 상태임을 의미합니다.

일시후원은 2021년 25%에서 시작해 2023년에는 13%까지 감소하는 하락세를 보이다가, 2024년 들어 다시 반등하는 움직임이 나타났습니다. 흥미로운 점은, 2022년과 2023년 우크라이나와 튀르키예 긴급구호 이슈로 인해 일시후원이 전체적으로 늘어난 것과는 반대로,

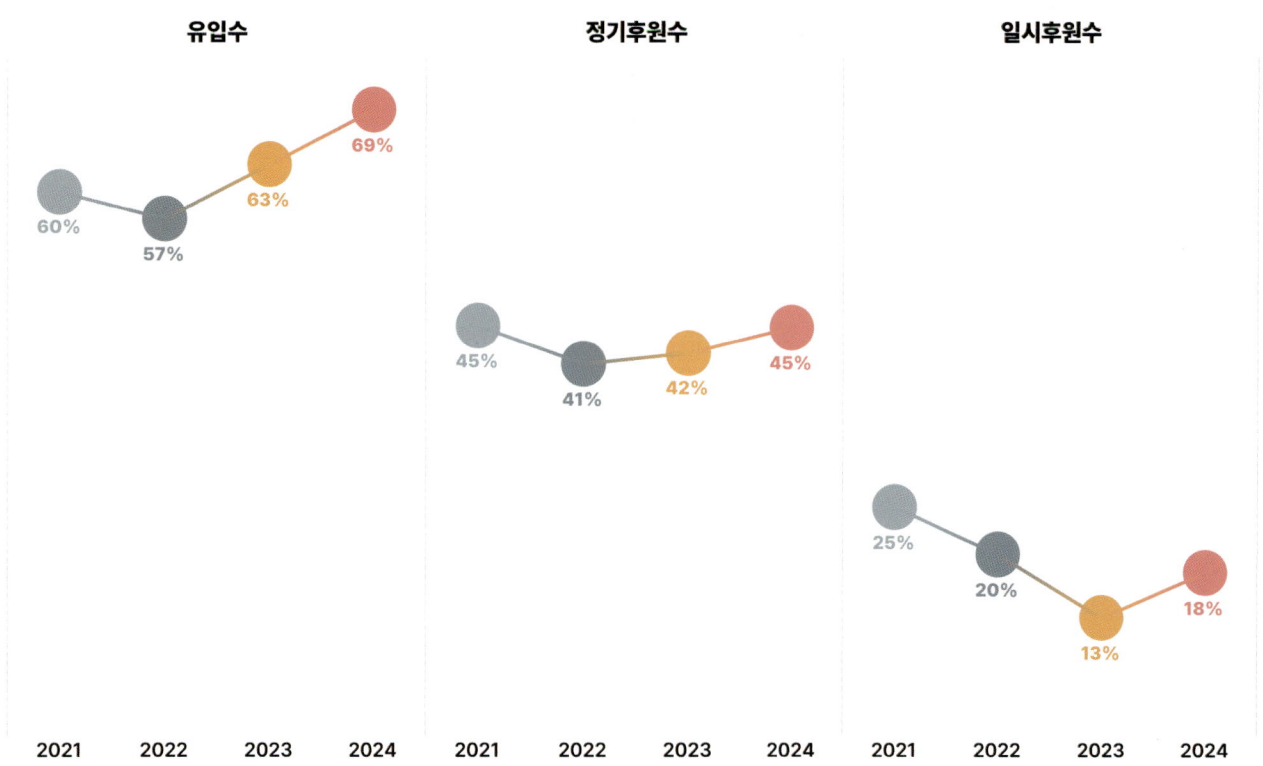

배너광고에서는 오히려 일시후원이 감소하는 상반된 경향이 나타났다는 점입니다.

이는 배너광고가 정기후원자 모집을 목표로 설계된 후원신청 페이지 중심으로 운영되고 있다는 점(차트 12)을 보여주는 결과입니다. 광고 예산이 투입되는 만큼, 투자 대비 수익률을 고려해 정기후원을 유노하는 선략이 비영리모금에서 이루고 있는 것으로 해석할 수 있습니다. 그러나 이러한 구조는 일시후원을 원하는 후원자들을 놓치는 결과를 초래할 수 있으며, 궁극적으로 모금의 총 효율성과 수익률에 오히려 나쁜 영향을 줄 수도 있습니다.

따라서 배너광고 모금 전략은 단순히 많은 유입을 확보하는 것을 넘어, 이 유입이 실제로 얼마나 후원으로 전환되고 있는지, 정기와 일시 후원의 비중은 어떻게 변화하고 있는지, 그리고 전체 비용과 후원금에 따른 수익률이 어떤 흐름을 보이고 있는지를 정기적으로 점검해야 합니다.

데이터 출처 누구나데이터 비영리단체 웹사이트 방문자 빅데이터

35.
2024년 정기후원이 많았던
광고 채널은 무엇이었을까?

▸ 1위 **메타** 모바일 광고

▸ 2위 **네이버** PC 광고

이번 분석에서는 2024년 한 해 동안 배너광고를 통해 정기후원을 많이 만들어낸 상위 10개 채널의 성과를 분석하였습니다. 광고 효율성과 전환율은 단순 유입수만으로는 파악하기 어려운 만큼, 정기후원 전환 수 기준으로 성과를 분석하여 각 채널의 특성과 전략적 활용 가능성을 살펴보았습니다.

가장 많은 정기후원을 만들어낸 채널은 메타 모바일 광고로 나타났습니다. 정기후원 TOP 10 채널 전체 유입 비율은 13%에 불과하지만, 정기후원 수는 무려 35%를 차지하며 압도적인 전환 효율을 보였습니다. 이는 개인화 타겟팅 기능이 가장 정교하게 적용된 채널로, 효율적인 타깃 설정이 성과에 큰 영향을 준 것으로 해석됩니다. 두 번째로 높은 성과를 보인 채널은 네이버 PC 광고였습니다. 전년 대비 유입 비율과 정기후원 비율이 감소하였지만 여전히 효과적인 채널임을 보여주었습니다. (23년 유입 28%, 정기후원 28%)

채널별 특성도 비교해 볼 수 있습니다. 메타와 유튜브 광고의 경우 사용자의 행동 기반 데이터를 활용한 타겟팅 광고가 가능한 채널로, 정확한 타깃 설정 시 높은 성과를 기대할 수 있는 반면, 클릭당 광고 단가(CPC)가 높고, 맞춤타깃 또는 유사타깃의 설정을 제대로 활용하지 못할 경우 오히려 고비용 저효율 광고 채널이 될 수 있습니다.

구글, 카카오와 같은 채널은 관심사 또는 대중 기반 타겟팅이 주로 사용되며, CPC가 낮고 유입을 많이 확보할 수 있는 장점이 있습니다. 그러나 전환율은 상대적으로 낮을 수 있으며, 캠페인의 소재와 타깃 설정이 정확해야만 비용 효율을 확보할 수 있습니다.

2024년 배너광고 채널별 정기후원 모금 성과 분석 차트 49

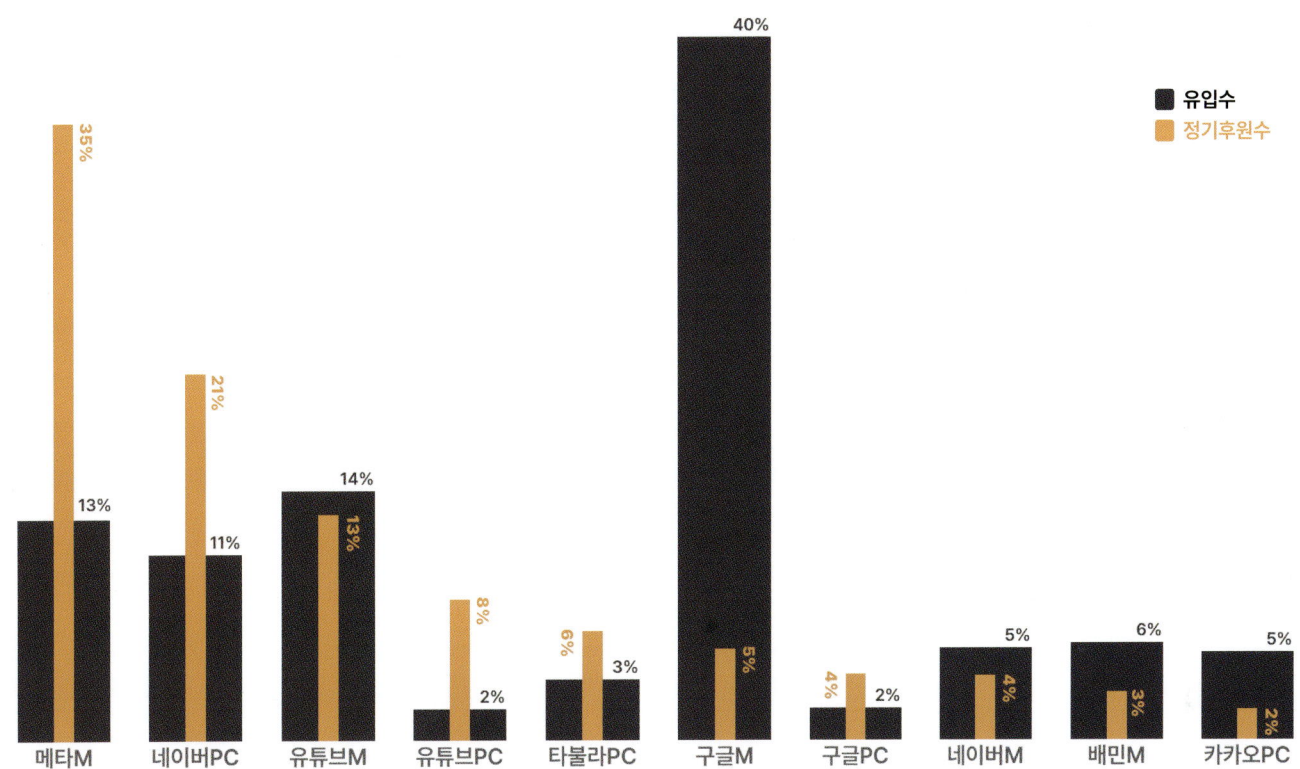

2023년과 비교해 보면 몇 가지 주목할 만한 변화가 있었습니다. 타불라(Taboola) PC 광고는 꾸준한 성장을 통해 전년도 7위에서 올해는 5위로 상승, 새로운 모금 채널로 자리매김하고 있습니다. 반면, 네이버 모바일 광고는 유입과 정기후원 모두 감소하며 전년도 4위에서 올해 8위로 하락했습니다. (2023년 : 유입 14%, 정기후원 6%)
2024년 새롭게 TOP 10에 진입한 광고 채널로는 '배달의민족 모바일 앱 배너광고가 등장해 눈길을 끌었습니다. 이는 비영리단체들이 다양한 앱 기반 광고 채널에도 모금을 위한 실험을 확장하고 있음을 보여주는 신호로 해석할 수 있습니다.

데이터 출처 누구나데이터 비영리단체 웹사이트 방문자 빅데이터

정기후원 성과를 이끄는 배너광고 TOP5 채널의 트렌드 차트 50

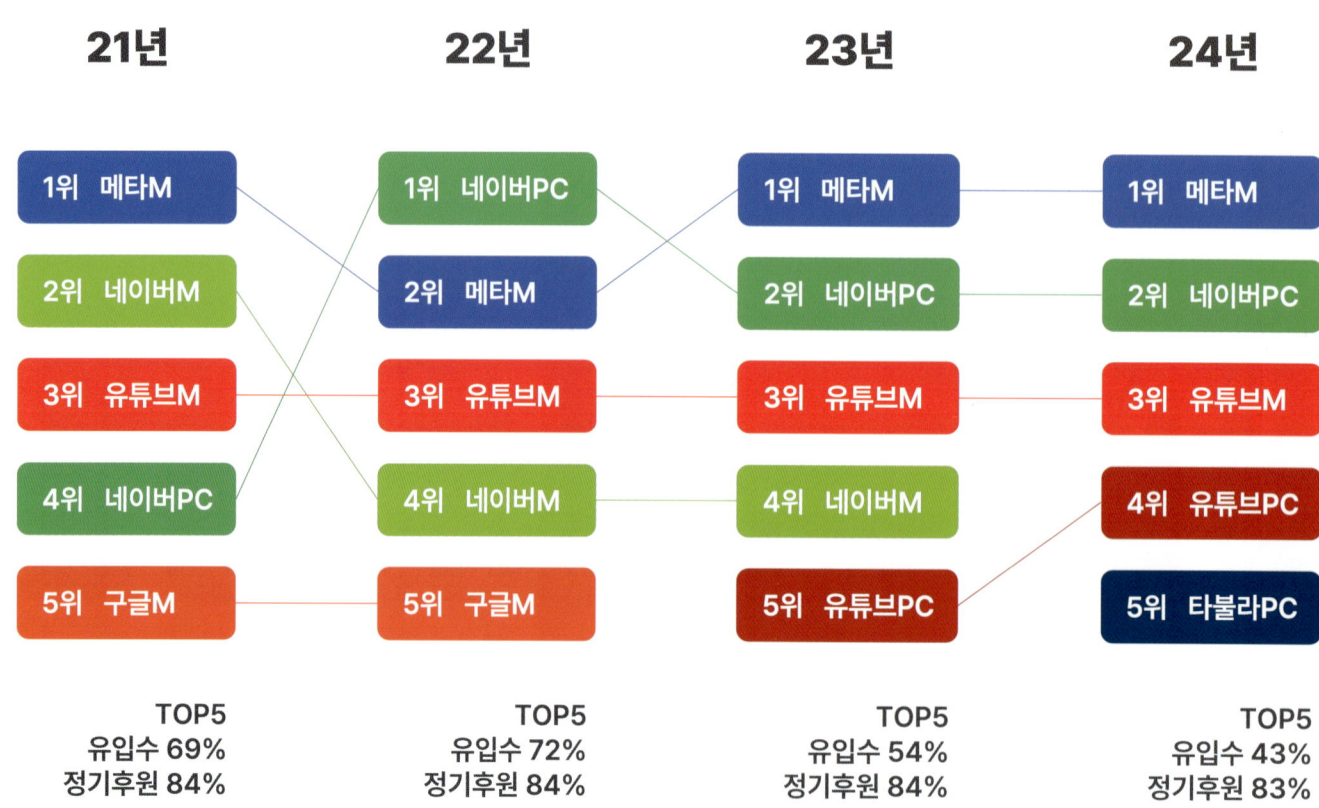

▸ TOP5 채널이 차지하는 정기후원 비율 : **83%**

2021년부터 2024년까지 4년간의 데이터를 분석해 보면, 정기후원 전환 성과를 이끌고 있는 주요 배너광고 채널은 메타 모바일광고, 네이버 PC광고, 유튜브 모바일광고 3가지 채널이 전체 정기후원 퍼포먼스의 중심축을 이루고 있음을 볼 수 있습니다. 나머지 채널들은 성과에 따라 순위 변동이 계속되고 있음을 볼 수 있습니다.

TOP5 채널의 정기후원 비율은 매년 83%에서 84%로 거의 변화 없이 유지되고 있습니다. 이러한 수치는 곧, 디지털 모금에서 상위 5개 채널을 전략적으로 공략해야 하는 상위 우선순위를 갖고 있다는 사실을 보여줍니다.

한편, 이와 같은 데이터 흐름은 한 가지 중요한 시사점을 던져줍니다. 정기후원을 위한 새로운 광고 채널의 뚜렷한 성장세가 아직까지는 보이지 않고 있다는 점입니다. 이는 향후 배너광고 기반의 모금 시장이 확장보다는 정체 혹은 세분화된 전략 중심의 경쟁 구도로 변화할 가능성이 높다는 뜻이기도 합니다.

즉, 광고 채널 자체의 확장보다는 같은 채널 안에서 얼마나 높은 공감과 참여의 필요성을 이끌어낼 수 있는 캠페인 콘텐츠를 만들 수 있는가, 그리고 그 콘텐츠를 얼마나 적절한 시점과 예산으로 운영할 수 있는가의 디테일한 전문성이 앞으로 성과를 결정짓는 핵심 요소가 될 것입니다.

결국 앞으로의 디지털 모금은 채널을 새롭게 찾는 전략보다는, 콘텐츠의 질과 전환율을 중심으로 한 '정밀한 운영 전략'이 모금 성과에 더욱 큰 영향을 미치는 시대로 접어들고 있다고 볼 수 있습니다.

36.
2024년 일시후원이 많았던 광고 채널은 무엇이었을까?

▸ 1위 **메타** 모바일 광고

▸ 2위 **유튜브** 모바일 광고

이번 분석에서는 2024년 한 해 동안 배너광고를 통해 일시후원을 많이 만들어낸 상위 10개 채널의 성과를 분석하였습니다. 광고 효율성과 전환율은 단순 유입수만으로는 파악하기 어려운 만큼, 일시후원 전환 수 기준으로 성과를 분석하여 각 채널의 특성과 전략적 활용 가능성을 살펴보았습니다.

가장 많은 일시후원을 만들어낸 채널은 정기후원과 동일하게 메타 모바일 광고로 나타났습니다. 일시후원 TOP 10 채널 전체 유입 비중은 12%에 불과하지만, 일시후원 수는 무려 32%를 차지하며 정기 일시 모두 압도적인 전환 효율을 보였습니다. 두 번째로 높은 성과를 보인 채널은 유튜브 모바일 채널로 전년도와 동일하게 일시후원 2위를 차지하며 상위 채널은 변동이 없었습니다. (23년 유입 10%, 일시후원 21%)

2023년과 비교해 보면 일시후원 채널 역시 몇 가지 주목할 만한 변화가 있었습니다.

2024년 배너광고 채널별 일시후원 모금 성과 분석 차트 51

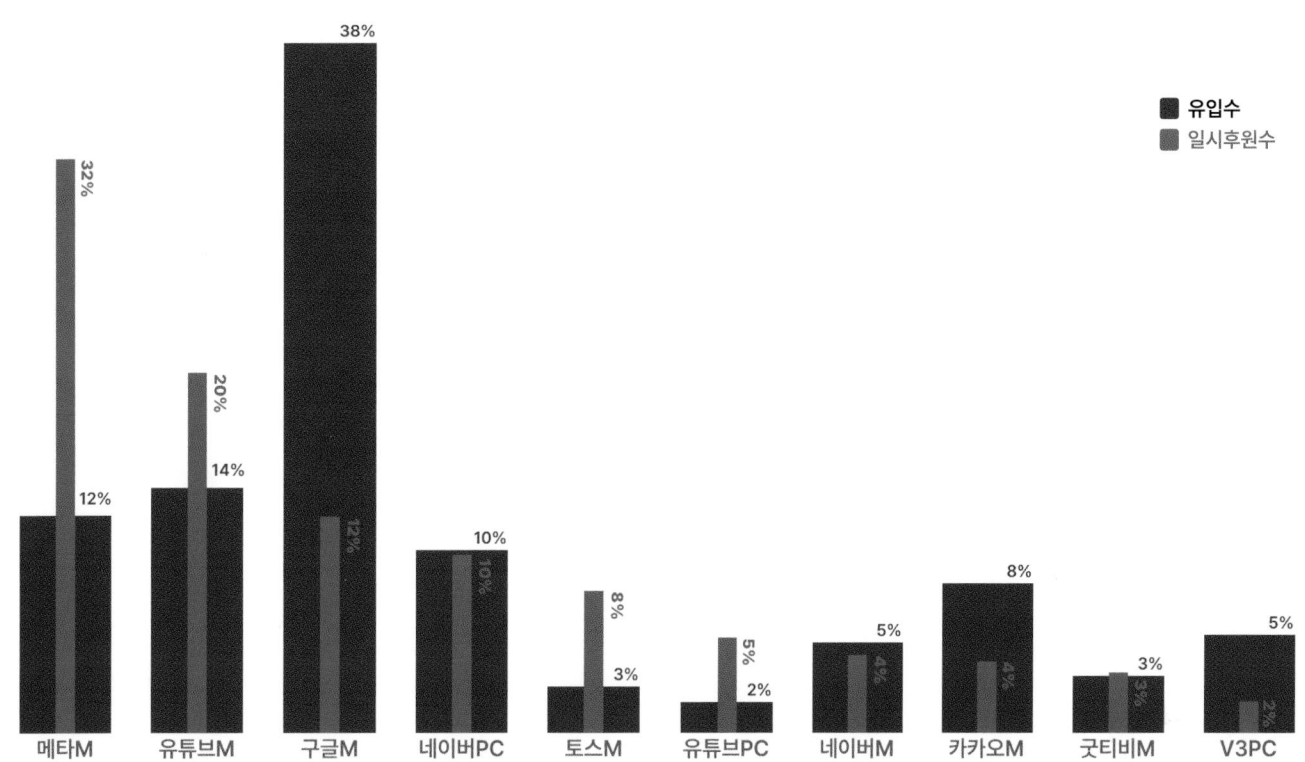

구글 모바일 광고는 꾸준한 성장을 통해 전년도 8위에서 올해는 3위로 상승하였고 토스 모바일 광고도 전년도 7위에서 5위로 TOP5채널로 포함되었습니다.

반면, 네이버 모바일 광고는 정기후원과 동일하게 유입과 일시후원 모두 감소하며 전년도 3위에서 올해 7위로 하락했습니다.

2024년 새롭게 TOP 10에 진입한 광고 채널로는 굿티비 모바일 앱 배너광고와 V3 PC 배너광고가 새롭게 등장하였습니다.

데이터 출처 누구나데이터 비영리단체 웹사이트 방문자 빅데이터

일시후원 성과를 이끄는 배너광고 TOP5 채널의 트렌드 차트 52

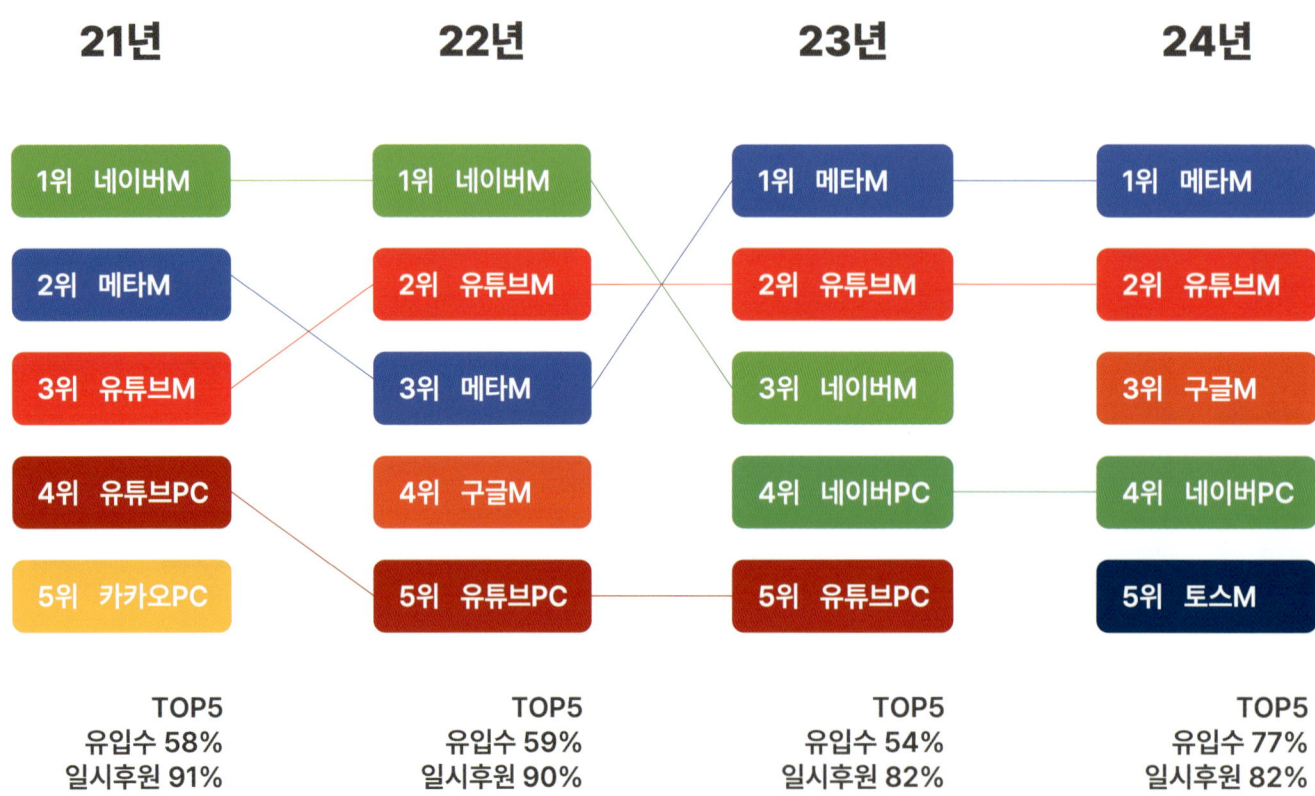

▶ **TOP5 채널이 차지하는 일시후원 비율 : 82~91%**

2021년부터 2024년까지 4년간의 데이터를 분석해보면, 일시후원 전환 성과를 이끄는 배너광고 채널은 메타 모바일 광고와 유튜브 모바일 광고 두 채널이 중심축을 이루고 있음을 확인할 수 있습니다. 이 두 채널은 정기후원과 일시후원 모두에서 TOP3 안에 꾸준히 포함되며, 배너광고 모금 전환의 핵심 역할을 하고 있는 것을 알 수 있었습니다.

그 외의 채널들은 성과에 따라 지속적으로 순위 변동을 보이고 있으며, 일시후원 성과 상위 TOP5 채널의 합산 비중은 2021년 91%에서 2024년 82%로 다소 감소하였지만, 여전히 모금 전환 성과의 대부분을 담당하고 있다는 점에서 주요 채널로서의 의미가 유지되고 있습니다.

특히 일시후원은 정기후원과는 달리 상위 채널 구성에 더 많은 변화를 보여주는 것이 특징적입니다. 예를 들어, 2021년과 2022년 동안 일시후원 전환 성과가 가장 높았던 네이버 모바일 채널은 2024년에는 순위가 하락하며 TOP5 밖으로 밀려났고, 카카오 PC, 구글 모바일 채널 등도 지속적으로 자리를 지키지 못하고 매년 새로운 채널들과 순위 변동이 있는 것을 볼 수 있습니다.

한편, 일시후원은 모바일 중심으로 진행되는 경향이 강하게 나타났습니다. 실제로 지난 4년간 TOP1~3위의 모든 채널은 모바일 광고 채널들이 차지해 왔으며, 이는 일시후원 참여가 모바일 기반으로 이루어진다는 점에서 중요한 시사점을 줍니다.

37.
기타 배너광고 채널들은 얼만큼 효과가 있을까?

▶ 기타 배너광고 채널들은 약 **20개 이상** 확대되고 유입도 늘었지만 큰 효과는 없다

2021년부터 2024년까지의 데이터를 바탕으로, TOP10에 포함되지 않은 기타 광고 채널들의 흐름을 따로 분석해보았습니다. 이번 분석에서는 TOP10 광고 채널 성과 총합계를 100%로 기준점을 잡고, 기타 채널들과 비교하여 정리하였습니다.

우선 눈에 띄는 점은, 기타 광고 채널의 유입 비중은 증가해 왔으며, 광고에 활용된 채널의 수도 2021년에는 10개 미만이었던 데 비해 2024년에는 20개 이상으로 대폭 늘어난 것입니다.

2024년 기준 기타 채널에는 줌(Zoom), CTS, 데이블(Dable), 알툴즈, 키즈노트, 블라인드, 크리테오, 당근마켓, 틱톡(TikTok), 엑스(X), 포핀(Poppin), 안랩, 스노우(SNOW), 직방, 맨플러스, 모본 등 이외에도 다양한 플랫폼이 포함되어 있습니다.

하지만 채널의 다양화와 광고 예산의 확대에도 불구하고, 정기후원 비율은 4년 내내 TOP10에 비교하여 약 7% 수준으로 거의 변동 없이 정체되어 있는 것을 볼 수있습니다. 즉, 유입은 2배 이상 늘었지만 모금 효과로는 이어지지 못하는 비효율적인 흐름을 확인 할 수 있습니다.

일시후원 성과도 마찬가지였습니다. 다소 등락이 있는 해도 있었지만, 20개가 넘는 채널을 운영하면서 만들어낸 결과로는 좋지 않은 결과를 보였습니다.

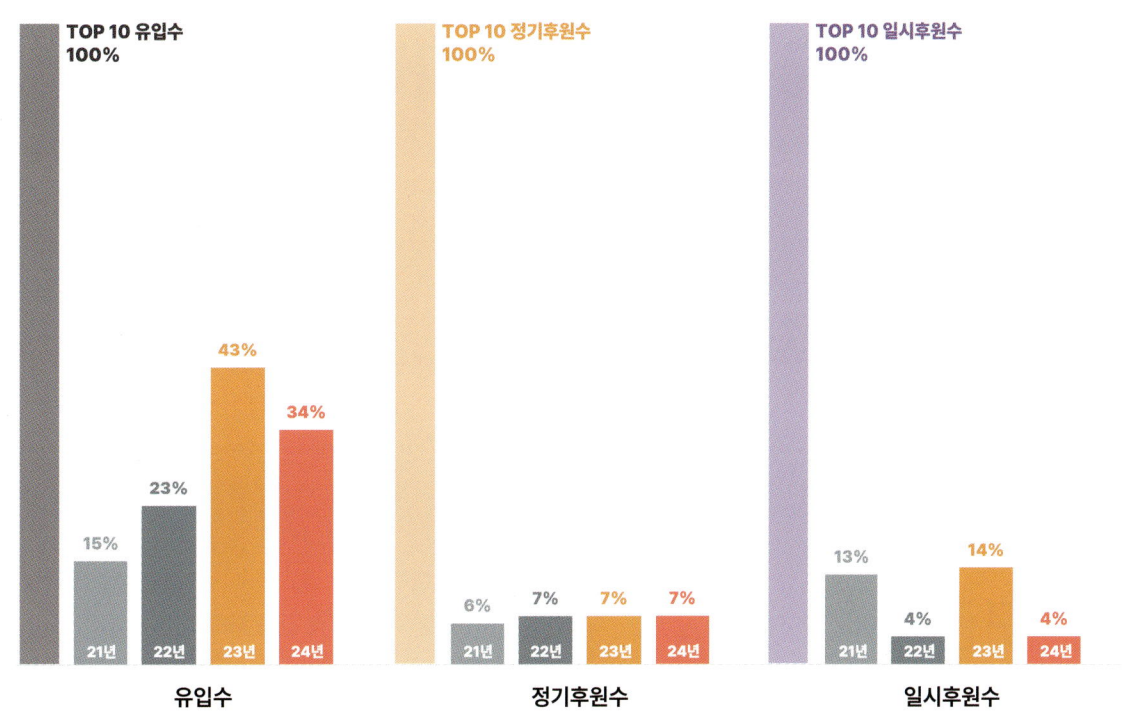

기타 배너광고 채널의 모금 트렌드 _차트 53_

그렇다면 단체들이 왜 이러한 기타 채널들을 운영하게 될까요? 이는 주로 다음 세 가지 이유에서 비롯됩니다.

▸ 첫째, 기존 메인 채널(메타, 네이버, 유튜브 등)에서 성과가 낮거나 한계에 부딪힌 경우 ▸ 둘째, 다양한 테스트를 명분으로 광고 대행사의 지속된 추천으로 시도한 경우 ▸ 셋째, 특정 캠페인의 타겟과 유사한 커뮤니티 성격의 채널을 활용한 경우입니다.

하지만 실질적으로 이러한 기타 채널들을 통해 모금으로 연결되는 경우는 매우 드뭅니다. 일부 반응이 있는 경우라도 성과를 키우기에는 규모의 한계가 존재합니다. 따라서 디지털 모금에서의 전략은 먼저 TOP10 광고 채널의 성과를 집중적으로 분석하고 공략하는 것이 우선순위이며, 기타 채널은 명확한 목적이 있거나, 타겟과 채널 특성이 매우 부합하는 경우에 한해 제한적으로 시도하는 것을 권장합니다.

결국, 디지털 모금의 본질은 단순한 '광고 확장'이 아니라, 후원 전환에 연결되는 효율적인 '건강한 유입'을 얼마나 만들어낼 수 있는지에 달려 있습니다.

데이터 출처 누구나데이터 비영리단체 웹사이트 방문자 빅데이터

38.
검색을 통한 모금, 어떻게 변화하고 있을까?

▶ 검색량과 후원 비중이
점점 감소

▶ 하지만
디지털 모금 방식의
전환을 위해 가져가야 할
숨은 핵심 채널

이번 분석에서는 브랜드 검색광고, 키워드 검색광고, 오가닉(자연) 검색을 포함한 검색 기반 유입의 디지털 모금 트렌드를 살펴보고자 합니다. 2021년부터 2024년까지의 데이터를 보면, 검색 유입 비중은 19%에서 13%로 점차 감소하는 흐름을 보였습니다. 이는 검색량 자체가 줄어든 영향도 있지만, 같은 기간 동안 배너광고 유입 비중이 증가하면서 상대적으로 감소한 측면도 영향을 주었습니다.

검색 유입은 전체 유입에서 차지하는 비중은 낮지만, 모금 전환율이 가장 높고 실제 성과에 큰 영향을 미치는 핵심 채널 중 하나입니다. 실제로 정기후원 전환 비율은 2021년 약 34%에서 2024년에는 25%로 감소하는 흐름을 나타냈습니다. 이는 단순한 채널 효율의 문제라기보다는, 최근 GA4 전환으로 인한 다이렉트 모금 비중이 높아진 환경적 변화가 함께 영향을 준 결과로 해석할 수 있습니다. (다이렉트 유입에 대한 분석은 후속 장에서 자세히 다룹니다.)

일시후원 전환율 역시 2021년 37%에서 2023년 40%까지 증가하였으나 2024년에는 31%까지 하락하는 흐름을 보였습니다. 이는 2022년과 2023년의 우크라이나 및 튀르키예 긴급구호 이슈가 일시후원 트렌드에 영향을 준 결과로 상대적으로 높게 나타난 부분으로 분석됩니다.

검색 유입은 배너광고 유입과는 다른 전환의 흐름을 보여주고 있습니다. 검색을 통해 자발적으로 유입된 후원자들은 일시후원 비율이 정기후원 비율보다 더 높게 나타나는 특징을 보입니다. 이는 후원자가 단체를 찾아온 상태로 정기후원과 일시후원을 선택할 수 있는 환경적인 부분이 반영된 결과라

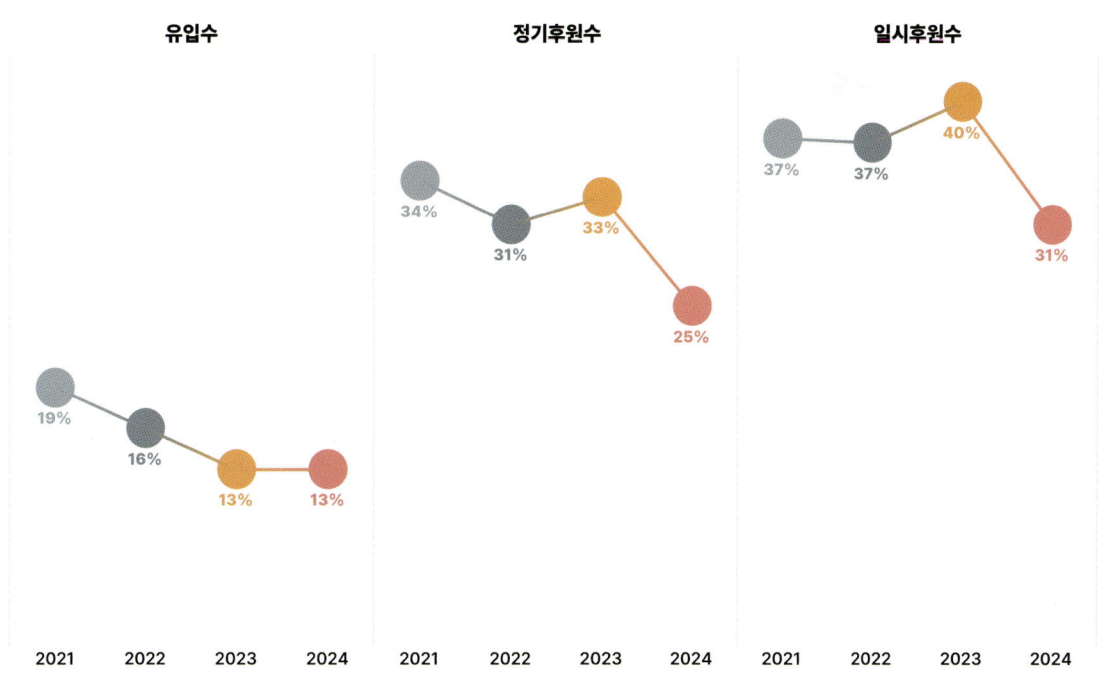

검색 모금 트렌드 차트 54

분석됩니다. 오늘날 대부분의 모든 서비스가 정기구독 형태로 전환되고 있는 흐름 속에서, 비영리단체의 정기후원은 그 가치를 증명하지 못한다면 점점 더 '진입장벽이 높은 참여 방식'으로 남아 모금 효율이 하락 될 가능성이 커질 수 있습니다. 이처럼 후원자의 결정을 수동적인 유입보다 자발적인 유입을 통해 단순화하고 쉽게 만들어주는 검색 기반 모금 전략은 앞으로 더욱 중요해질 수밖에 없습니다.

실제로 지난 5년간 비영리 디지털 마케팅은 배너광고에 대한 의존도가 매우 높았던 시기였습니다. 하지만 그에 반해, 앞서 1장에서 본 데이터 트렌드를 보면 검색량과 관련하여 기부 키워드, 기관명 키워드, 분야별 키워드 등 모두에서 감소하는 흐름을 보이고 있습니다. 이는 비영리단체들의 검색 마케팅 전략의 부재가 가져온 결과이기도 합니다.

이제 디지털 모금이 정체기를 맞이하고 있는 이 시점에서, 단기 퍼포먼스 중심의 배너광고 모금 전략에서 벗어나, 사람들 스스로 우리를 찾아오게 만드는 콘텐츠 전략과 검색 마케팅 전략으로의 전환이 논의 될 시점입니다.
지속가능한 고효율 모금 모델을 만들기 위해서는 '어떻게 더 많이 보여줄 것인가'보다 '어떻게 더 많이 찾아오게 만들 것인가'를 고민해야 할 시기로 생각됩니다.

데이터 출처 누구나데이터 비영리단체 웹사이트 방문자 빅데이터

39.
사람들이 많이 찾는 검색엔진은?

▶ **네이버**

검색 기반 모금 트렌드를 분석하기에 앞서, 국내에서 사람들이 실제로 어떤 검색엔진을 주로 사용하고 있는지의 흐름을 먼저 살펴보았습니다. 이는 잠재후원자가 단체를 어떻게 찾고, 어떤 플랫폼을 통해 유입되는지를 이해하기 위한 중요한 배경 정보이기 때문입니다.

2021년 이전까지는 구글 검색의 점유율이 매년 꾸준히 상승하는 흐름을 보여 왔습니다. 특히 2021년에는 전체 검색의 약 34.7%까지 구글 비중이 증가하면서 네이버 중심이었던 검색 지형에 변화를 예고하기도 했습니다.

그러나 그 이후, 네이버와 구글의 검색 비율은 일정 수준에서 균형을 이루며 유지되고 있습니다. 즉, 우리나라에서는 여전히 네이버 중심의 검색 문화가 굳건히 유지되고 있다고 볼 수 있습니다. 실제로 많은 사용자들이 네이버를 통해 뉴스, 블로그, 지식인, 카페 등 콘텐츠를 검색하고 소비하는 방식에 익숙해져 있으며, 이는 자연스럽게 비영리단체의 웹 콘텐츠 노출 및 후원 유입에도 영향을 주고 있습니다.

검색엔진별 유입 점유율 트렌드 차트 55

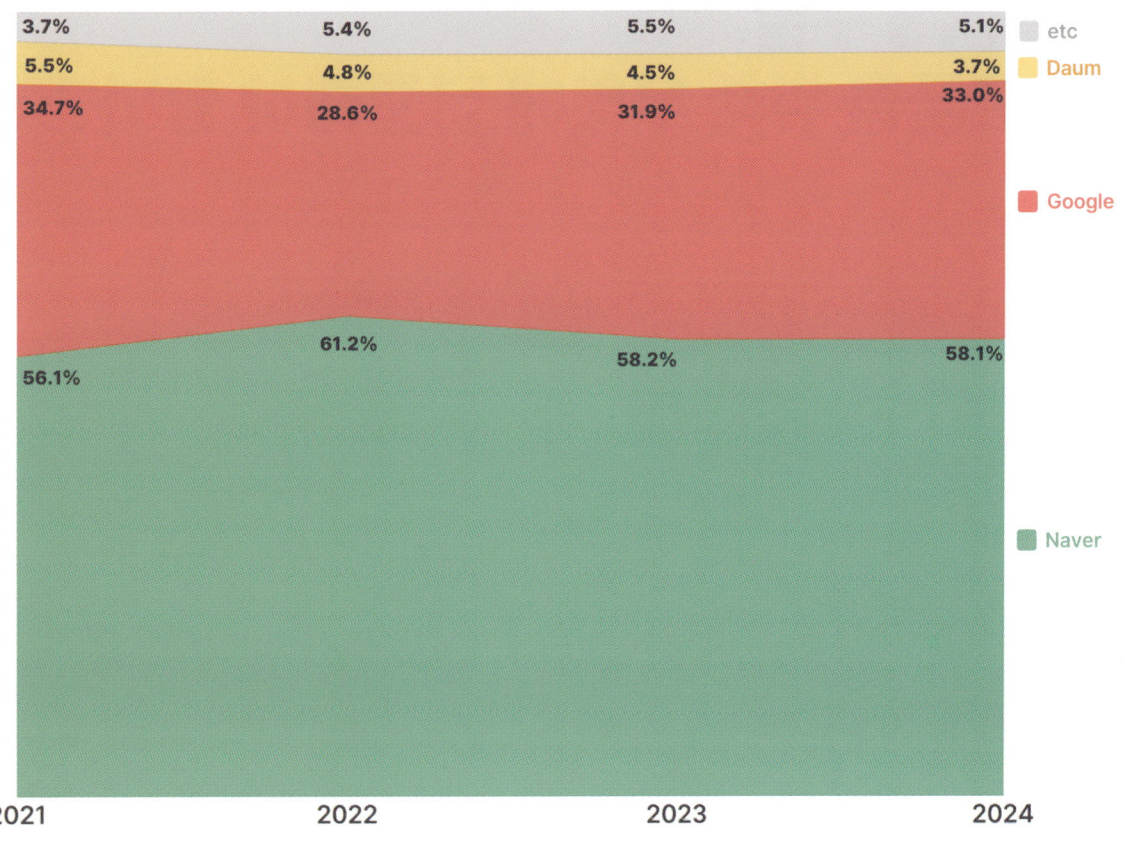

한편, 다음(Daum) 포털의 점유율은 지속적인 감소세를 보이고 있으며, 기타 검색 플랫폼으로는 빙(Bing), 줌(ZUM) 등이 있지만, 사용 비율은 상대적으로 낮은 수준입니다.

이러한 포털 점유율의 흐름은 비영리 디지털 마케팅에서도 중요한 전략적 시사점을 줍니다. 예를 들어, 검색 광고와 SEO 전략을 수립할 때 여전히 네이버에 대한 전략적 대응이 필요하며, 구글 기반 콘텐츠 노출이나 검색 흐름도 함께 고려해야 검색 기반 모금의 성과를 극대화할 수 있는 이중 채널 전략을 세울 수 있기 때문입니다.

데이터 출처 internettrend.co.kr

40.
네이버 vs 구글,
검색 모금을 위해 무엇에 집중해야 할까?

▶ **검색 모금은
  여전히 네이버**

이번 분석에서는 실제 비영리 디지털 모금 데이터를 기반으로, 국내 주요 포털 사이트인 네이버, 구글, 다음을 통한 검색 유입의 흐름과 모금 전환 성과를 살펴보았습니다.

먼저 네이버의 검색 유입 비율은 2021년 61%에서 2024년 47%까지 점차 감소하는 흐름을 보였습니다. 하지만 흥미로운 점은 유입 비율이 줄어드는 와중에도, 정기후원과 일시후원의 비율은 오히려 증가하여, 전체 검색 모금 성과의 약 80% 이상을 네이버가 차지하는 것을 볼 수 있습니다. 이는 여전히 네이버가 잠재후원자들이 가장 많이 찾는 주요 검색 채널로서 중요한 역할을 하고 있음을 보여줍니다.

반면 구글은 2021년 30%에서 시작해 매년 비율이 늘어나며, 2024년에는 46%까지 성장한 것으로 나타났습니다. 2024년 검색량이 큰 폭으로 증가한 배경에는, 최근 새롭게 참여한 비영리단체들의 오가닉 유입 데이터가 다수 포함되면서 구글 유입이 상대적으로 증가한 측면이 있습니다. 하지만 유입 증가에도 불구하고 후원으로의 전환은 큰 성과로 이어지지 못했습니다. 이는 구글 유입이 정보 탐색이나 활동 참여에 관심이 있는 방문자가 많다는 해석으로도 이어질 수 있습니다.

다음(Daum)의 경우에는 검색 유입 비율이 2021년 7%에서 2024년 5%까지 꾸준히 감소하는 흐름을 보였으며, 이에 따라 정기후원과 일시후원 전환도 함께 감소하였습니다.

이러한 흐름을 종합해 보면, 네이버를 통한 검색 유입은 후원 전환 가능성이 높은 검색 유입 채널로 볼 수 있고, 구글은 정보 탐색이나 비영리 이슈에 대한 관심이 중심이 되는 경향을 보입니다. 따라서 한정된 자원과 인력으로 전략을

검색엔진별 검색 모금 트렌드 _{차트 56}

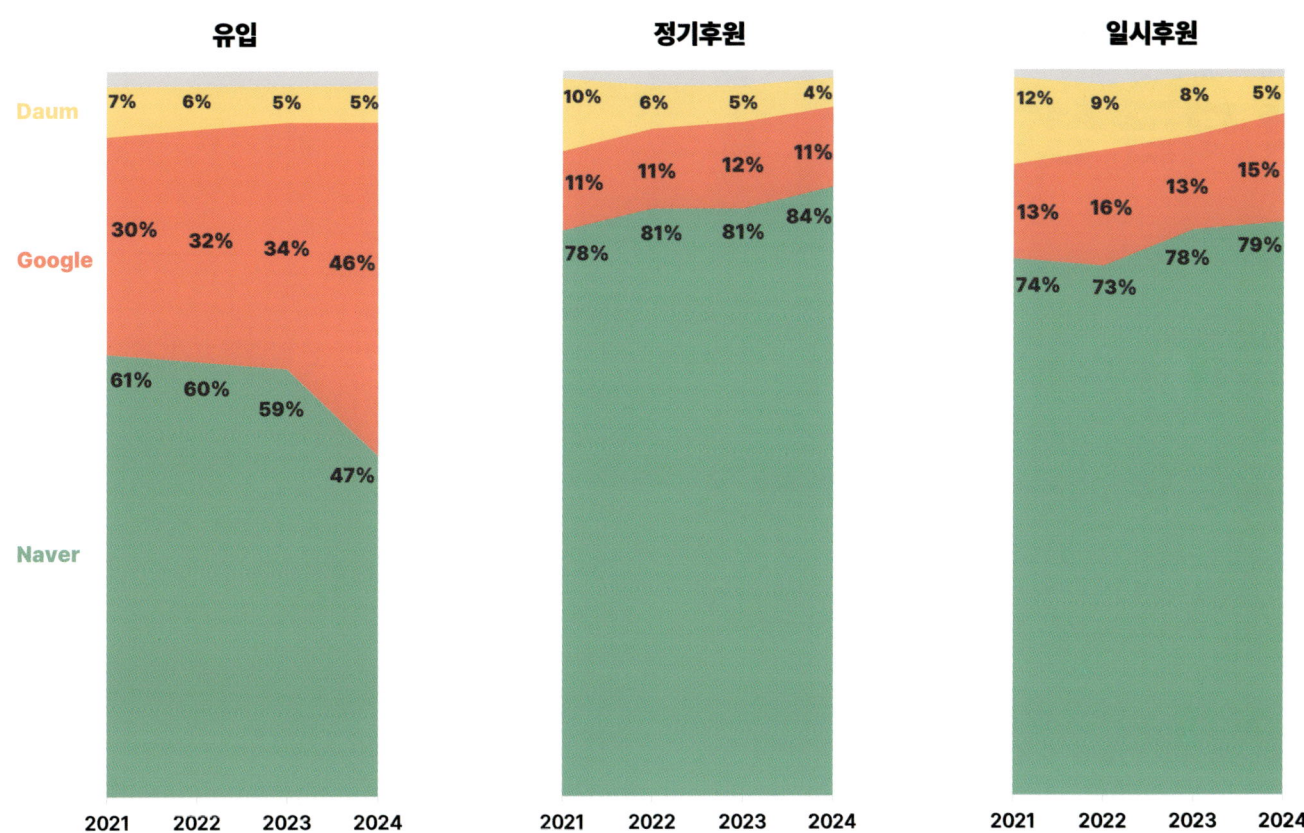

구성해야 하는 단체의 경우, 검색 기반 모금 전략은 네이버에 더 집중하는 것이 효과적인 선택이 될 수 있습니다.

또 하나 주목할 점은, 2024년 검색 유입 분석에서 'AI 기반 검색' 채널이 새롭게 등장하기 시작했다는 것입니다. 비중은 아직 작지만, ChatGPT(챗지피티), Perplexity(퍼플렉시티)와 같은 AI 검색 플랫폼을 통한 유입이 공통적으로 관찰되었으며, 이는 향후 AI 검색이 비영리 모금에서 새로운 채널로 작동할 가능성이 있을지는 향후 추이를 더 지켜볼 필요가 있지만, 지금 시점에서 단체의 콘텐츠가 AI 검색에 어떻게 노출되고 있는지 관심을 가지고 지속적으로 모니터링해 보는 것도 좋을 것 같습니다.

데이터 출처 누구나데이터 비영리단체 웹사이트 방문자 빅데이터

41.
네이버 검색 유입의 세 가지 유형과 각 모금 성과는?

▶ **무료유입 오가닉검색**

▶ **유료유입 브랜드검색광고**

▶ **유료유입 키워드검색광고**

검색 모금에서 가장 높은 후원 전환율을 보이는 채널 중 하나인 네이버 검색을 보다 정밀하게 분석하기 위해, 이번에는 네이버 검색 유입을 세 가지 유형으로 구분하여 각각의 전환 성과를 살펴보았습니다. 분석 대상은 자연 유입(오가닉 검색), 브랜드 검색광고, 키워드 검색광고이며, 2021년부터 2024년까지 4년간의 데이터를 기반으로 하였습니다.

첫 번째로 오가닉 검색(Organic Search)입니다. 이는 광고비 없이 사용자들이 자발적으로 네이버에서 검색하여 유입되는 경로로, 모든 단체가 보유하고 있는 기본 유입 채널입니다. 4개년 평균을 보면 전체 네이버 검색 유입 중 오가닉 유입은 약 61%로 가장 큰 비중을 차지하였고, 이 중 정기후원은 31%, 일시후원은 49%로 높은 비중을 차지하는 검색 입니다. 다른 키워드 광고를 하지 않는 단체의 경우 오가닉 검색 비중이 매우 높게 나타나게 됩니다.

두 번째는 브랜드 검색광고(Brand Search AD)입니다. 이는 유료 광고로, 기관명 또는 대표 캠페인명을 키워드로 설정하여 운영되는 광고 유형입니다. 4개년 평균을 살펴보면, 전체 유입 중 27%가 브랜드 검색광고를 통해 유입되었고, 정기후원은 무려 49%로 가장 높은 비율을 보였고, 일시후원은 39%로 유입수 대비 높은 전환 성과를 나타냈습니다. 특히 브랜드 검색은 TV 광고나 대형 디지털 캠페인 등 대중 매체에 노출된 이후 유입을 유도할 때 효과가 높으며, 검색 시 제공되는 썸네일 이미지와 키워드가 직관적으로 설계되어 있어 후원 캠페인 페이지로 빠르게 유입을 이끌어내는 장점이 있습니다.

세 번째는 키워드 검색광고(Search AD)입니다. 브랜드 검색광고와 달리, 기부, 아동지원, 긴급구호, 정기후원 등 일반 키워드 또는 단체가 노출시키고 싶은 주제를 중심으로

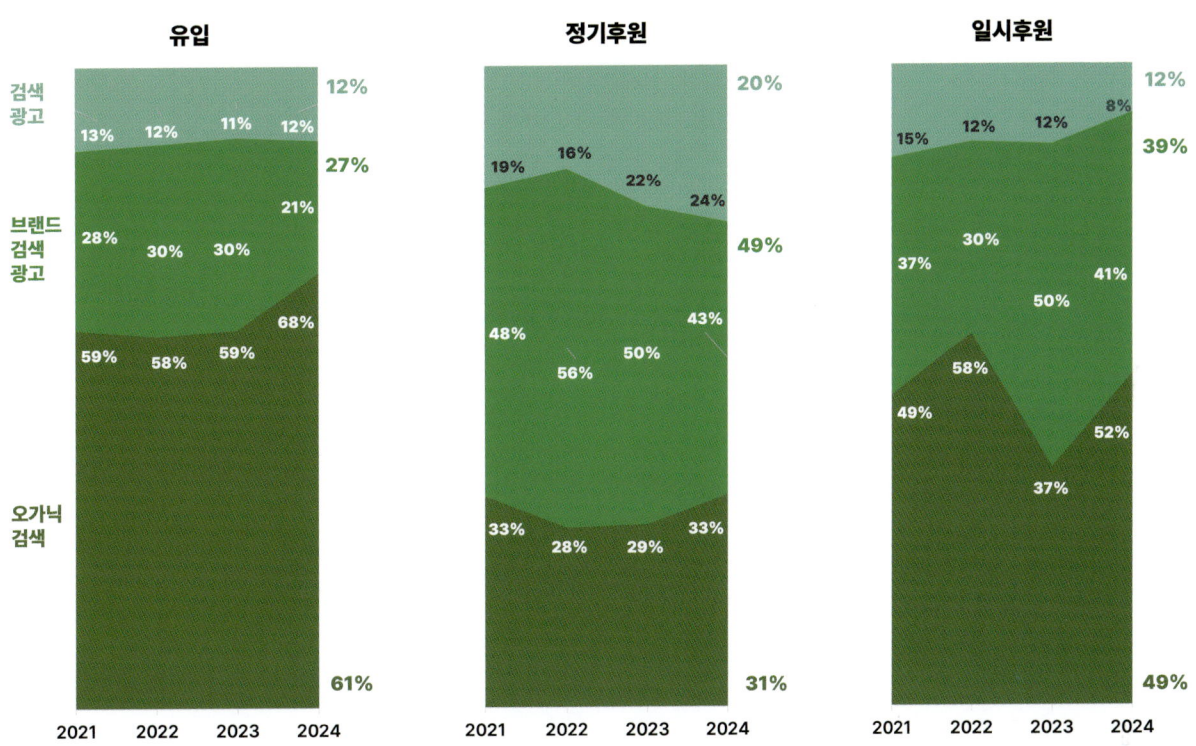

광고를 운영하는 방식입니다. 4개년 평균 기준, 전체 유입의 12%를 차지하였으며, 정기후원은 20%, 일시후원은 12%로 나타났습니다. 흥미로운 점은, 2023년 이후 유입 비율은 큰 변화가 없었지만 정기후원 전환율이 증가한 흐름이 관찰되었다는 점입니다. 이는 일부 기관들이 브랜드 검색 광고에서 사용하던 기관명을 키워드 광고에도 적용하면서 정기후원 전환률을 높이는 효과를 만들어낸 것으로 해석됩니다.

또한, 전체 검색 유입에서 오가닉 검색과 브랜드 검색 유입은 대부분 기관명 또는 기관명과 관련 키워드 조합(예: 'OOOO(기관명)+후원', 'OOOO(기관명)+캠페인명') 형태가 약 95% 이상을 차지하는 것으로 나타났습니다. 이러한 점에서 각 단체의 이름은 곧 '핵심 키워드'로 작용하며, 기관명이 검색되었을 때 어떤 콘텐츠가 상위에 노출되는지, 그 콘텐츠가 긍정적인 이미지로 구성되어 있는지, 관련된 연관 검색어는 무엇인지를 면밀히 검토하는 것이 매우 중요합니다.

데이터 출처 누구나데이터 비영리단체 웹사이트 방문자 빅데이터

42.
비영리단체가 운영 중인
자사 디지털 마케팅 채널, 모금 성과는?

▸ **정기후원 9%**

▸ **일시후원 16%**

이번 분석에서는 비영리단체가 자체적으로 운영하고 있는 디지털 마케팅 채널의 유입 흐름과 모금 성과를 살펴보았습니다. 분석 대상은 소셜미디어 채널, 카카오톡 메시지, 네이버 채널, 이메일, 문자, 제휴 마케팅 등 다양한 온드채널(Owned Channel)을 포함하며, 여기에 자연 유입(referral) 채널까지 더해 모금 전환과의 연관성을 함께 확인하였습니다.

먼저 전체 유입 비중을 살펴보면, 디지털 마케팅 채널을 통한 유입은 2022년 17%에서 2024년 6%까지 감소하는 추이를 보였습니다. 이러한 흐름은 정기후원과 일시후원의 전환율에도 동일하게 반영되며 전반적인 감소세가 나타났습니다.

그 원인 중 하나로 예상되는 부분은 2023년부터 본격화된 구글 애널리틱스(Universal Analytics)에서 GA4로의 전환이 있습니다. GA4 전환 이후, 다수의 유입이 '다이렉트'로 분류되는 비중이 급격히 늘어나면서, 실제 디지털 마케팅 채널에서 발생한 유입이 제대로 분류되지 않는 데이터 부정합 현상이 실제 지난 2년간 나타나는 흐름을 볼 수 있었습니다. 즉, 효율 측정의 정확도가 떨어지면서 기여도 분석이 어려워진 점도 이번 감소 흐름에 영향을 주었다고 예상됩니다.

이러한 흐름을 고려할 때, 단체 내부에서 운영하는 모든 홍보 채널에 대해 UTM 코드가 제대로 붙어 있는지, GA(Google Analytics)에 정확한 데이터가 들어오고 있는지, 그리고 콘텐츠를 통해 실제로 유입이 발생하고 있는지 등 세부적인 점검이 반드시 필요합니다.

자사 디지털 마케팅 채널의 모금 트렌드 차트 58

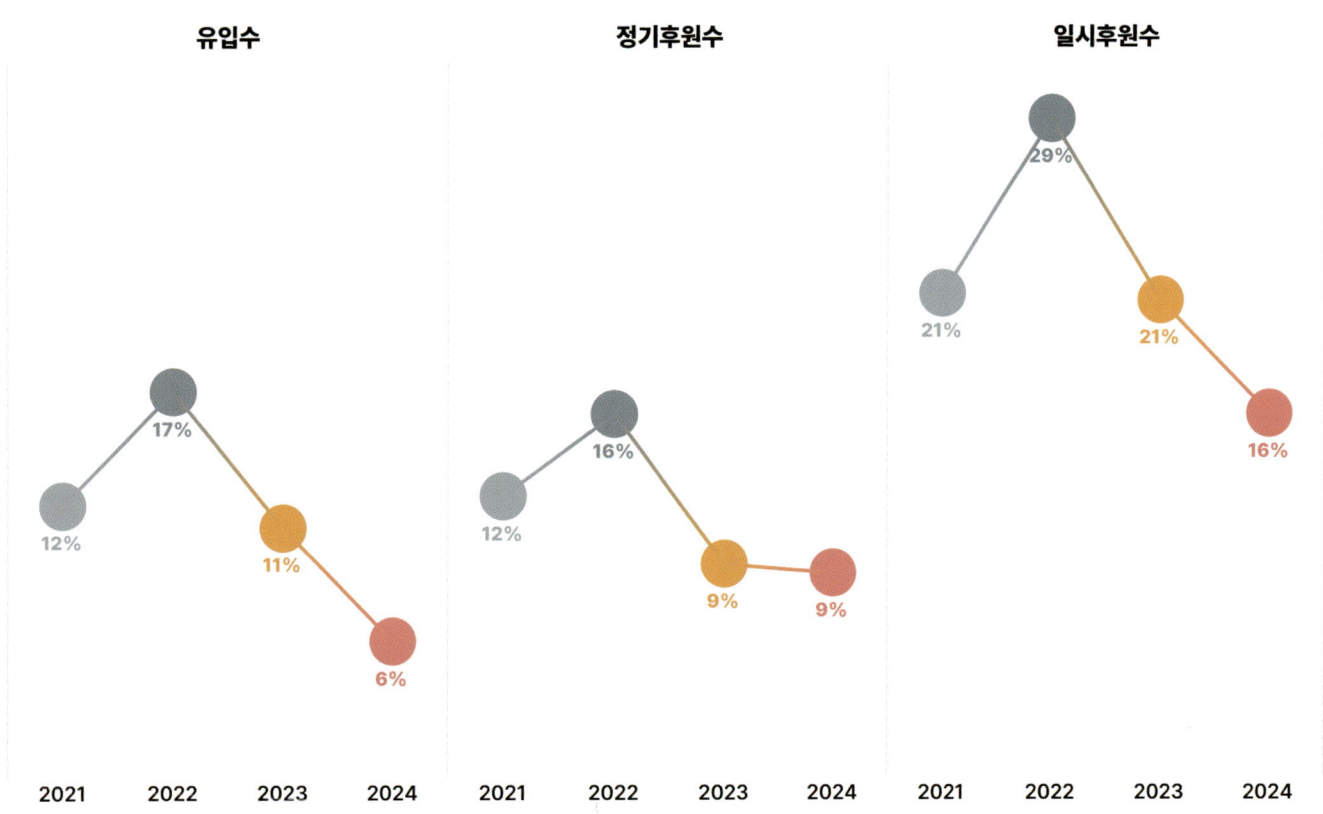

비록 유입 비율과 후원 수 자체는 감소했지만, 주목할 만한 점은 여전히 유입 대비 모금 전환율이 높게 나타난다는 점입니다. 이는 디지털 마케팅 채널의 유입이 단체에 관심이 있는 기존 후원자이거나, 이미 단체를 인지하고 있는 잠재후원자 중심으로 이루어지기 때문입니다. 따라서 이러한 유입은 소수라도 후원 전환 가능성이 높고, 콘텐츠나 이슈에 따라 참여율이 뚜렷하게 반응하는 특징을 보입니다.

디지털 마케팅 채널은 후원자와의 관계를 더욱 깊이 있게 만들 수 있는 '참여형 채널' 입니다. 그만큼 이 채널을 어떻게 운영하느냐에 따라 정기적인 후원자 성장과 모금 캠페인의 성과에 긍정적인 영향을 만들어 갈 수 있습니다.

데이터 출처 누구나데이터 비영리단체 웹사이트 방문자 빅데이터

43.
어떤 자사 디지털 마케팅 채널이 모금에 효과적일까?

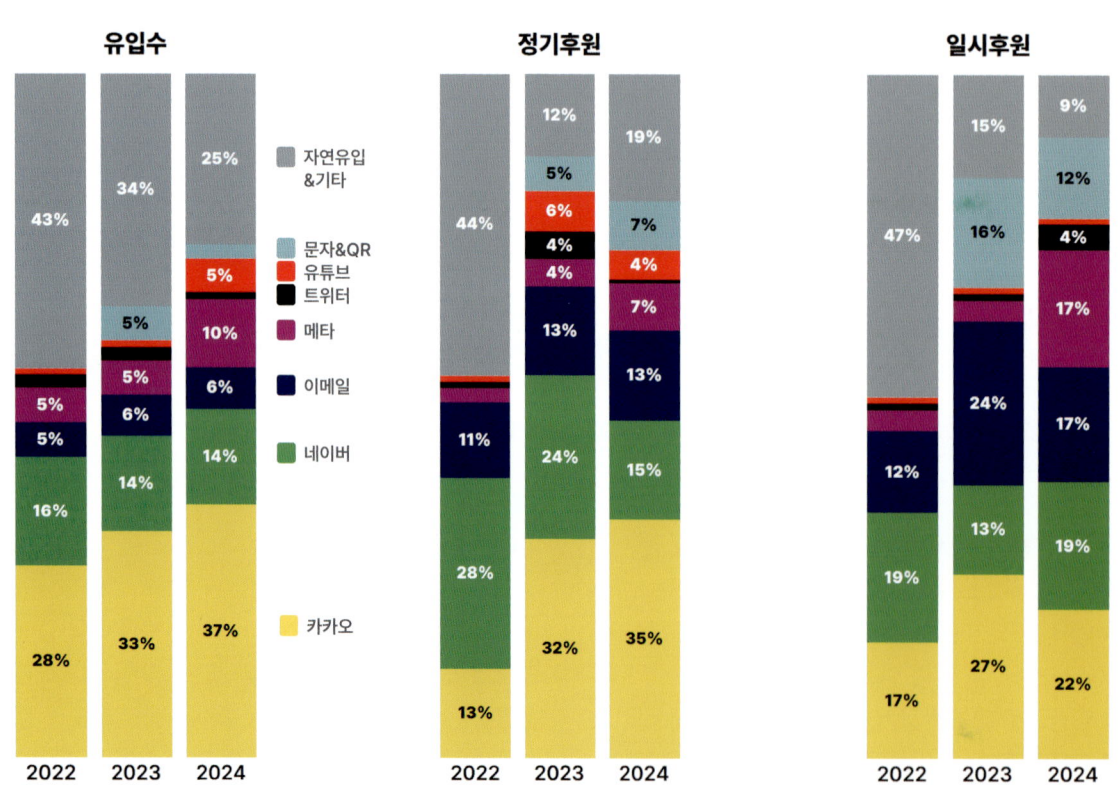

자사 디지털 마케팅 채널별 모금 성과 비교 차트 59

데이터 출처 누구나데이터 비영리단체 웹사이트 방문자 빅데이터

비영리단체가 운영하는 채널 중 가장 먼저 주목할 채널은 **카카오톡채널**입니다. 알림톡과 친구톡을 중심으로 한 카카오 메시지 발송은 매년 유입과 후원이 안정적으로 발생하는 핵심 채널로 나타났습니다. 이는 앞서 '비영리단체 소셜미디어 팔로워수 4개년 증감 분석'(차트 17)에서 확인된 팔로워수의 성장 흐름과도 연결되는 결과입니다. 다만 카카오톡 메시지는 발송에 따른 비용이 발생하기 때문에, 전체발송과 함께 효과적인 타겟팅 전략과 메시지 고도화 전략이 함께 된다면 저렴한 홍보비로 강력한 채널로 활용할 수 있습니다.

두 번째로 주목할 채널은 **네이버 기반 채널**입니다. 블로그, 지식인, 지도, 북마크, 링크공유, 해피빈, 카페 등 다양한 경로를 통해 유입되고, 후원으로도 이어지는 흐름이 나타났습니다. 그중에서도 네이버블로그는 가장 많은 유입과 후원 전환을 이끌어낸 대표 채널로 확인되었고, 그다음으로는 지식인과 링크공유를 통한 유입이 후원 전환율이 높게 나타났습니다. 이는 네이버 중심의 검색문화 속에서, 단체의 콘텐츠가 얼마나 쉽게, 긍정적으로 노출되는가가 매우 중요하다는 점을 다시금 보여줍니다.

세 번째는 **이메일 채널**입니다. 이메일을 통한 유입은 단체마다 관리하는 대상에 따라 달라질 수 있지만, 정기후원과 일시후원 전환율이 높은 특징을 보입니다. 다만 오늘날 이메일은 수많은 스팸성, 광고성 콘텐츠 속에 묻히기 쉬운 채널이기도 합니다. 따라서 후원 요청을 넘어서 "이 이메일을 열면 유익하다"는 경험을 주는 콘텐츠 설계가 중요합니다. 오픈율과 클릭률을 정기적으로 측정하고, 후원 목적 외에도 정보를 제공하거나 이야기를 전달하는 방식으로 활용하는 것이 필요합니다.

네 번째는 **소셜미디어 채널(메타, 트위터, 유튜브 등)**입니다. 이 채널들은 단체의 브랜드 인지도를 넓히고, 검색 또는 캠페인 페이지로 유입을 유도하는 대표적인 온드채널입니다. 다만 성과는 게시글의 구성, 채널 운영 방식, 콘텐츠 전략, 그리고 UTM 코드 사용 여부에 따라 달라질 수 있습니다. 이와 함께 소셜미디어를 전략적으로 활성화하고자 할 경우, 게시글 도달률과 반응률은 소셜미디어 성과 지표로 활용할 수 있으며, 실제 유입과 후원 전환은 정량적인 마케팅 성과 지표로 관리할 수 있습니다.

다섯 번째로는 최근 급격히 퍼포먼스가 올라온 **문자(SMS)와 QR코드** 채널입니다. 카카오톡을 활용하지 않는 단체들이 문자 기반 마케팅을 별도로 운영하거나, 오프라인 현장 및 방송광고에서 QR코드를 통해 디지털로 유입되는 흐름이 두드러졌습니다.

마지막으로, 제휴마케팅이나 외부 사이트에서 유입되는 기타 채널도 있습니다. 이들의 유입 비중은 해마다 조금씩 줄어드는 추세를 보이고 있으며, 이는 단체들이 점차 구글 애널리틱스 UTM 코드를 활용해 각 채널의 효과를 명확히 측정하려는 흐름이 강화되고 있다는 긍정적인 신호로 해석할 수 있습니다.

단체가 운영하는 디지털 마케팅 채널은 단지 유입을 만드는 수단을 넘어, 콘텐츠 마케팅의 성과를 측정하고 모금을 효율적으로 확대할 수 있는 중요한 자산입니다. 고비용 저효율 시대에 각 채널의 특성과 반응을 파악하고, 어떻게 더 나은 메시지와 흐름을 설계할 것인지 고민이 함께 필요한 시점입니다.

44.
데이터 측정 품질을 알 수 있는 다이렉트 유입, 어떻게 해석할까?

다이렉트 유입은 사용자가 웹사이트 주소를 직접 입력하거나, 출처가 명확하지 않은 방식으로 방문할 때 구글 애널리틱스 등 웹로그 분석 도구에 기록되는 유입 유형입니다. 하지만 실제로는 다양한 이유로 기존 채널의 유입이 '다이렉트'로 잘못 분류되는 경우가 많아, 디지털 모금에서 다이렉트 유입 비율은 단체의 데이터 정확도를 보여주는 중요한 지표가 됩니다.

일반적으로 **다이렉트 유입 비율은 10% 내외로 유지하는 것이 바람직**하며, 이 비율이 지나치게 높아지면 어떤 마케팅 활동이 후원으로 이어졌는지를 정확히 파악하기 어려워지는 문제가 생깁니다.

이번 분석에서 확인한 다이렉트 유입의 흐름을 살펴보면, 2021년 9%였던 비율이 2024년에는 12%까지 소폭 증가한 것으로 나타났습니다.

하지만 더 주목할 점은 유입 자체보다도, 실제 후원으로 이어지는 비율이 눈에 띄게 증가했다는 것입니다. 정기후원은 2021년 8%에서 2024년 21%로 약 2.6배 증가, 일시후원은 2021년 16%에서 2024년 35%로 약 2.2배 증가하였습니다.

이러한 흐름은 GA4 전환 이후 데이터 분석 환경이 바뀌면서 생긴 변화로 해석할 수 있습니다. 즉, 이전에는 명확하게 추적되던 유입 경로들이 세팅 미흡이나 파라미터 누락 등으로 인해 ' 다이렉트 ' 로 잘못 분류되고 있는 현상이 점점 많아지고 있는 것입니다.

또한 분석 결과를 보면, 유입 비율보다 후원 비율이 더 큰 특징적인 흐름도 나타납니다. 이는 대부분의 유입이 처음에는 정확히 추적되지만, 결제창 유입 또는 인증 절차를 거치며 추적이 끊기고 '다이렉트'로 전환되는 오류가 발생하고 있음을 예측 할 수 있습니다.

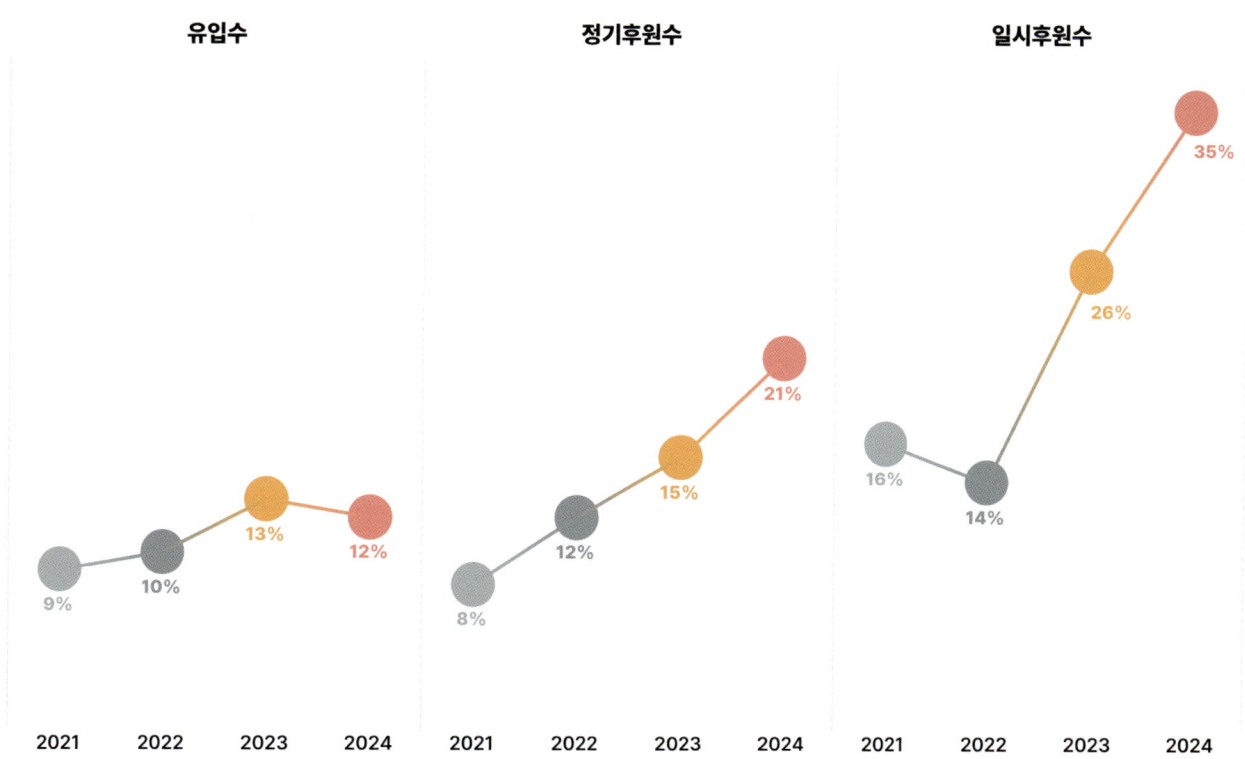

따라서 다이렉트 비중이 높은 단체라면, 다음과 같은 점을 반드시 점검해볼 필요가 있습니다.

▸ 결제창 진입 시점의 UTM 코드나 파라미터가 사라지는 현상은 없는가?
▸ 다이렉트 유입으로 표시된 유입의 첫 방문 페이지는 어디인가?
▸ 결제창이나 인증 페이지가 별도 도메인으로 연결되지는 않는가?

이러한 점검을 통해 데이터 손실을 줄이고, 후원이 어디서 발생했는지를 더 정확히 파악할 수 있게 됩니다.

결국, 다이렉트 유입 비율을 매월 점검하고 정기적으로 관리하는 일은 디지털 모금의 가장 기본적인 활동입니다. 디지털 모금이 점점 더 정교해지는 지금, 단체의 성공적인 마케팅 전략 수립을 위해서라도 데이터의 정확성은 결코 놓쳐서는 안 될 핵심 과제입니다.

데이터 출처 누구나데이터 비영리단체 웹사이트 방문자 빅데이터

45.
Push vs Pull 마케팅, 디지털 모금의 흐름은?

2021년부터 2024년까지의 데이터를 바탕으로, 비영리단체들이 디지털 모금을 어떤 방식으로 진행해 왔는지 흐름을 한눈에 볼 수 있도록 정리해보았습니다.

이 차트는 비영리단체들이 집중하고 있는 주요 유입 경로와 그 변화를 통해 디지털 모금의 방향성과 전략 트렌드를 파악할 수 있는 자료입니다.

무엇보다 디지털 전환이 본격화되면서, 많은 비영리단체들이 배너광고를 중심으로 한 적극적인 마케팅 활동(Push 마케팅)에 집중하고 있다는 점이 가장 큰 흐름으로 나타났습니다.

하지만 한편으로는 GA4 시대에 접어들며 데이터 정확도에 영향을 주는 '다이렉트 유입'의 비율이 점차 높아지고 있다는 점도 확인되었습니다. 이는 모금 트렌드 해석에 대해 명확히 파악하기에 어려움을 주지만 전체적인 흐름으로 보도록 하겠습니다.

비영리 디지털 모금은 단기적인 유료 배너광고 및 자체 보유 채널과 DB를 활용한 'Push 마케팅'이 약 60~70%, 검색이나 콘텐츠 등 자발적인 유입을 유도하는 'Pull 마케팅'이 약 30~40% 수준으로 구성되어 있는 것으로 볼 수 있습니다. 이러한 흐름은 2장에서 살펴본 '국내 비영리단체의 디지털 모금 마케팅 유형 분석'(차트 37)에서도 퍼포먼스 마케팅과 패시브 마케팅 유형의 비중이 높게 나타났던 결과의 흐름을 보여줍니다. 즉, 지금은 많은 단체들이 Push 마케팅 전략을 강화하는 흐름에 놓여 있으며, 이를 통해 단기적인 성과를 얻고 있는 단계라고 볼 수 있습니다.

하지만 지금과 같은 Push 중심의 마케팅 전략만으로는 점점 높아지는 광고비와 낮아지는 전환율이라는 구조적인 한계에 부딪히게 됩니다. 즉각적인 성과에는 효과적일 수 있지만, 장기적으로는 지속 가능한 디지털 모금 전략으로 보기 어렵습니다.

유입경로별 디지털 모금 트렌드 차트 61

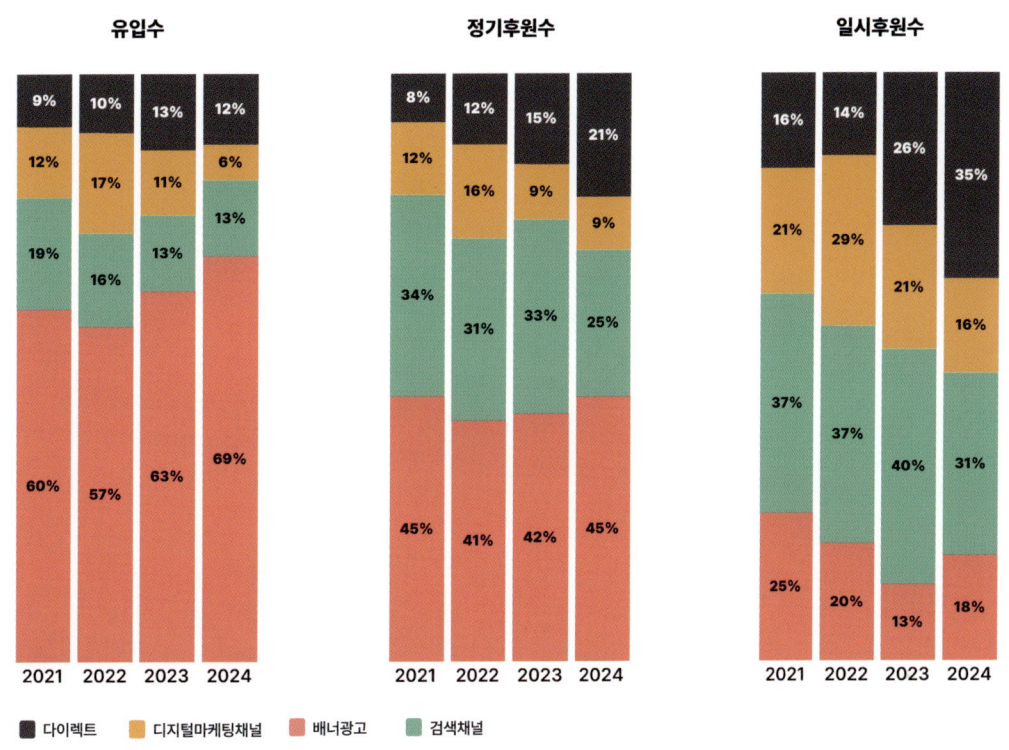

따라서 이제는 단기적인 성과만을 추구하기보다는, 후원자가 스스로 관심을 가지고 참여하게 만드는 Pull 마케팅 전략을 함께 고민해야 할 시점입니다. 비록 성과가 바로 드러나지 않을 수 있지만, 검색 유입, 오가닉 콘텐츠, 브랜드 신뢰 기반의 유입 채널들을 체계적으로 정비하고 단순한 노출이 아닌 실제 후원으로 이어지는 효과성 있는 흐름을 만드는 것이 중요합니다.

디지털 모금의 경쟁력은 단순히 빠른 결과를 만드는 데 그치지 않습니다. 이제는 온라인, 오프라인, 그리고 다양한 미디어 활동이 유기적으로 연결되어 하나의 참여 경로로 작동하는 통합적 채널 설계와 전략적 균형이 더욱 중요해지고 있습니다.

우리는 지금, 속도와 효율을 넘어서는 '지속가능한 디지털 모금 시대'로 나아가기 위한 전환점 위에 서 있습니다.
이제는 단체의 방향성과 자원을 반영한 마케팅 전략 수립이 그 어느 때보다 필요한 때입니다.

데이터 출처 누구나데이터 비영리단체 웹사이트 방문자 빅데이터

150

4장.
1억 명의
방문자 데이터에서 뽑아낸
디지털 모금 인사이트

4장에는 지난 6년간의 방대한 비영리 빅데이터를 바탕으로
디지털 모금의 성과를 결정짓는 실제적이고 유의미한 개방형 지표들을 선별하여 담았습니다.

특히 단체별로 직접 데이터를 뽑아 비교하여 인사이트를 얻을 수 있는 지표들을 중심으로 구성하였습니다.
이 표준 지표들은 '정답'이 아니라 비영리 마케팅 현황의 '기준점'입니다.
전체 비영리 마케팅 흐름을 이해하고, 각 단체가 현재 위치를 진단하고
앞으로 어떤 방향으로 디지털 마케팅 전략을 설계해야 할지에 대한 전략을 수립하는 데 활용하면 좋습니다.

비영리 디지털 모금은 어느 한 가지 방식이 정답이 아닌
우리 단체의 목표와 상황, 자원에 따라 달라지는 전략의 조합입니다.
이번 분석은 그러한 전략을 더욱 정교하게 설계할 수 있도록 돕는 데이터 기반의 안내서 역할을 할 것입니다.

46.
모바일 vs 데스크톱, 어디서 후원이 많을까?

▶ **모바일 후원이 약 70%**

우리는 이제 모바일을 중심으로 소비하고 행동하는 시대에 살고 있습니다. 모바일의 중요성은 더 이상 강조하지 않아도 될 만큼, 대부분의 디지털 소비가 모바일에서 이루어지고 있는 것이 오늘날의 현실입니다. 비영리 디지털 마케팅 트렌드 세미나가 처음 시작되었던 2019년만 해도 "모바일 중심으로의 전환"은 새로운 인사이트였고, 2020년부터는 그 변화가 실제 데이터로 가시화되기 시작했습니다. 2020년 이후 모바일 유입은 전체 유입의 60%를 넘어섰고, 2024년에는 69%까지 증가하며 모바일 중심의 흐름이 확고해졌습니다.

정기후원에서도 모바일의 비중은 꾸준히 데스크톱보다 높은 흐름을 보입니다. 다만, 네이버 PC 광고의 안정적인 성과와 연도별 광고의 성과에 따라 모바일 정기후원 비율은 소폭의 증감이 반복되는 특징을 나타냈습니다.

한편, 일시후원은 모바일 중심의 소비 흐름을 그대로 반영하고 있습니다. 2019년 59%에서 시작된 모바일 일시후원은 해마다 상승해 2024년에는 무려 79%가 모바일에서 이루어지는 트렌드를 보였습니다.

모바일 전환은 단순히 캠페인 페이지 디자인만 모바일화하는 문제가 아닙니다. 후원자가 쉽고 친숙하게 참여할 수 있는 경험과 구조를 설계하는 것이 핵심입니다. 하지만 아직도 많은 비영리단체의 연차 보고서나 뉴스레터는 데스크톱 중심으로 구성되어 있으며, 후원 신청 과정 역시 모바일 환경에는 익숙하지 않은 형태로 제공되는 경우가 많습니다.

접속기기별 모금 트렌드 차트 62

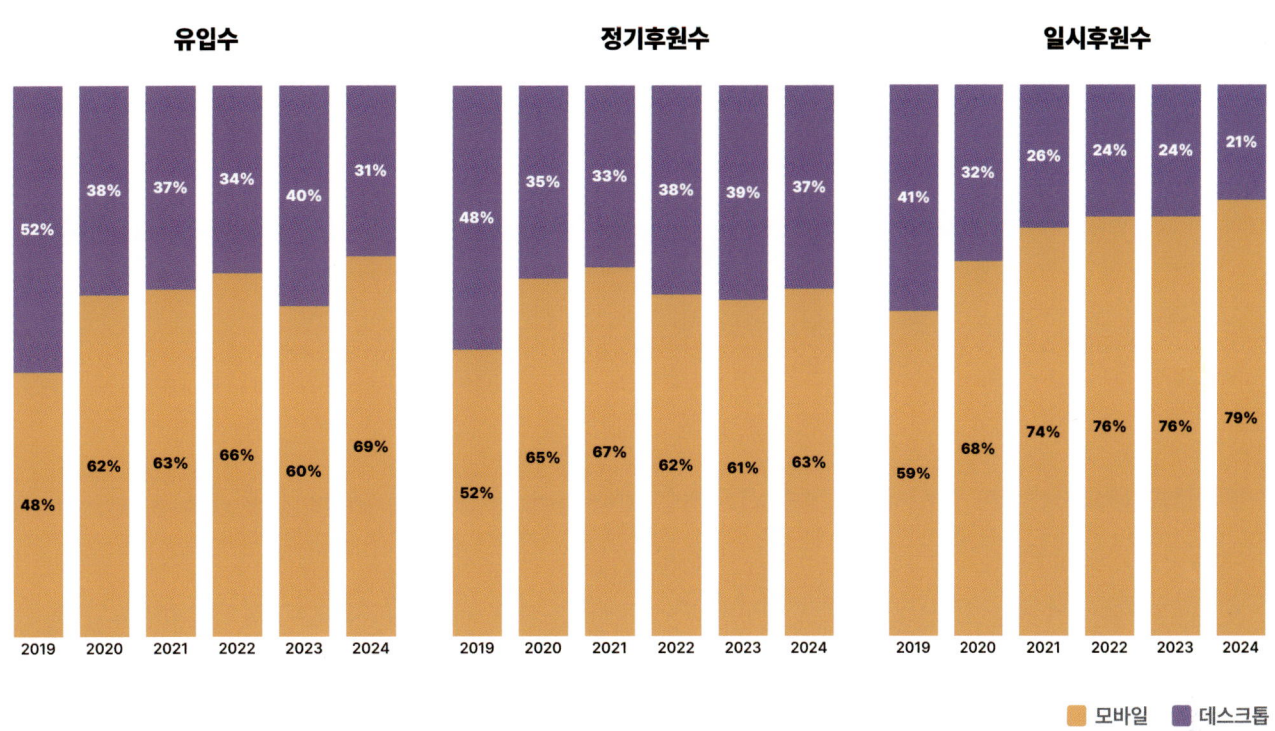

앞으로의 비영리 모바일 전환은 모바일 웹을 넘어서, 잠재후원자가 직접 참여하고 싶은 캠페인 또는 이벤트 등을 중심으로 한 모바일 앱 기반의 모금 전략까지 고민해야 할 시점입니다. 앱 개발과 유지보수의 비용 문제는 여전히 큰 장벽이지만, 그렇기 때문에 더욱 경험과 기술을 연결하는 새로운 시도와 모바일 마케팅 전략이 필요한 때입니다.

향후 5년, 비영리 디지털 모금이 "참여-경험-모금"이 유기적으로 연결된 앱 기반 전략으로 확장될 수 있다면, 지금과는 다른 또 하나의 전환점을 맞이하게 될 것으로 기대해 봅니다.

데이터 출처 누구나데이터 비영리단체 웹사이트 방문자 빅데이터

47.
정기후원이 많은 달은 언제일까?

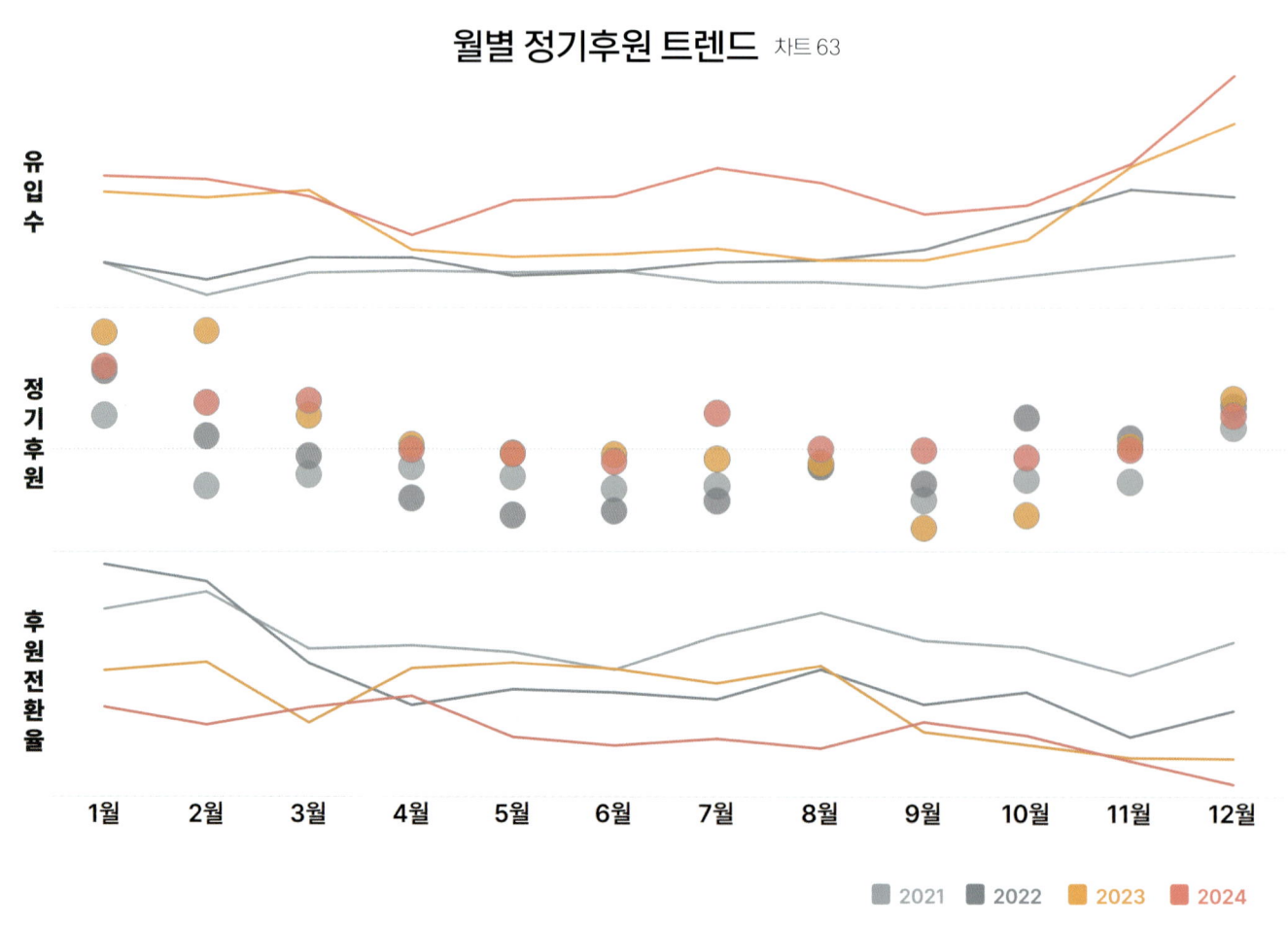

월별 정기후원 트렌드 차트 63

데이터 출처 누구나데이터 비영리단체 웹사이트 방문자 빅데이터

이번에는 2021년부터 2024년까지의 데이터를 기반으로, 유입수, 정기후원수, 후원 전환율이라는 세 가지 핵심 지표를 중심으로 월별 정기후원 트렌드를 살펴보고자 합니다.

먼저 유입수의 흐름을 보면, 해마다 변화하는 트렌드가 뚜렷하게 나타납니다. 2022년부터는 4분기를 중심으로 배너광고를 통한 유입이 증가하기 시작했고, 2023년에는 전년도 4분기에 이어 1분기까지 유입량이 크게 상승하였고, 4분기는 유입이 더 증가하는 양상을 보였습니다. 그리고 2024년에는 특정 분기에 국한되지 않고 연중 전반적으로 유입이 가장 높은 수준으로 유지되는 흐름을 볼 수 있습니다. 이는 이제 몇몇 주요 단체만이 아닌 다양한 비영리단체들이 본격적으로 디지털 모금 활동에 참여하고 있음을 보여주는 흐름입니다. 디지털 모금은 선택이 아닌 필수 전략으로 자리 잡았고, 본격적인 확산의 시대에 진입했다는 신호이기도 합니다.

다음으로 정기후원수를 살펴보면, 매년 1월을 포함한 1분기에 가장 높은 비중을 차지하는 경향이 이어지고 있습니다. 이는 연초에 모집된 정기후원이 1년 전체 후원금 규모에 누적 효과를 크게 줄 수 있기 때문에 1분기의 성과가 연간 디지털 모금 전략에서 매우 중요한 시점이라는 점을 다시금 확인시켜 줍니다.

세 번째 지표인 후원 전환율은 전반적으로 해마다 점차 낮아지고 있습니다. 이는 유입량을 단기적으로 증가시킬 방법은 대부분 배너광고에 집중되어 있기 때문이며, 배너광고는 유입을 늘리는 데는 효과적이지만 전환율은 상대적으로 낮아 결과적으로 전체 후원 전환율을 떨어뜨리는 원인으로 작용하고 있습니다. 특히 2024년 12월은 4개년 중 유입이 가장 높았던 동시에 전환율은 가장 낮았던 시기로, 유입과 전환율 간의 반비례 관계를 가장 뚜렷하게 보여준 사례라 할 수 있습니다.

다만 12월을 제외하면, 2024년의 전환율은 연중 비교적 고르게 유지되는 흐름을 보였습니다. 이는 단순히 연말이나 연초에 집중된 전통적인 모금 전략만으로는 이제 충분하지 않다는 것을 보여주는 데이터입니다. 이제는 캠페인의 반응성과 효율성을 분석하고, 그에 따라 마케팅 예산을 유연하게 조정하는 운영 전략이 필수인 시대로 접어든 것입니다.

또한 다양한 캠페인이 동시에 운영되는 환경 속에서 동일한 메시지와 사업 주제에 반복적으로 의존하는 방식은 더 이상 기대한 성과를 내기 어려운 구조가 되었습니다(차트 14, 15, 16). 이제는 유입별로 세분화된 5가지 지표 분석을 기반으로, AB 테스트, 건강한 유입의 채널 확대, 콘텐츠 최적화 등 데이터에 기반한 전략적 접근이 디지털 모금의 성패를 좌우하게 됩니다.

앞으로 모금 캠페인 경쟁시대에 무엇보다 중요한 것은 단체가 하고 싶은 이야기가 아니라, 후원자가 듣고 공감할 수 있는 메시지를 얼마나 설득력 있게 전달하느냐입니다. 단순한 의미 전달을 넘어서, 사람의 마음을 움직이고 행동으로 이어지게 만드는 메시지의 정교함과 전략적 설계가 그 어느 때보다 중요해지고 있습니다. 잠재후원자들의 마음을 얻기 위한 진정성 있는 소통과 전략적 마케팅 실행이 앞으로의 성과를 만들어갈 핵심이라 할 수 있습니다.

48.
일시후원이 많은 달은 언제일까?

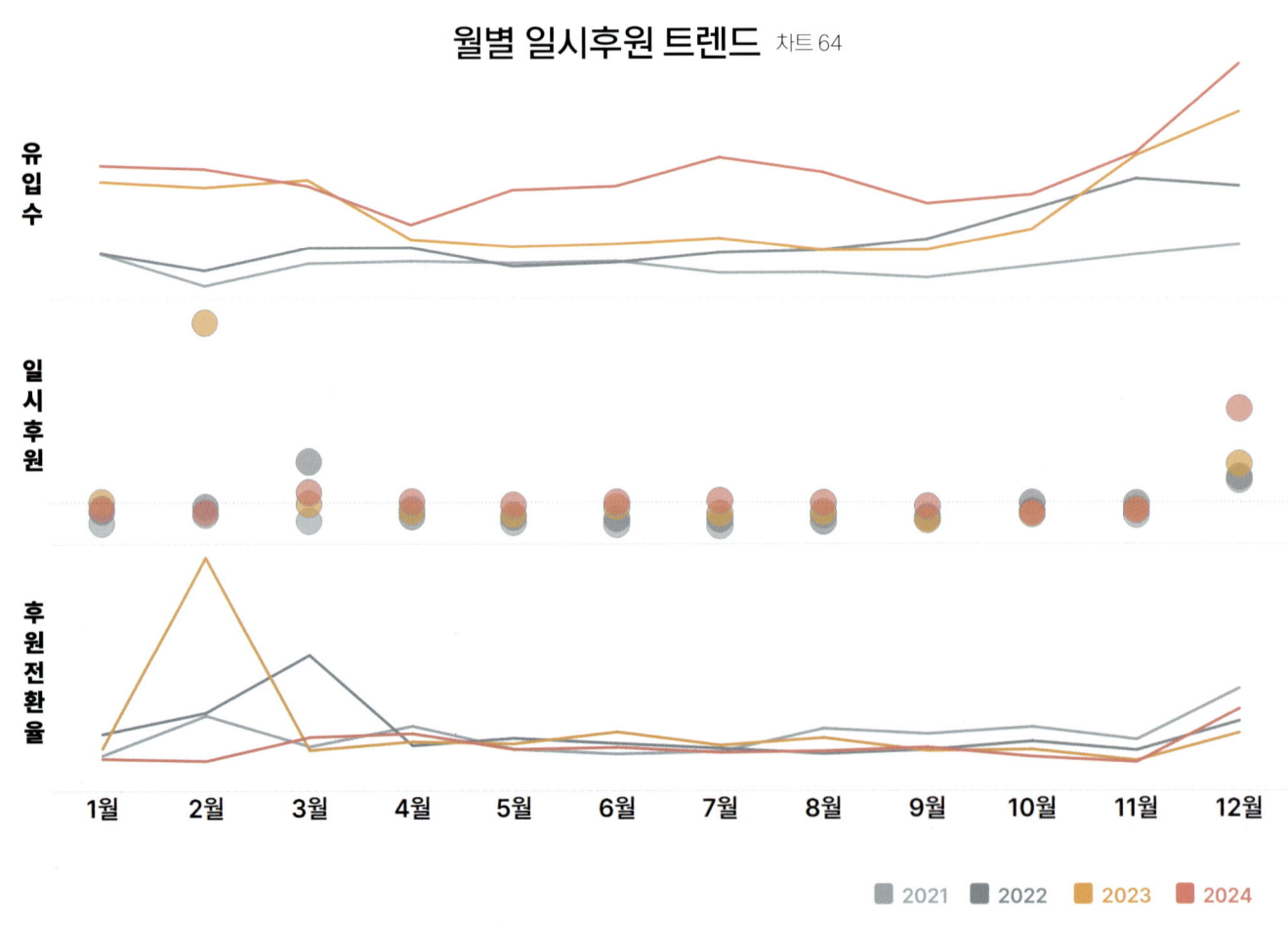

월별 일시후원 트렌드 차트 64

2021 2022 2023 2024

데이터 출처 누구나데이터 비영리단체 웹사이트 방문자 빅데이터

이번에는 일시후원 트렌드를 중심으로, 지난 4년간의 데이터를 바탕으로 그 흐름과 특징을 살펴보고자 합니다.

일시후원은 정기후원과는 다르게, 사회적 재난이나 긴급구호 이슈에 따라 즉각적인 반응이 나타나는, 가장 정직한 모금 유형 중 하나라 할 수 있습니다. 후원자들이 어떤 사회적이슈나 사건에 얼마나 깊이 공감했는지를 가장 직관적으로 보여주는 지표이기도 합니다.

가장 대표적인 사례로는 2022년 3월, 우크라이나 사태를 들 수 있습니다. 당시 유입수는 평소와 비슷한 수준이었음에도 불구하고 전환율이 급격히 상승하며 일시후원수가 4개년 3월달 중 가장 높은 수치를 기록했습니다. 후원을 하겠다는 의지를 가진 이들이 자발적으로 참여한 결과이며, 캠페인의 시의성과 공감의 강도가 얼마나 중요한지를 보여주는 데이터라 할 수 있습니다.

두 번째 사례로 2023년 2월에는 튀르키예 지진 이슈로 인해 일시후원 전환율이 4개년 중 가장 높은 수치를 기록했습니다. 해당 시기의 유입수도 높게 유지되어, 일시후원수 역시 정점을 찍었습니다. 이런 흐름은 일시후원이 이슈 기반 모금에서 얼마나 즉각적인 반응을 이끌어낼 수 있는지 그리고 이슈 시기에 얼마나 빠르게 캠페인 실행을 해야하는지를 잘 보여줍니다.

정기후원과 다른 특징은, 특별한 이슈가 없는 시기에는 일시후원의 흐름이 전반적으로 안정적이고 일정하게 유지된다는 점입니다. 대부분의 디지털 캠페인이 정기후원을 목표로 기획되다 보니, 일시후원은 단체별 특성이나 운영 전략에 따라 그 결과가 달라지며, 개별 캠페인의 목표나 이벤트 유형에 따라 큰 차이를 보이는 유연한 형태를 나타냅니다.

또한 연말 시즌의 패턴도 주목할 만합니다. 정기후원은 유입수가 급증할수록 전환율이 하락하는 반면, 일시후원은 12월에 유입수와 전환율이 함께 증가하면서 전체 후원수 역시 상승하는 흐름을 보였습니다. 이는 사람들이 여전히 연말에 기부를 하고자 하는 마음은 있지만, 정기후원보다는 일시후원을 선택하는 경향이 높아지고 있다는 점을 시사합니다. 부담 없이, 한 해를 마무리하며 자신의 방식으로 기부에 참여하고자 하는 흐름이라 볼 수 있습니다.

반대로 1월의 경우는 정기후원수와 전환율이 높게 나타나는 것과 달리, 일시후원의 흐름은 상대적으로 뚜렷한 변화 없이 평이한 수준을 유지하거나 오히려 낮은 흐름을 나타냅니다. 이는 새로운 해를 맞아 '새로운 결심', '도전', '변화'를 실행에 옮기려는 심리와 연관된 후원자의 심리적 변화에 따른 행동의 차이로 추측을 해볼 수 있습니다. 즉, 연말과 연초의 후원자 참여 방식은 시기에 따라 다르게 나타남을 4개년 데이터로 생각해볼 수 있습니다.

49.
무슨 요일, 몇 시에 후원이 활발할까?

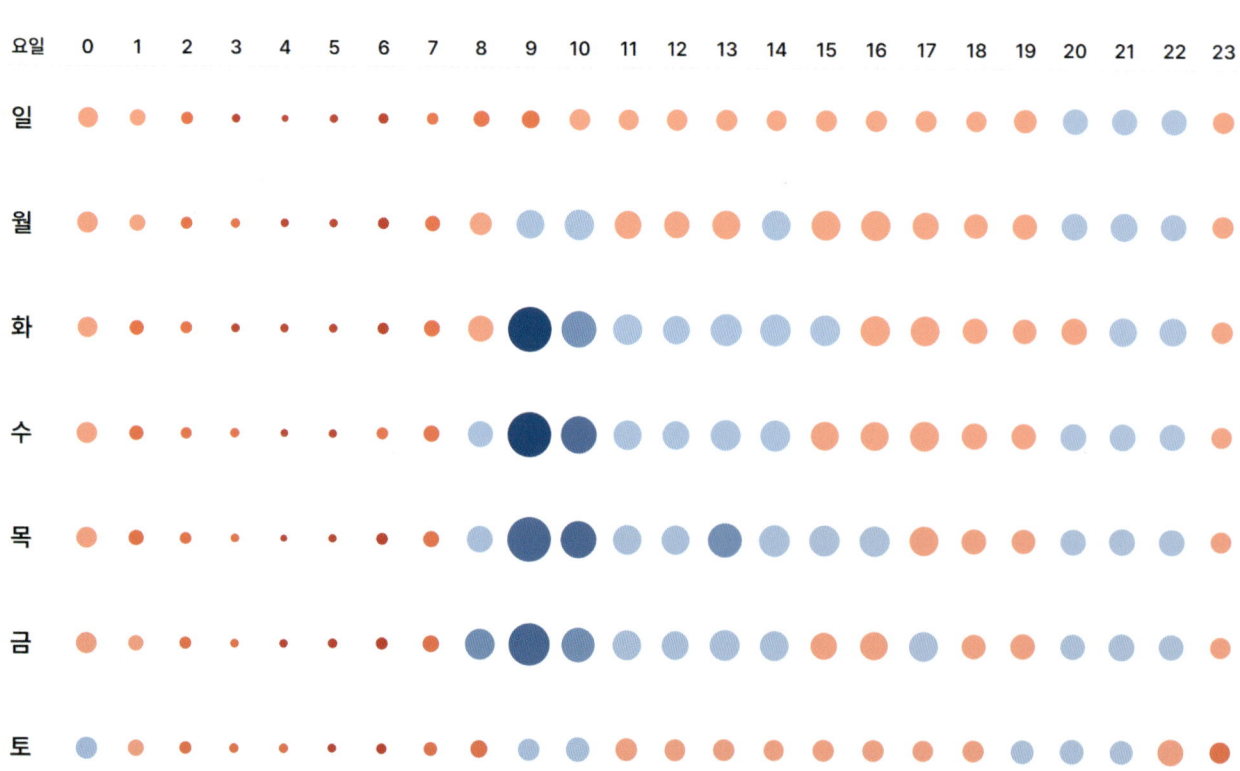

158 　　　　　데이터 출처 누구나데이터 비영리단체 웹사이트 방문자 빅데이터

요일과 시간대별 모금 참여율을 분석한 이번 결과는, 후원자가 언제 후원에 참여하는지를 더 정밀하게 이해할 수 있는 인사이트를 제공합니다. 먼저 데이터 설명을 간단히 하면 이번 분석은 2024년 데이터를 기반으로 진행하였으며, 원의 크기가 커질수록 정기후원 수가 많이 발생하는 의미를 나타내며, 원의 색은 빨간색은 정기후원 전환율이 낮고, 파란색으로 갈수록 전환율이 높은 의미를 나타냅니다.

그래프를 통해 가장 먼저 확인할 수 있는 점은, 정기후원이 가장 활발하게 일어나는 시간이 오전 9시에서 10시 사이라는 것입니다. 이 시간대는 특정 광고 상품(네이버 타임보드 등)의 영향도 있지만, 사람들이 일상 업무나 활동을 시작하는 시간으로, 비교적 후원 참여에 대한 마음의 여유가 있고 정기후원 전환에 긍정적인 영향을 미치는 것으로 보입니다. 이 흐름은 오후 3시 전까지는 양호한 후원 전환율이 유지되는 것을 볼 수 있으나, 오후 3시 이후부터는 전환율이 점차 감소하는 경향을 보이며, 이는 일과의 마무리 단계로 접어들며 후원에 대한 관심도나 참여가 낮아지는 것을 볼 수 있습니다.

흥미로운 점은, 오후 8시부터 11시 사이 다시금 정기후원 전환율이 소폭 상승하며, 하늘색으로 시각화된 전환율을 보여주고 있다는 것입니다. 이는 저녁 식사 후 개인 시간을 활용하는 시간대로, 유튜브나 SNS 등을 소비하며 감정적으로 콘텐츠에 몰입하고, 이에 따라 후원이라는 액션으로 이어지는 시간대일 수 있습니다.

요일별 특징으로 보면, 전반적으로 주말보다는 평일에 모금 효율이 더 높게 나타났습니다. 특히 월요일은 평일 중 후원 전환율과 후원 수가 모두 가장 저조하지만, 목요일은 가장 좋은 효율을 보이는 요일로 나타났습니다. 이는 월요일의 바쁜 일정과 피로감이 있지만, 목요일의 경우 비교적 안정된 업무 리듬과 주말을 앞둔 심리적 여유에서 기인하는 결과일 수도 있습니다. 이러한 흐름은 2024년뿐만 아니라 지난 2개년에서도 비슷한 흐름으로 나타났습니다.

이러한 시간대와 요일의 데이터는 인사이트를 찾아가는 관점에서 단순 수치 이상의 의미를 가질 수 있습니다. 왜냐하면 그 시간대에 온라인에 접속해 있는 사람들의 행동과 페르소나(타깃 프로필)가 다를 가능성이 매우 높기 때문입니다. 이러한 인사이트를 기반으로, 다음과 같은 전략적 시도를 생각해 볼 수 있습니다.

▶ 한정된 예산으로 광고 운영 시 화~금 평일에 집중하여 운영해 보기
▶ 각 시간대에 맞는 페르소나 타깃을 고려한 콘텐츠 유형을 실험적으로 운영해 보기
▶ 우리 단체의 후원 전환 데이터와 비교하여 시간대별 특이한 흐름이 있는지 분석해 보기

결국, 이 분석은 단순한 트렌드 확인을 넘어, 우리 단체만의 특성을 반영한 최적의 운영 시간과 캠페인 구성 전략을 도출해내는 새로운 관점의 시작이 될 수 있습니다. 후원자에게 다가가는 타이밍, 메시지, 그리고 채널의 정밀도가 높아질수록, 디지털 모금의 성과는 더욱 효과적으로 개선될 수 있습니다.

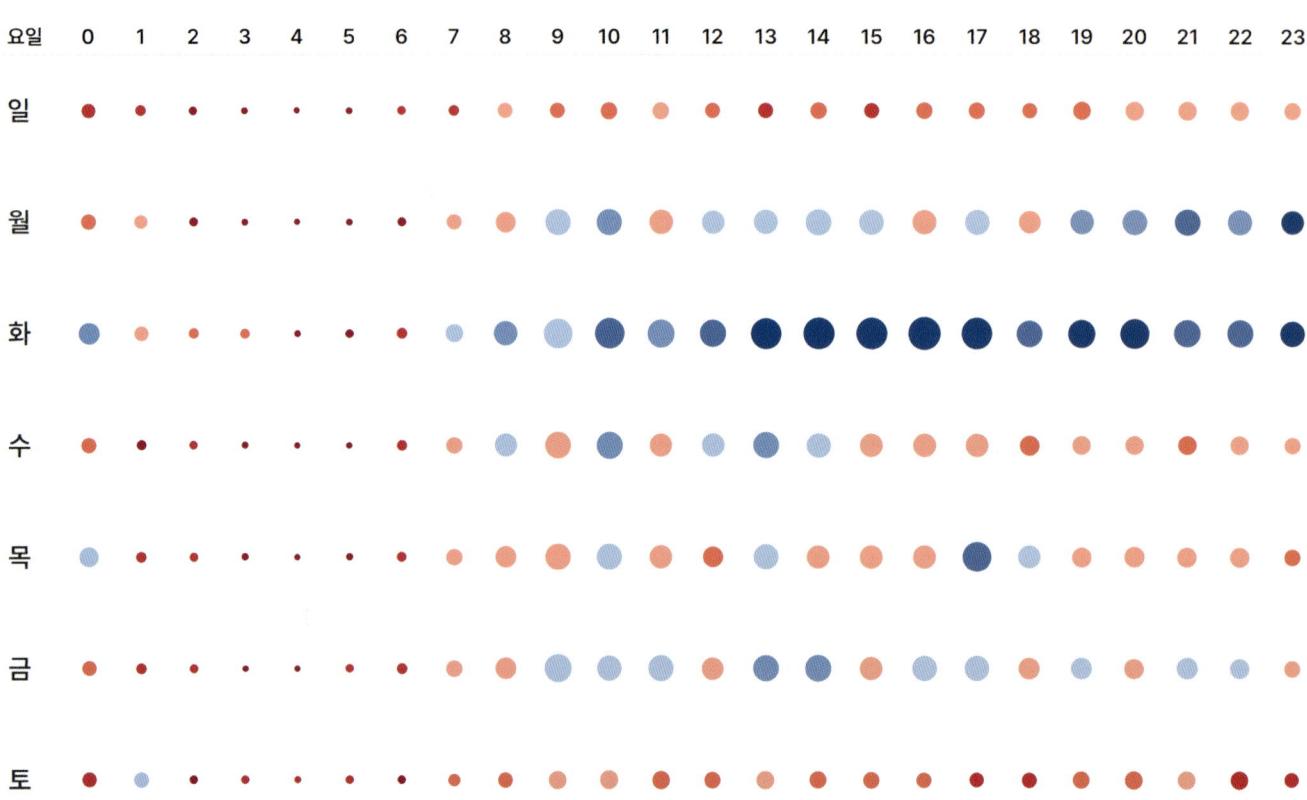

일시후원에 대한 요일과 시간대별 흐름을 살펴보겠습니다. 그 결과, 정기후원과는 또 다른 일시후원만의 독특한 참여 패턴이 뚜렷하게 나타났습니다.

먼저 가장 눈에 띄는 점은 화요일에 전환율과 후원 참여 수가 이상치로 보일 정도로 높게 나타났다는 것입니다. 이는 특정 캠페인이나 이벤트가 화요일에 집중되어 발생한 결과일 수도 있고, 단체가 정기적으로 운영하는 온드채널(카카오 알림톡, 뉴스레터, 문자 등)의 발송 시점이 영향을 준 결과일 수도 있습니다. 물론 모든 단체에서 동일하게 나타나는 것은 아니므로, 우리 단체만의 일시후원 피크 요일과 시간대를 데이터로 파악해보는 것이 중요합니다.

전반적으로는 일시후원 역시 정기후원과 마찬가지로 평일이 주말보다 후원 전환율과 후원 수가 높게 나타나는 경향을 보였습니다. 하지만 정기후원과 확연히 다른 특징 중 하나는, 월요일의 성과가 비교적 높게 나타났다는 점입니다. 정기후원의 경우 월요일은 가장 낮은 성과를 보였던 것과 달리, 일시후원에서는 두 번째로 높은 성과를 기록한 요일로 나타났습니다.

이 분석은 단순한 요일과 시간대별 데이터 이상의 중요한 시사점을 줍니다. 바로, 정기후원과 일시후원의 참여자 심리와 행동 패턴은 다르다는 것입니다. 그렇기에 후원 캠페인을 설계할 때 단순히 "정기후원만 또는 일시후원만 " 선택하여 강요하는 형태보다는, 두 방식의 차이와 가치를 설명하고 후원자가 자신의 상황과 가치에 맞춰 선택할 수 있도록 설계하는 것을 고려해볼 필요가 있습니다.

2023년 이후 모든 마케팅 핵심은 고객경험에 있습니다. 즉 단체가 원하는 단기적 결과보다 후원자의 경험으로부터 시작하여 장기적인 결과를 중심으로 마케팅은 움직이고 있습니다. 이제 비영리 마케팅도 변화된 시대의 흐름을 인지하고, 후원자가 원하는 방식, 원하는 시점, 원하는 메시지에 맞춰 반응할 수 있는 전략적 유연성을 갖추어야 할 시점입니다. 일시후원 데이터 분석은 그러한 전환을 위한 실천 방안 중 하나가 될 수 있습니다.

50.
신규 방문자와 재방문자의 후원량 차이는?

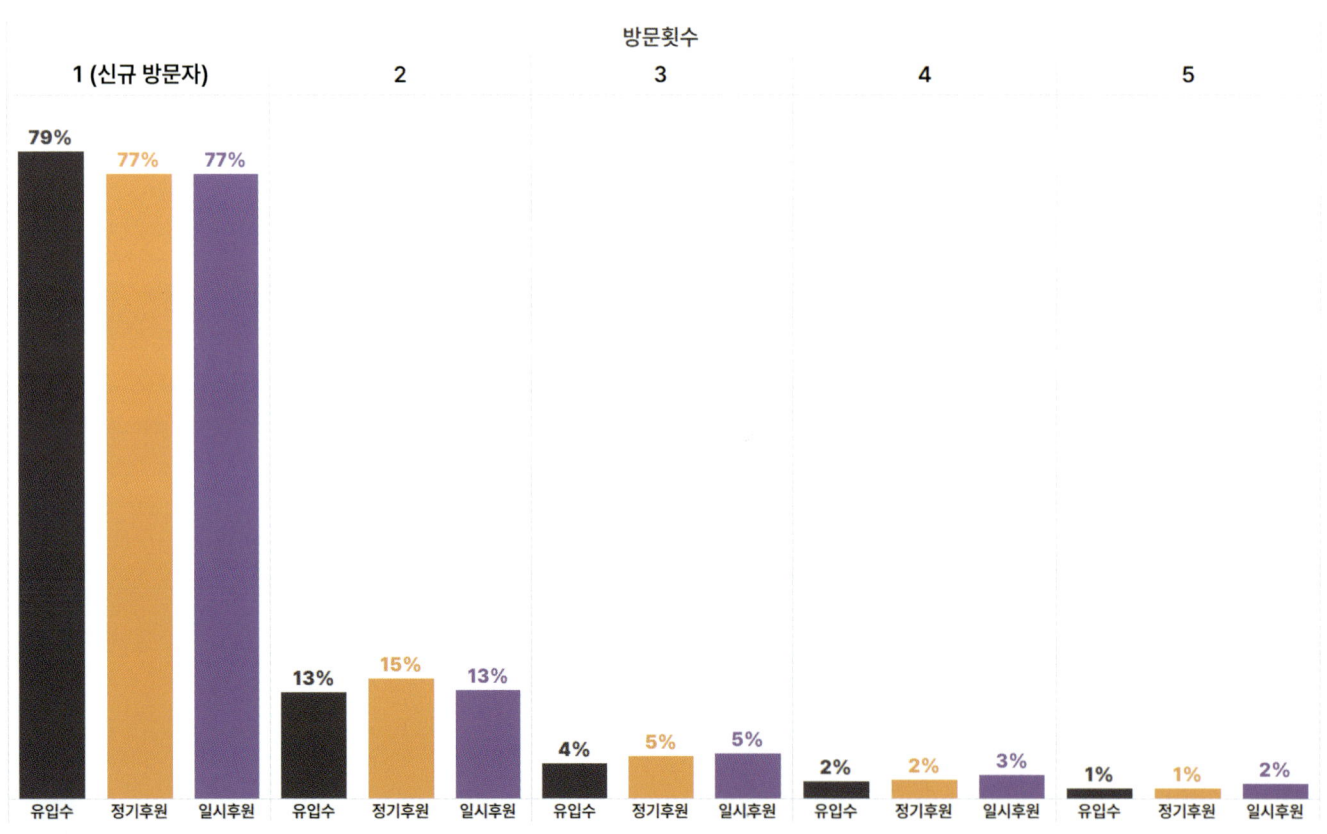

2024년 웹사이트 방문횟수별 모금 트렌드 차트 67

신규 방문자와 재방문자의 모금 비율을 분석하는 일은 단순한 수치 비교를 넘어, 우리가 지금 어디에 서 있는지를 진단하고 앞으로의 전략을 설계하는 데 중요한 나침반 역할을 합니다. 특히 '국내 비영리단체의 디지털 모금 마케팅 유형 분석'(차트 37)과 연결 지어 생각해 볼 때, 이 지표는 현재 우리 단체의 디지털 마케팅 전략이 어떤 방향으로 흘러가고 있는지를 보여주는 핵심 데이터 중 하나입니다.

2024년은 신규 방문을 통해 유입수, 정기후원, 일시후원 모두 77%가 넘는 지표를 확인할 수 있습니다. 이는 이전 2021년과 비교하였을 때 신규 방문자의 유입과 모금 전환 비율이 전반적으로 상승한 흐름이 확인되었습니다. 2021년에는 신규 방문자 유입 비율이 73%, 정기후원은 68%, 일시후원은 61%였지만, 2024년에는 이 비율이 모두 상승하여 신규 방문자의 모금 효과가 꾸준히 높아지는 추세를 보였습니다. 이러한 흐름은 배너광고 유입 비율이 매년 증가하는 추세(차트 48)와 긴밀하게 연관되어 있습니다. 광고를 통해 단체를 처음 접하는 사람들이 늘어나고 있고, 이들이 단체가 제시하는 후원 메시지에 반응하고 있다는 점에서 디지털 퍼포먼스 마케팅이 비영리 분야에도 본격적으로 자리 잡았음을 보여줍니다.

특히 퍼포먼스 마케팅 유형이나 패시브 마케팅 유형에 속하는 단체들의 경우 이와 같은 신규 방문자 중심의 유입 구조를 채택하고 있는 경우가 많습니다. 하지만 문제는 여기에 머무를 경우, 광고 효율이 떨어지거나 예산이 줄어들면 바로 모금이 감소하는 구조에 노출될 수 있다는 점입니다. 신규 방문자 중심의 전략만으로는 지속 가능한 모금 구조를 만들기 어렵기 때문입니다.

반면 오가닉 마케팅이나 콘텐츠 마케팅 유형은 비록 속도는 느릴 수 있으나, 관심 있는 대상자들이 꾸준히 단체를 다시 찾아오게 하는 구조를 갖추고 있습니다. 뉴스레터, DM 마케팅, 블로그, SNS 콘텐츠 등 온드 채널 기반의 꾸준한 커뮤니케이션은 단체에 대한 인지도를 유지하고, 결국은 후원으로 이어지는 가능성을 높이는 기반이 됩니다. 이러한 재방문 중심의 전략은 단체의 팬층을 만들고, 장기적으로는 자발적인 후원과 추천을 끌어낼 수 있는 가능성으로 이어집니다. 따라서 지금 우리 단체가 퍼포먼스 마케팅에 가까운 구조인지, 아니면 오가닉 또는 콘텐츠 중심의 전략을 가지고 있는지를 먼저 파악해 보는 것이 중요합니다. 퍼포먼스 중심 전략이라면 광고를 통해 유입된 신규 방문자들이 재방문할 수 있도록 콘텐츠나 후속 커뮤니케이션 구조를 설계해야 하고, 오가닉이나 콘텐츠 중심 전략이라면 검색, 뉴스레터, 블로그 등의 콘텐츠 자산을 어떻게 유입과 추천으로 연결할지 장기적인 관점에서 설계할 필요가 있습니다.

결국 디지털 모금에서 진짜 중요한 지점은 '한 번 후원하게 만드는 것'이 아니라, 다시 찾아오고, 또다시 후원하고, 친구에게 추천하고, SNS에 공유할 수 있도록 만드는 과정입니다. 단체의 브랜드를 기억하게 만들고, 그 메시지를 지속적으로 접할 수 있도록 설계해야만, 진정한 의미의 재방문자 기반 후원 전략이 완성됩니다. '첫 방문으로 끝나지 않도록.' 단체에 대한 첫인상을 넘어서, 다시 오고 싶고, 다시 보고 싶은 단체가 될 수 있도록 우리의 콘텐츠와 커뮤니케이션 전략을 다듬어야 할 때입니다. 이 흐름을 이해하고 전략을 세운다면, 단발성이 아닌 지속 가능한 디지털 모금 구조를 만들어갈 수 있을 것입니다.

51.
신규 방문자와 재방문자의 후원 전환율 차이는?

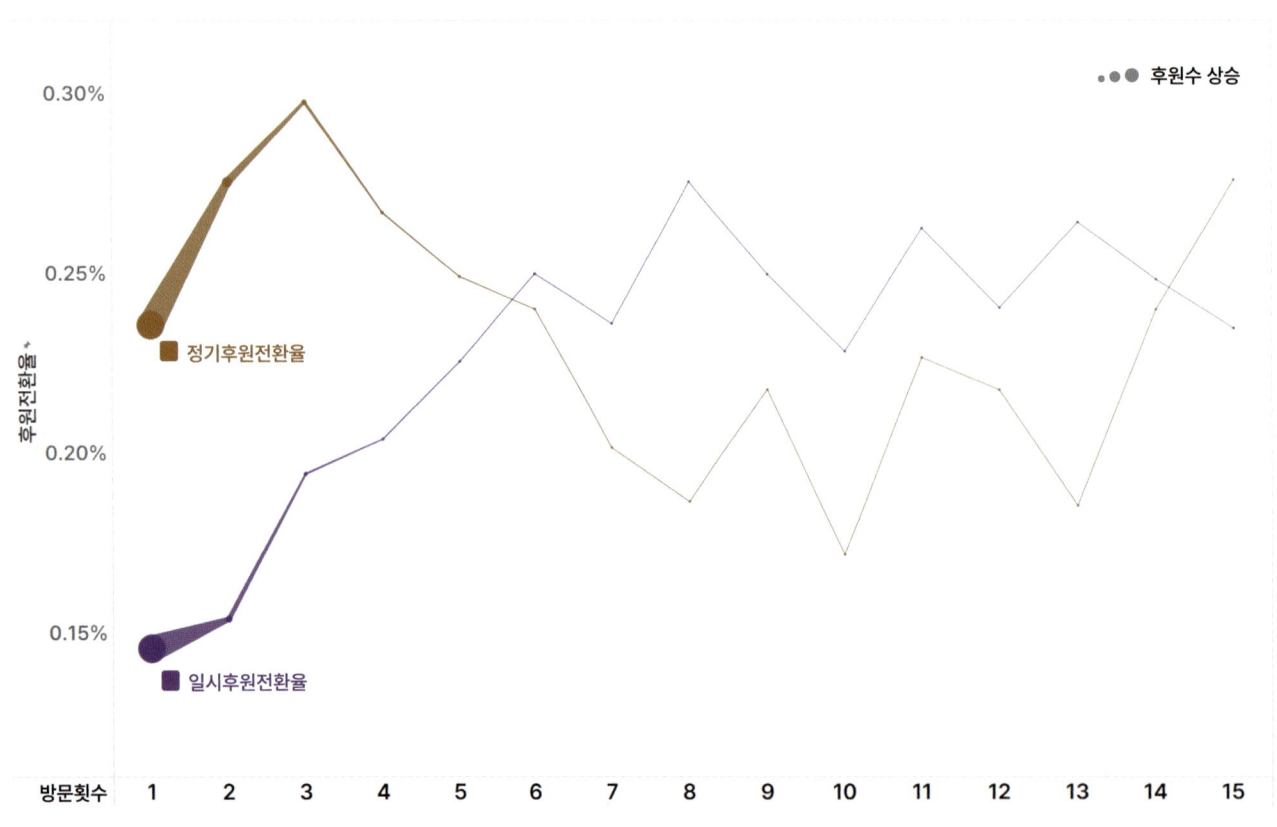

2024년 웹사이트 방문횟수별 후원 전환율 트렌드 차트 68

데이터 출처 누구나데이터 비영리단체 웹사이트 방문자 빅데이터

이번 데이터는 방문 횟수에 따른 정기후원과 일시후원의 전환율 트렌드를 분석한 내용입니다. 분석 결과, 대부분의 유의미한 변화는 방문 15회 이내에서 뚜렷하게 나타났습니다.

전환율 그래프의 흐름을 살펴보면, 초기에는 전환율이 점차 상승하다가 일정 시점에서 하락한 뒤, 이후에는 W자 형태의 증감 패턴이 반복적으로 나타납니다. 이 W구간은 단체에 대한 충성도가 높은 팬층, 단체의 메시지를 꾸준히 확인하는 잠재후원자, 혹은 내부 직원들의 반복적인 유입일 가능성이 높은 영역으로 분석됩니다.

가장 주목할 만한 특징은 정기후원 전환율이 일시후원 전환율보다 높게 나타난다는 점입니다. 이 지표는 단체마다 다르게 나타날 수 있으나, 정기후원만 가능하도록 설계된 모금 캠페인의 구조가 많았기 때문에 상대적으로 높은 정기후원 전환율이 나타난 것으로 해석됩니다.

2024년 기준, 신규 방문 시 정기후원 전환율의 표준지표는 약 0.24%입니다. 이 지표는 우리 단체의 평균 정기후원 전환율과 비교하여 현재 성과의 수준을 가늠해볼 수 있는 기준이 됩니다. 또한 이 전환율은 방문 횟수 3회차까지 점진적으로 상승하는 흐름을 보였으며, 6회차 방문자까지는 신규 방문자와 유사한 수준의 전환율을 유지하고 있는 것으로 나타났습니다. 이는 광고 리타겟팅 전략을 수립할 경우, 최소 6회 방문까지는 전환 기대치를 유지할 수 있는 유효 구간임을 의미합니다.

반면, 일시후원의 전환율은 신규 방문 기준 약 0.15%에서 시작하여 이후 방문이 늘어날수록 점진적으로 상승하는 흐름을 보였습니다. 이는 정기후원과는 다른 후원자 행동 패턴을 보여주며, 일시후원의 경우 후원 직후의 커뮤니케이션 전략과 재유입 설계가 전체 성과에 큰 영향을 준다는 점을 시사합니다.

7회차 방문 이후부터는 W자형 증감 패턴이 반복되기 시작합니다. 이 구간은 관심이 높은 잠재후원자층이나 충성도 높은 후원자, 또는 자주 접속하는 단체 내부 유입자들일 가능성이 높으며, 해당 데이터를 정확히 분석하기 위해서는 내부 IP 필터링 등 정제 작업이 반드시 병행되는 것이 좋습니다.

앞으로의 디지털 모금 전략은 단순히 '많이 들어오게 하는 것'에서 끝나지 않습니다. 재방문 회차 기반의 세그먼트 분석을 통해 방문자의 관심도와 행동 흐름을 파악하고, 각 유입자에게 적절한 콘텐츠와 메시지를 타이밍 맞게 제공하는 개별화 마케팅 전략으로 발전해 가야 합니다. 예를 들어, 앱 마케팅이나 CRM 기반의 자동 메시지, 캠페인 페이지 유형별 리마케팅 전략 등은 정기후원과 일시후원의 목표를 넘어, 추천, 참여, 증액후원, 정기후원 전환 등 후원자의 생애 가치(LTV)를 높이는 방향으로 나아가야 합니다.

결국 한 번의 클릭이나 방문만으로 후원이 만들어지는 시대의 한계에 도달했습니다. 앞으로는 후원 여정을 설계하고, 반복적인 접점을 통해 신뢰를 쌓아가는 전략이야말로 향후 디지털 모금의 핵심이 될 것입니다.

52.
신규 방문자와 재방문자의
접속기기별 정기후원 트렌드는?

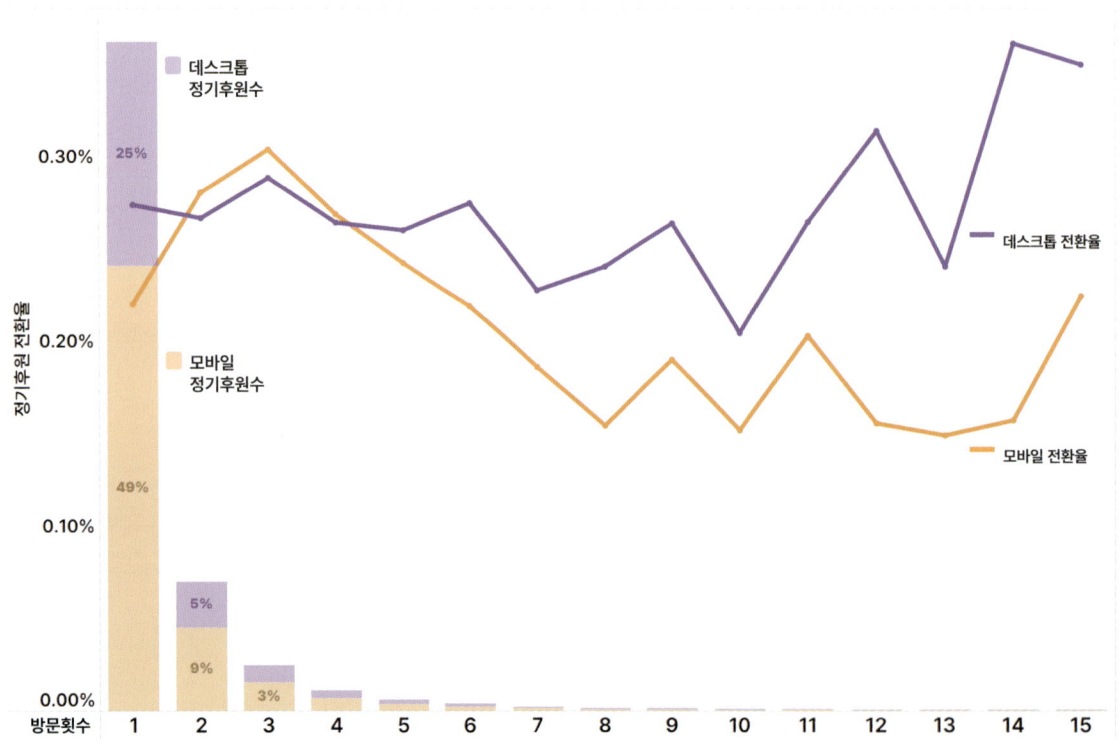

2024년 방문횟수 X 접속기기별 정기후원 트렌드 차트 69

데이터 출처 누구나데이터 비영리단체 웹사이트 방문자 빅데이터

이번 분석은 방문 횟수에 따른 정기후원 전환율을 접속기기별로 세분화하여 살펴본 내용입니다. 이전에서 살펴본 '2024년 웹사이트 방문횟수별 후원 전환율 트렌드' (차트 68)를 기반으로, 모바일과 데스크톱 기기에서 후원 참여가 어떤 흐름을 보이는지에 대한 인사이트를 얻기 위한 세부 분석입니다.

그래프 구성은 다음과 같습니다. 막대그래프는 접속기기별 정기후원 수의 비율을, 꺾은선 그래프는 기기별 후원 전환율을 나타냅니다.

분석 결과를 보면, 전체적인 후원 수 비율에서는 모바일이 데스크톱보다 약 2배 높은 수준을 보입니다. 이는 정기후원 참여 역시 모바일 중심으로 이루어지고 있다는 명확한 흐름을 보여주는 지표입니다.

전환율 측면에서 살펴보면, 1회차 방문에서는 모바일이 데스크톱보다 소폭 낮은 전환율을 보였습니다. 하지만 2회차부터 4회차까지는 모바일 전환율이 데스크톱보다 더 높은 흐름을 나타냈습니다.

여기서 주목할 점은, 전체 정기후원의 96%가 4회차 이내의 방문에서 이루어지고, 모바일 유입이 데스크톱보다 더 많음에도 불구하고 모바일을 통한 전환율이 재방문 4회차까지 데스크톱 보다 높게 나타난다는 점입니다. 이러한 결과는 향후 디지털 모금 전략을 수립할 때 모바일 중심의 리타겟팅 전략, UX 개선, 후원 흐름 최적화가 얼마나 중요한지를 다시 한번 확인시켜줍니다.

앞으로 정기후원 전환율을 높이기 위한 핵심 전략은 '모바일 사용자가 가장 빠르고 쉽게 후원까지 도달할 수 있는 경험'을 설계하는 것입니다. 후원 신청 과정에서 입력 단계의 수, 로딩 속도, 결제 방식의 편리성, 그리고 후원 스토리를 얼마나 쉽게, 짧은 시간 안에 전달할 수 있는지 등이 중요한 요소로 작용합니다.

이와 같은 모바일 사용자 경험을 더 효과적으로 반영하기 위해, 다른 비영리단체들의 모바일 캠페인 페이지와 홈페이지 또는 일반 영리기업의 월 구독 서비스 신청페이지를 스터디하여 비교분석 것도 좋은 방법입니다.

예를 들어, 다음과 같은 스터디 항목을 설정해볼 수 있습니다:
▸ 후원 완료까지 소요되는 평균 시간
▸ 콘텐츠 완독까지의 시간, 요소
▸ 공감 포인트(스토리, 이미지, 카피, 영상 등)가 어디에서 발생하는지
▸ 이탈이 가장 많이 발생할 것 같은 포인트

이러한 실제 사용자 흐름에 대한 체계적인 분석과 비교는, 우리 단체의 모바일 후원 흐름을 개선하고, 보다 설득력 있는 캠페인 설계로 연결될 수 있는 출발점이 될 것입니다.

53.
신규 방문자와 재방문자의
접속기기별 일시후원 트렌드는?

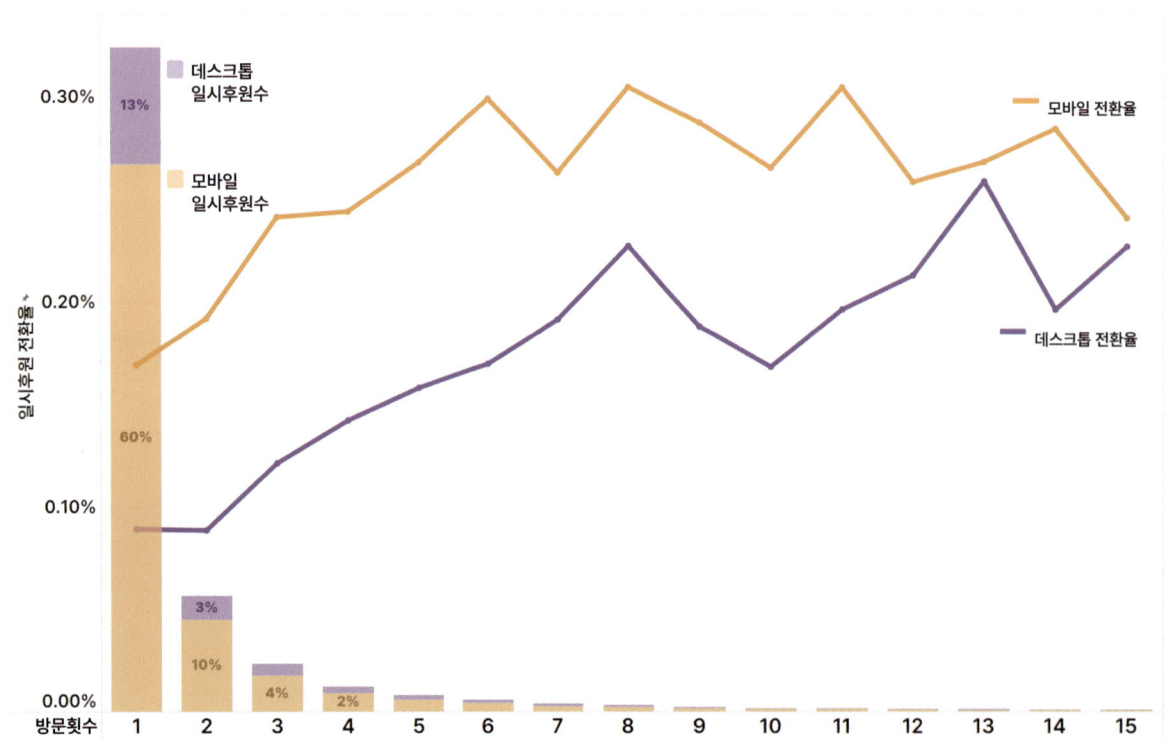

2024년 방문횟수 X 접속기기별 일시후원 트렌드 차트 70

데이터 출처 누구나데이터 비영리단체 웹사이트 방문자 빅데이터

이번 분석은 방문 횟수에 따른 일시후원 전환율을 접속기기별로 세분화하여 살펴본 내용입니다. 앞서 설명한 '2024년 웹사이트 방문횟수별 후원 전환율 트렌드' (차트 68)를 기반으로, 모바일과 데스크톱에서 일시후원이 실제로 어떻게 발생하고 있는지, 그리고 그 흐름이 어떻게 다른지를 중심으로 정리한 분석입니다.

그래프 구성은 다음과 같습니다. 막대그래프는 접속기기별 일시후원 수의 비율을, 꺾은선 그래프는 접속기기별 후원 전환율을 나타냅니다.

분석 결과를 보면, 일시후원 역시 정기후원과 마찬가지로 전반적인 참여는 모바일 중심으로 이루어지고 있으며, 전환율 측면에서도 모바일이 데스크톱보다 더 높게 나타나는 흐름을 보였습니다. 특히 모바일 전환율은 1회차부터 6회차 방문까지 꾸준히 상승하는 흐름을 보였고, 이후에도 15회차까지 높은 전환율이 유지되는 안정적인 패턴을 보였습니다.

이러한 흐름에서 한 가지 흥미로운 점은 15회차 까지 방문에서 일시후원을 한 후원자가 이전에도 일시후원을 했던 재참여자일 가능성이 높다는 점입니다. 즉, 이들은 단순 방문자가 아니라 단체의 메시지를 꾸준히 확인하고 다시 후원에 참여하는 '비정기 후원자 그룹'이자, 단체와의 관계가 어느 정도 형성된 충성 후원자 층일 수 있습니다.

이러한 후원자들을 제대로 이해하고 활용하기 위해서는 단체의 CRM 또는 GA를 통하여 후원자ID 기반의 코호트 분석이 이루어질 필요가 있습니다. 예를 들어, 재후원 횟수, 재후원 간격, 재후원 시점의 캠페인 유형 등을 살펴본다면, 더욱 실질적인 전략 방향을 도출할 수 있을 것입니다.

만약 이러한 분석에서 재후원률이 낮게 나타났다면, 이는 후원자 경험 설계에 개선할 여지가 있다는 뜻이기도 합니다. 즉, 후원 이후의 커뮤니케이션 여정 (후원 감사 메시지, 후원금 사용 보고, 후속 콘텐츠 제공, 캠페인 어필 등) 이 충분히 설계되어 있었는지 검토해야 합니다.

결국 일시후원자는 단체의 가장 중요한 미래 잠재 자산입니다. 이들을 단순히 일회성 기부자로 보는 것이 아니라, 정기후원 전환 대상, 비정기적 반복 후원자, 콘텐츠 추천자, 심지어 고액후원으로 전환 가능한 타겟으로 인식하고 전략을 구성해야 합니다.

이번 분석의 인사이트는 일시후원은 끝이 아니라 시작이라는 것입니다. 단체가 '한 번의 참여'를 '지속적인 관계'로 이어갈 수 있도록, 데이터를 기반으로 의미 있는 흐름을 만들고 전략을 설계하는 일이 앞으로 비영리 디지털 마케팅에 가장 필요한 관점입니다.

54.
300개 모금 캠페인의 후원성과 분포와 추세는?

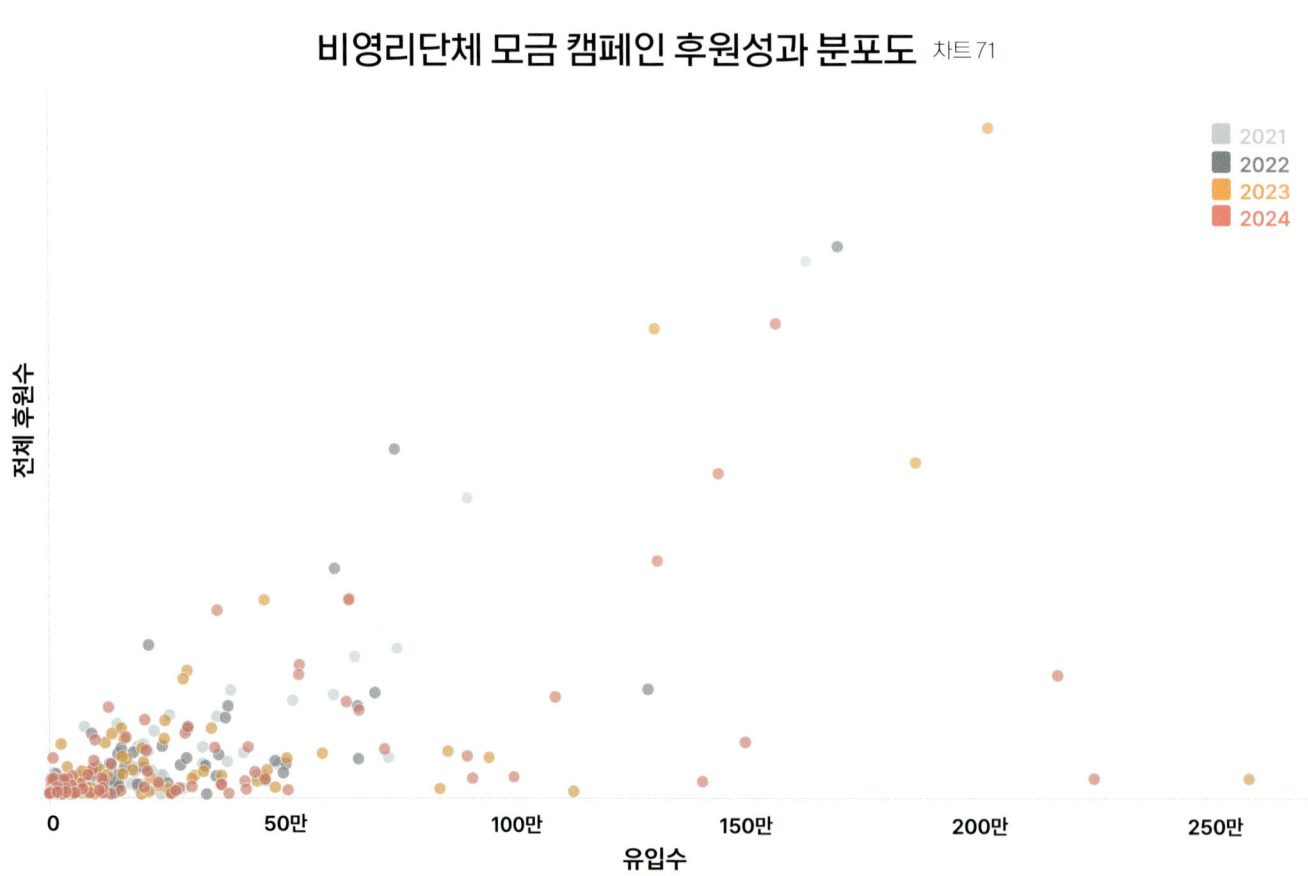

비영리단체 모금 캠페인 후원성과 분포도 차트 71

이번 분석은 2021년부터 2024년까지 연도별 정기후원과 일시후원 건 수 합이 100건 이상의 후원을 이끌어낸 캠페인 300건을 선정해 분석한 내용을 담고 있습니다. 분석 기준은 캠페인별 유입수(x축)와 후원수(y축)이며, 이를 바탕으로 캠페인 퍼포먼스를 인포그래픽화 하여 분석하였습니다.

먼저, 연도별 캠페인 수를 살펴보면 다음과 같습니다.

▸ 2021년 : 59개 캠페인
▸ 2022년 : 61개 캠페인
▸ 2023년 : 78개 캠페인
▸ 2024년 : 102개 캠페인

2021년 대비 2024년 캠페인 수는 약 두 배 가까이 증가한 흐름을 보입니다. 이는 데이터 모수도 증가 했지만 점차 디지털 캠페인 중심으로 모금 캠페인이 이동하고 있으며, 더 많은 단체들이 더 많은 캠페인을 운영하기 시작했다는 흐름을 의미하기도 합니다.

이와 동시에 잠재후원자 입장에서 보면, 선택할 수 있는 후원 캠페인 수가 크게 늘어났다는 점도 고려해야 합니다. 2021년만 해도 후원자에게 노출되는 디지털 캠페인의 수는 제한적이었지만, 2024년에는 훨씬 다양한 주제와 메시지를 담은 캠페인들이 경쟁적으로 등장하고 있습니다.

이러한 캠페인 다변화는 후원자들에게는 더 많은 선택지를 제공함과 동시에, 비영리단체들에게는 '선택받을 수 있는 콘텐츠'를 얼마나 정교하게 기획했는가가 모금 성과를 가르는 핵심 요인이 되었다는 점을 말해줍니다.

단체마다 고유의 신뢰도, 브랜드 선호도, 단체의 후원 후기, 캠페인 주제의 공감성, 콘텐츠의 사회적 긴급성, 콘텐츠 전달 방식 등 이제는 단순한 캠페인 페이지 오픈 뿐만 아니라 후원 전환에 중요한 변수가 다양한 요소로 나타나고 있습니다.

이처럼 캠페인 분포도를 통한 표준 지표를 통해 각 단체가 모금 캠페인 시장에서 자신의 위치를 가늠하고 앞으로 나아갈 방향을 설정하는 데 있어 중요한 기준점이 될 수 있습니다.

비영리단체 모금 캠페인 연도별 후원성과 추세 차트 72

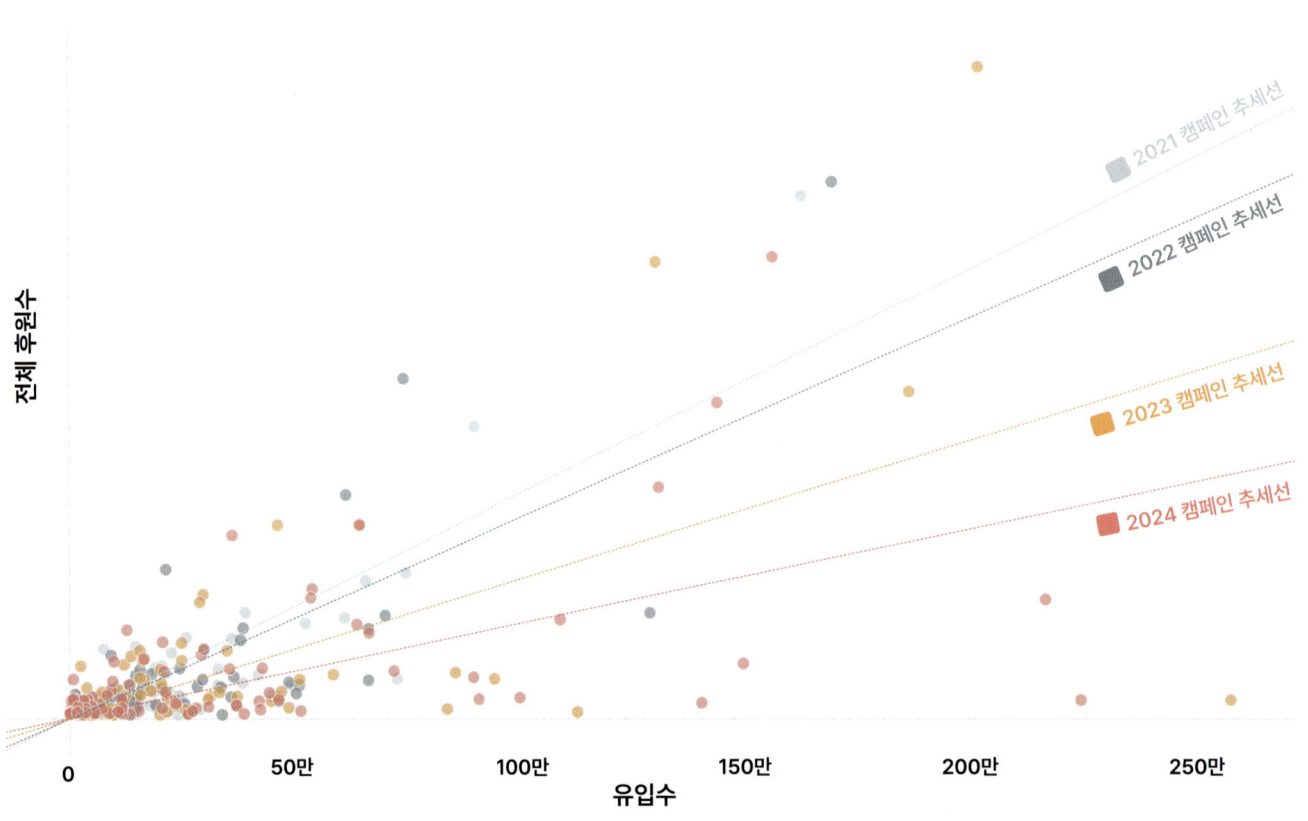

이번 분석은 연도별 비영리 캠페인의 모금 전환 흐름을 나타내는 추세선 분석을 통해, 최근 4년간 디지털 모금 캠페인의 효율성 변화를 살펴보았습니다.

연도별 유입수(x축)와 후원수(y축)를 기반으로 캠페인들의 추세선을 나타냈습니다. 이 추세선의 기울기는 후원 전환율, 즉 유입된 사람 중 실제 후원으로 이어진 전환율을 보여주는 지표입니다. 추세선의 기울기가 높을수록 그 해의 캠페인들이 적은 유입으로도 높은 후원 효과를 거두었다는 것을 의미합니다.

하지만 2021년부터 2024년까지 추세선의 기울기는 매년 낮아지는 흐름을 보였습니다. 이는 캠페인 전체적으로 디지털 모금의 전환율이 하락하고 있다는 것을 뜻하며, 이는 1장에서 살펴본 '비영리 디지털 모금의 연간 효율 변화 추이'(차트 35)과 동일한 흐름을 나타내며 전체 효율의 감소된 주된 원인으로 해석할 수 있습니다.

매년 캠페인 전환율이 낮아지는 이유를 캠페인 분포도에서 찾아보면, 유입수(x축)가 50만이 넘어가는 캠페인들 중에서 후원수가 낮은 대다수 캠페인이 2023년 또는 2024년 캠페인들이 분포되어 있는 것을 볼 수 있습니다. 이러한 캠페인들은 대체로 직접적인 후원보다는 브랜드 인지도 확산을 위한 목적을 갖거나, 잠재후원자 확보를 위한 리드제너레이션 캠페인일 가능성이 높습니다.

즉, 단체의 전략적 목적에 따라 유입을 늘리는 것은 유효하지만, 문제는 고비용을 들여 유입은 확보했으나, 실질적인 후원에 연결이 되지 않는 캠페인의 수가 증가하고 있으며, 이러한 캠페인들의 유입은 참여세션으로 넘어가지 않고 바로 이탈하는 확률이 매우 높습니다. 즉 브랜드를 인지하거나 잠재후원자 캠페인의 내용도 보기전에 바로 이탈하는 경우가 높기에 "디지털 모금 AID"모델의 5가지 지표에 맞게 분석하여 효과성을 분석할 필요가 있습니다.

특히 10만 유입 이상을 기록하는 캠페인의 경우, 그 자체로 단체의 연간 디지털 전략의 중추를 담당할 수 있으므로, 단순히 유입수만 늘어나는 것이 아닌, '얼마나 효율적인 캠페인이었는가'를 반드시 점검해야 합니다. 이는 향후 디지털 모금 전략을 구성할 때 반드시 고려해야 할 중요한 기준입니다.

55.
모금 캠페인의 성과를 측정하는 표준 지표는?

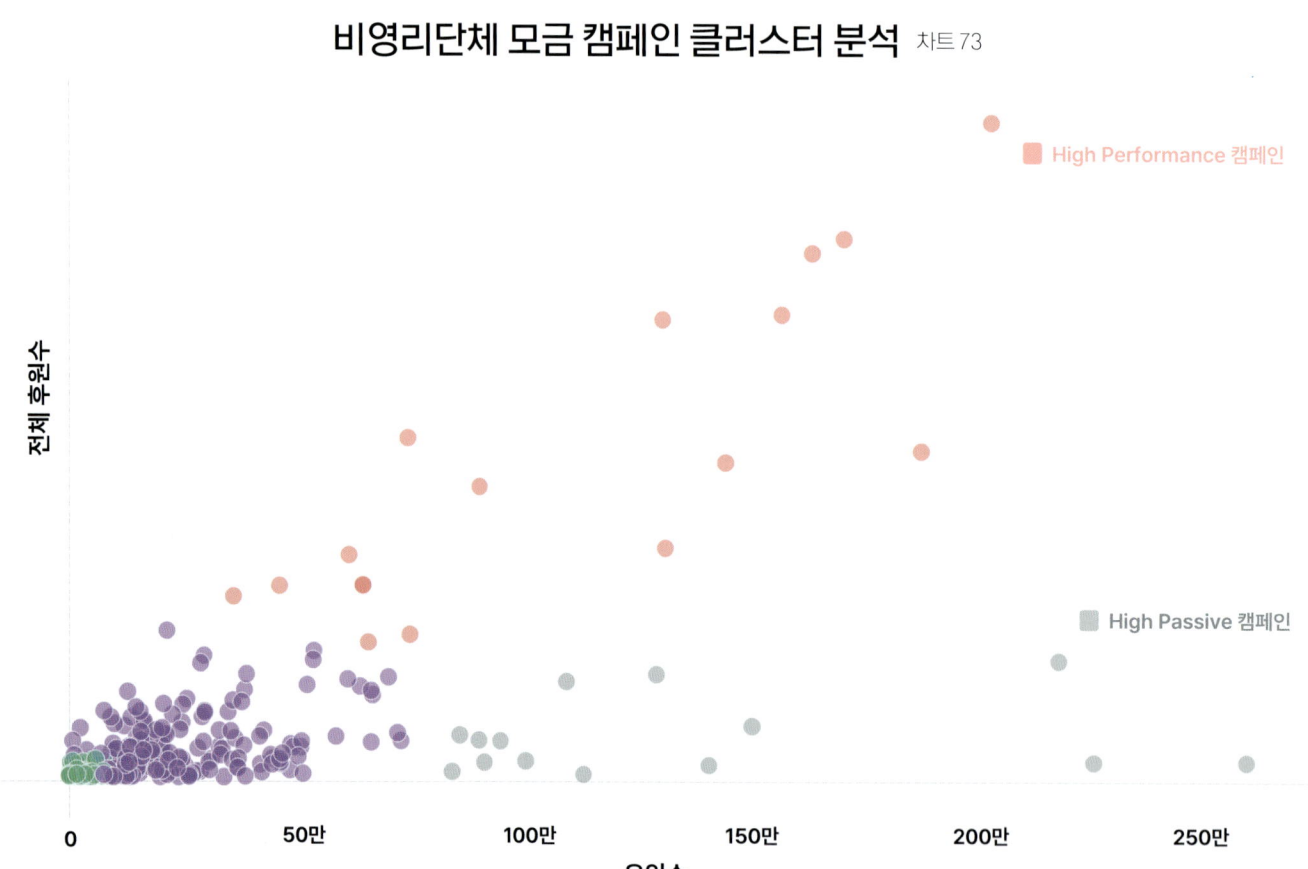

비영리단체 모금 캠페인 클러스터 분석 차트 73

데이터 출처 누구나데이터 비영리단체 웹사이트 방문자 빅데이터

모금 캠페인 표준 성과 지표는 비영리단체가 진행한 캠페인의 유입수와 후원수의 현황 분석을 통해 규모별 표준적인 성과를 제시하여 단체별로 각 규모에 맞는 캠페인 성과를 측정할 수 있는 목적으로 누구나데이터에서 분석한 지표입니다.
우선 분석의 출발점은 단순한 평균이 아닌, 캠페인 성과의 객관화를 위한 클러스터 분석으로 시작됩니다. 이는 전체 300개 캠페인을 유입수(x축)와 후원수(y축)를 기준으로, 비슷한 특성을 가진 집단들로 분류하는 통계적 기법으로 일부 극단적으로 높은 수치를 가진 캠페인이 표준을 왜곡하지 않도록 이상치 그룹을 정하고 제외하고자 합니다.

클러스터 분석 결과, 캠페인은 4가지 유형으로 나뉘었습니다.

High Performance 캠페인 (분홍색 그룹) – 표준 성과지표 제외

유입수와 후원수가 모두 높은 고효율 캠페인으로 단체의 대표 캠페인, 또는 광고 투자 대비 후원수가 비례하게 상승하는 성공한 퍼포먼스 마케팅형 캠페인입니다. 하지만 해당 그룹에 속하는 16개 캠페인은 모든 단체가 쉽게 도달할 수 있는 지표 수준이 아니기 때문에 표준 성과 지표에서 제외하였습니다.

High Passive 캠페인 (회색 그룹) – 표준 성과지표 제외

유입수는 많지만 후원수가 낮은, 효율이 극히 낮은 캠페인 유형입니다. 이 유형은 단체가 많은 예산을 투자했지만 결과적으로 낮은 전환율을 보인 경우이며, 패시브 마케팅 유형의 전형적 사례입니다. 해당 그룹에 속하는 14개 캠페인도 역시 표준 지표에서 제외하였습니다.

오가닉 중심 캠페인 (초록색 그룹)

이메일, 문자, 카카오톡 등 온드채널을 중심으로 한 오가닉 마케팅 유형이 많은 그룹으로, 단체의 팬층이나 기존 후원자를 기반으로 운영된 가장 기본적인 캠페인 그룹으로 볼 수 있습니다. 이 그룹의 특징은 유입수 대비 전환율이 높고 효율적인 캠페인이 많으나 유입수와 후원수를 양적으로 확대할 수 있는 부분에 대해 한계가 존재합니다.

일반 퍼포먼스 · 패시브 캠페인 (보라색 그룹)

본격적으로 광고를 활용하여 디지털 모금을 진행한 대부분의 캠페인이 이 그룹에 속합니다. 대다수의 비영리단체가 디지털 광고와 홍보를 통해 새로운 후원자를 모집하고자 하는 캠페인의 표준 그룹이라 할 수 있습니다.

다음장에서는 High Performance와 High Passive 그룹을 제외한 270개 캠페인을 기준으로 디지털 모금 캠페인의 표준 성과 지표를 소개합니다. 이 지표는 여러분의 캠페인이 어디쯤 와 있는지, 그리고 앞으로 어디까지 확대 할 수 있을지에 대한 객관적인 참고 지표로 활용할 수 있습니다.

2024년 모금 캠페인 표준 성과 지표 차트 74

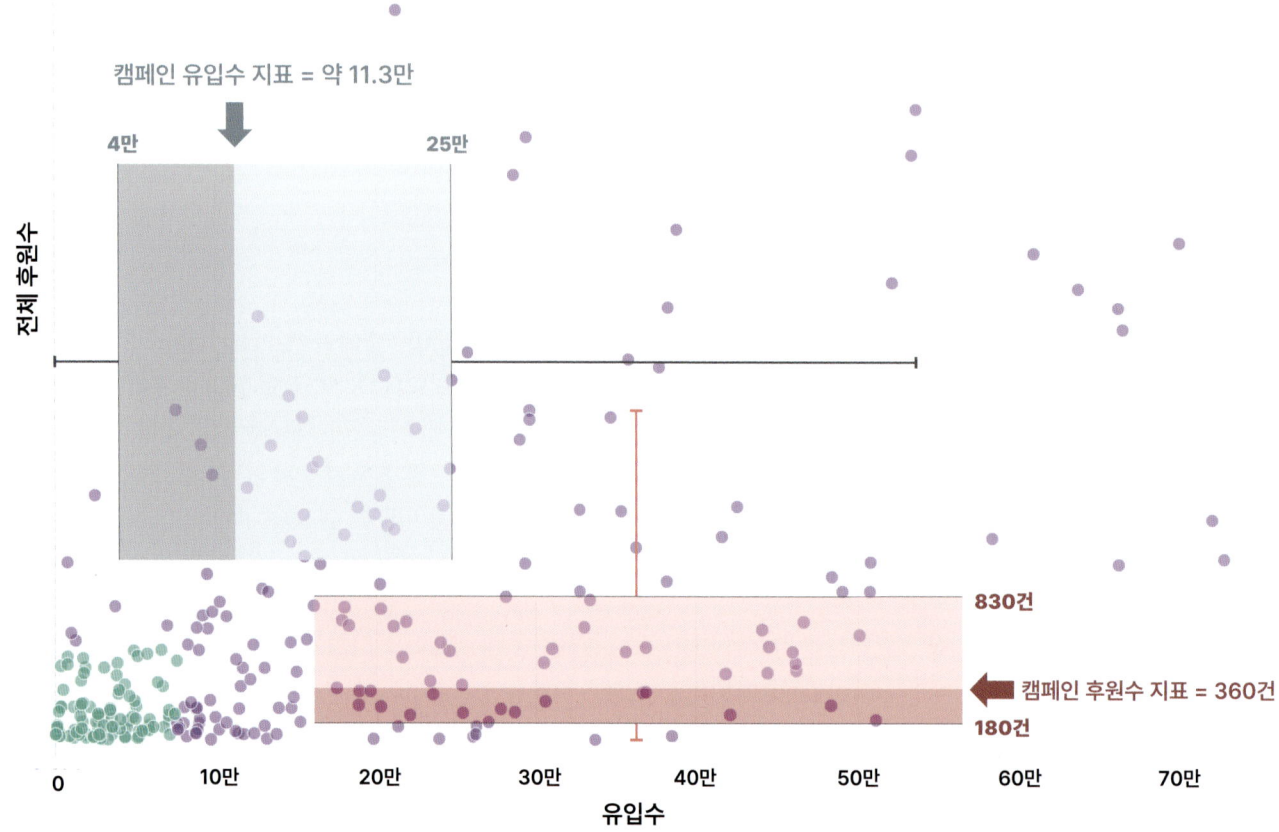

이 책의 마지막 분석은 누구나데이터가 자체 개발한 모금 캠페인 표준 성과 지표를 소개하며 마무리합니다. 이 지표는 2021년부터 2024년까지 4년간 실제로 진행된 270개 이상의 비영리 모금 캠페인을 기반으로, 유입수와 후원수의 관계를 분석하여 규모별 평균 성과 기준을 제시한 현장형 표준 성과지표 입니다.

모금 캠페인의 성과는 단체가 가진 자원, 인력, 광고 예산 등 다양한 요소에 따라 다르게 나타납니다. 따라서 동일한 기준으로 비교하기보다는, 비슷한 규모에서 우리가 어떤 성과를 냈는지를 객관적으로 판단할 수 있는 기준이 필요합니다.

데이터 출처 누구나데이터 비영리단체 웹사이트 방문자 빅데이터

누구나데이터는 이를 위해 270개 캠페인을 유입수와 후원수 중심으로 박스플롯(사분위) 분석을 진행하였고, 그 결과 캠페인을 아래의 세 그룹으로 나누어 규모별 표준 성과 지표를 정리했습니다.

이 지표를 통해 내 캠페인이 속한 유입 규모에서 평균 대비 얼마나 높은 성과를 내고 있는지를 분석하고 2장에서 소개한 디지털 모금 AID 모델의 5가지 지표분석을 통해 어떤 부분을 개선해야 할지 정확한 포인트를 찾을 수 있게 됩니다.

모금 캠페인 표준 성과 지표

표준 성과 지표	시작그룹 (하위 25% 기준)	표준그룹 (50% 기준)	상위그룹 (상위 25% 기준)
유입 수	40,000	113,000	250,000
후원 수	180건	360건	830건
후원 전환율	0.45%	0.32%	0.33%

위 모금 캠페인 표준 성과 지표를 이렇게 활용해 보세요.
▶ 우리 캠페인 결과가 평균 이상인지, 이하인지 판단하고 싶을 때
▶ 유입수 대비 후원 전환율이 기대에 부합하는지 알고 싶을 때
▶ 비슷한 규모의 다른 캠페인과 비교하여 전략을 점검하고 싶을 때
▶ 다음 캠페인의 목표치를 설정할 때 실현 가능한 기준이 필요할 때

이 지표는 단체 간 비교나 경쟁을 위한 도구가 아니라, 우리 단체의 현재 위치를 진단하고, 더 나은 전략을 수립하는 객관적인 지표가 되는 것이 핵심 목적입니다. 디지털 캠페인 모금을 처음 시작하는 단체이거나 이미 경험이 있는 단체더라도, 자신의 규모에 맞는 성과 목표를 설정하고, 단계별 전환 흐름을 점검하고, 단체만의 기준을 만들어 가는 여정을 지금부터 시작해보세요.

. . . . .

「인포그래픽으로 보는 빅데이터 모금 트렌드 2025」를 통해

비영리단체들이 데이터 기반의 모금 전략을 갖추고

더 나은 사회를 향한 여정에 가까이 다가가길 바랍니다.

모든 비영리 모금가 분들께 진심 어린 감사와 응원을 전합니다.

누구나데이터

인포그래픽 차트 찾아보기

디지털 모금 트렌드 분석 차트 01 17
기부 키워드 검색량 추이 분석 차트 02 19
월별 기부 검색량 패턴 분석 차트 03 21
연도별 네이버 '기부' 검색량 패턴 분석 차트 04 22
연도별 구글 '기부' 검색량 패턴 분석 차트 05 24
2024년 검색량 기반 단체 인지도 분석 차트 06 27
비영리단체 브랜드 인지도 변화 분석 차트 07 29
비영리단체 총 검색량 추이 차트 08 33
비영리단체 분야별 검색량 추이 차트 09 34
2024년 연말 디지털 모금 캠페인 수 차트 10 39
직접 모금 vs 잠재후원자 모금 분포 차트 11 41
정기후원 모금 vs 일시후원 모금 분포 차트 12 43
2024년 비영리 분야별 굿즈 캠페인 수 차트 13 45
2024년 국내복지 분야 캠페인 주제 분석 차트 14 47
2024년 국제구호 분야 캠페인 주제 분석 차트 15 49
2024년 환경 분야 캠페인 주제 분석 차트 16 51

비영리단체 소셜미디어 팔로워수 4개년 증감 분석 차트 17	53
비영리단체 소셜미디어 계정 운영 현황 차트 18	54
비영리단체 소셜미디어 팔로워수 2024년 증감 분석 차트 19	57
국내복지 분야 소셜미디어 팔로워수 2024년 증감 분석 차트 20	58
국제구호 분야 소셜미디어 팔로워수 2024년 증감 분석 차트 21	59
국내+국제 분야 소셜미디어 팔로워수 2024년 증감 분석 차트 22	60
환경 분야 소셜미디어 팔로워수 2024년 증감 분석 차트 23	61
인권·시민사회 분야 소셜미디어 팔로워수 2024년 증감 분석 차트 24	62
동물권 분야 소셜미디어 팔로워수 2024년 증감 분석 차트 25	63
비영리단체별 2024년 유튜브 구독자 증감 분석 차트 26	65
비영리단체별 2024년 유튜브 구독자 증감 분석 - C그룹 영역 확대 차트 27	66
비영리단체별 2024년 유튜브 조회수 분석 차트 28	67
비영리단체별 2024년 인스타그램 팔로워 증감 분석 차트 29	69
비영리단체별 2024년 인스타그램 팔로워 증감 분석 - C그룹 영역 확대 차트 30	70
비영리 분야별 2024년 인스타그램 성과지표 분석 차트 31	71
비영리단체별 2024년 카카오톡채널 친구 증감 분석 차트 32	73
비영리단체별 2024년 네이버블로그 성과지표 분석 차트 33	75
비영리 디지털 모금의 연간 규모 변화 추이 차트 34	77
비영리 디지털 모금의 연간 효율 변화 추이 차트 35	79

비영리단체 디지털 모금 마케팅의 4가지 유형 차트 36	82
국내 비영리단체의 디지털 모금 마케팅 유형 분석 차트 37	87
비영리단체 웹사이트의 핵심 유입경로 5가지 차트 38	88
디지털 모금 AID 모델 차트 39	92
디지털 모금 AID 모델의 2024년 각 단계별 전환율 차트 40	101
인지 유입(Awareness) 단계의 유입경로별 이탈률 차트 41	102
관심 행동(Activation) 단계의 유입경로별 이탈률 차트 42	104
콘텐츠 완독(Interest) 단계의 유입경로별 이탈률 차트 43	106
후원 고려(Intent) 단계의 유입경로별 이탈률 차트 44	108
후원 완료(Donation) 단계의 유입경로별 정기·일시후원 비중 차트 45	110
2024년 비영리 디지털 모금 표준 지표 차트 46	113
2024년 유입경로 유형별 디지털 모금 AID 모델 표준 지표 차트 47	117
배너광고 모금 트렌드 차트 48	123
2024년 배너광고 채널별 정기후원 모금 성과 분석 차트 49	125
정기후원 성과를 이끄는 배너광고 TOP5 채널의 트렌드 차트 50	126
2024년 배너광고 채널별 일시후원 모금 성과 분석 차트 51	129
일시후원 성과를 이끄는 배너광고 TOP5 채널의 트렌드 차트 52	130
기타 배너광고 채널의 모금 트렌드 차트 53	133
검색 모금 트렌드 차트 54	135

검색엔진별 유입 점유율 트렌드 차트 55	137
검색엔진별 검색 모금 트렌드 차트 56	139
네이버 검색 모금 트렌드 차트 57	141
자사 디지털 마케팅 채널의 모금 트렌드 차트 58	143
자사 디지털 마케팅 채널별 모금 성과 비교 차트 59	144
다이렉트 유입의 모금 트렌드 차트 60	147
유입경로별 디지털 모금 트렌드 차트 61	148
접속기기별 모금 트렌드 차트 62	153
월별 정기후원 트렌드 차트 63	154
월별 일시후원 트렌드 차트 64	156
정기후원 2024년 요일 X 시간대별 효율 분석 차트 65	158
일시후원 2024년 요일 X 시간대별 효율 분석 차트 66	160
2024년 웹사이트 방문횟수별 모금 트렌드 차트 67	162
2024년 웹사이트 방문횟수별 후원 전환율 트렌드 차트 68	164
2024년 방문횟수 X 접속기기별 정기후원 트렌드 차트 69	166
2024년 방문횟수 X 접속기기별 일시후원 트렌드 차트 70	168
비영리단체 모금 캠페인 후원성과 분포도 차트 71	170
비영리단체 모금 캠페인 연도별 후원성과 추세 차트 72	172
비영리단체 모금 캠페인 클러스터 분석 차트 73	174
2024년 모금 캠페인 표준 성과 지표 차트 74	176

연구 데이터의 출처

누구나데이터 비영리단체 웹사이트 방문자 빅데이터

▸ 2019년 ~ 2024년 누구나데이터의 Google Analytics 솔루션을 통해 비식별 처리 방식으로 수집된
비영리단체 웹사이트 방문자 데이터 중 유의미한 분석이 가능한 데이터를 정제하여 분석하였습니다.

누구나데이터 FP.LAB 데이터

▸ 2024년 10월 ~ 2024년 12월 네이버·메타·구글·카카오·크리테오 등 배너광고 매체에 집행된
비영리단체 광고 캠페인 데이터를 누구나데이터 펀드레이징 퍼포먼스 랩의 연구진이 모니터링하여 집계 후 분석하였습니다.

▸ 2021년 ~ 2024년 60개 비영리단체의 공식 소셜미디어 계정에 공개된 팔로워수, 게시글수, 조회수 데이터를
누구나데이터 펀드레이징 퍼포먼스 랩의 연구진이 모니터링하여 집계 후 분석하였습니다.

네이버 데이터랩·구글 트렌드

▸ 2021년 ~ 2024년 네이버 데이터랩과 구글 트렌드 서비스를 통해 추출한 '기부' 관련 키워드 검색량 데이터를
분석하였습니다.

▸ 2021년 ~ 2024년 네이버 데이터랩과 구글 트렌드 서비스를 통해 추출한 42개 주요 비영리단체의 기관명 키워드 검색량
데이터를 누구나데이터 펀드레이징 퍼포먼스 랩의 연구진이 분석하여 이상값 제외 등 보정 처리하였습니다.

인포그래픽으로 보는
빅데이터 모금 트렌드 2025

디지털 모금의 성공을 결정하는 5가지 지표